15 | 신학연구도서시리즈

현대예배학개론

김소영 지음

한국장로교출판사

'신학연구도서 시리즈' 발간에 즈음하여

　한국교회가 기독교 2천년 역사상 유래없는 성장과 부흥을 가져온 것은 수많은 목회자를 배출하고 훌륭한 평신도 지도자들을 양성한 신학교와 성서신학원이 있었기 때문이다.
　한국교회는 이미 제1세기를 보내고 제2세기를 향하여 힘찬 발걸음을 내디딘 지 여러 해가 지났고, 1980년대 후반부터 21세기를 향한 세계속에 한국교회로서의 위상을 정립하게 되었다. 이제, 우리 교회는 위치를 더욱 굳게 하기 위하여 신학적인 기초를 튼튼히 세워서 우리 교회를 올바르게 하고, 또 성서적 바탕 위에 굳게 선 성숙한 교회가 되어야 할것이다.
　현재, 우리 총회 산하에는 7개의 신학교육기관이 있고, 30여 개 노회에 성서신학원이 설립되어 그 사명을 충실히 감당하고 있다.
　이제, 우리는 신학교육과 성서신학원의 교육수준을 한층 더 강화하기 위하여 여러 해 동안 연구, 노력해 온 결과, 기초적인 '신학연구도서 시리즈' 라는 열매를 얻게 되었다. 이 신학연구도서 시리즈는 신학대학교와 성서신학원에서 정규교재로 사용할 뿐만 아니라 평신도 교육을 위하여 참고도서로도 활용하기 위한 교재로 개발하게 되었다. 따라서 신학교협의회, 성서신학협의회가 공동으로 기획, 편찬하게 되었다.

모처럼 뜻을 가지고 시작한 이 '신학연구도서 시리즈'가 많은 신학도와 목회자들, 그리고 평신도 지도자들에게 더함이 없는 좋은 교육지침서가 되기를 바라며 나아가 21세기를 여는 한국교회의 성장에 크게 기여할 수 있기를 기대해 본다.

마지막으로, 이 '신학연구도서 시리즈'가 개발되어 빛을 보기까지 오랫동안 수고한 성서신학원협의회 교재편찬위원들과 적극적으로 참여해 주신 신학교협의회 편찬위원인 각 신학대학교 총장님과 저자 여러분들에게 뜨거운 감사를 드린다.

또한 이 시리즈 개발에 적극적인 호응을 보내 주시고, 주도적으로 개발 사업을 맡아 주신 한국장로교출판사 대표 박노원 목사를 비롯한 출판사 직원 여러분께 심심한 감사를 드린다.

2002년 3월 일
신학연구도서 시리즈 편찬위원회
공동대표 **황승룡**
이상운

개정 증보판을 내면서

저자는 1969년 8월 말에 미국 뉴욕 유니온신학대학원에서 한국 사람으로는 처음으로 '예배학'을 전공하였다. 공부를 하던 중 한국교회에 예배는 많지만 예배학적으로 볼 때 문제가 많은 것을 생각하면서 꼭 예배의 원론적인 책을 출판해야 하겠다는 결심을 하게 되었다. 그후 1970년도 캐나다 토론토에 있는 임마누엘신학대학원(캐나다연합교회 교단신학교)에 유니온신학대학원의 지도교수인 폴 훈 박사(Dr. Paul Hoon)의 추천으로 박사과정에 입학되어 예배학을 더욱 깊이 연구하게 되었고, 이것은 참으로 하나님의 은혜였다.

귀국 후 부산신학교 교수로 예배학을 가르치면서 교재의 필요성을 느껴 폴 훈 박사의 지도하에 쓴 논문을 중심으로 원고를 정리하였고, 대한기독교서회 조선출 총무님의 배려로 1974년 12월 5일 현대신서 62번으로 초판을 발행하게 되었다. 그 책이 꾸준히 신학교재로 사용하여 오다가 1993년 9월 5일 개정판을 발행하여 신학교 예배학 교재로 사용하게 되었다. 그런데 재판을 발행할 즈음에 필자는 기독교서회에서 정년퇴임을 하게 됨으로 부득이 한국장로교출판사를 통해 다시 증보판을 출판하게 된 것이다.

금번 증보판에는 광주제일교회 문성모 박사의 한국전통에 기초한 예배와 성찬예식 등을 소개했으며, 또한 예장총회 예식서에 있는 임직식에 관한 내용 등을 부록으로 소개했다.

  예장총회(통합) 예식서는 필자가 미국, 캐나다 유학 후 귀국하여 예식서 수정 보완작업을 하였는데, 마침 교육부 총무로 재직하는 중이어서 적극적으로 추진하여 오늘의 교단 예식서로 사용 중에 있다. 그후에도 총회 예식서수정위원회 위원장으로 있으면서 예식서 보완작업에 참여하여 왔으며 한국장로교출판사에서 기획·편집하는 「표준가정예식서」와 한·미 공동으로 활용할 「예배예식」(Book of Common Worship)을 번역하기도 하였다.

1999년 8월 일
영남신학대학교 총장실에서
김 소 영

차 례

증보판을 내면서 / 3
초판 머리말 / 5
서 문 / 11

제1장 예배의 역사 ··· 15
1. 족장시대의 예배 ·· 15
2. 율법시대의 예배 ·· 17
3. 포로 이후 시대의 예배 ·· 18
4. 성전예배와 회당예배 ·· 21
    1) 성전예배 / 21   2) 회당예배 / 22
5. 예수시대의 예배 ·· 22
6. 사도시대의 예배 ·· 23
7. 성경에 나타난 예배 ·· 28

제2장 예배의 용어 ··· 33
1. 예배의 성경적 용어 ·· 33
    1) 구약성경의 용어 / 33   2) 신약성경의 용어 / 34
2. 교회적 용어 ·· 36

제3장 예배의 본질과 목적 ····································· 39
1. 예배의 본질 ·· 39
2. 예배의 목적 ·· 43

제 4 장 예배의 성격 ······ 45
1. 하나님 중심의 예배 ······ 45
2. 그리스도 중심의 예배 ······ 46
3. 아름다운 예배 ······ 47
4. 영적 예배 ······ 48
5. 자유로운 예배 ······ 50
6. 공동적인 예배 ······ 52
7. 기쁨의 예배 ······ 54
8. 질서의 예배 ······ 55
9. 성경적 예배 ······ 55

제 5 장 예배의 시기 ······ 57

제 6 장 예배의 요소와 순서 ······ 63
1. 예배의 요소 ······ 63
2. 예배의 순서 ······ 65
3. 주일 낮 예배순서(한국전통에 기초한 성례전 없는 예배) ······ 70
   1) 예배총론 / 70   3) 예배순서 해설 / 74
   2) 예배순서 / 72
4. 주보의 작성 ······ 81
5. 성찬식의 순서 ······ 83
6. 주일 낮 예배순서(세례식 있는 예배) ······ 89
   1) 예배총론 / 89   3) 예배순서 해설 / 91
   2) 예배순서 / 90
7. 주일 낮 예배순서(성찬 있는 예배) ······ 95
   1) 예배총론 / 95   3) 예배순서 해설 / 99
   2) 예배순서 / 97
8. 주일 낮 예배순서(성례전 종합 예배) ······ 104
   1) 예배총론 / 104   3) 예배순서 해설 / 106
   2) 예배순서 / 104
9. 연 도 ······ 121

1) 고백기도 / 121　　　4) 교회를 위한 연도 / 124
　　　2) 중재의 연도 / 122　　5) 세계평화를 위한 연도 / 126
　　　3) 감사절의 연도 / 123

제 7 장 예배행위의 제 요소 ·· 129
　1. 전 주 ·· 129
　2. 묵 도 ·· 130
　3. 개회찬송 ··· 130
　4. 예배의 말씀 ·· 131
　5. 기원기도 ··· 132
　6. 성경낭독 ··· 133
　7. 신앙고백(사도신경) ··· 134
　8. 기 도 ·· 135
　9. 설 교 ·· 140
　10. 헌 금 ··· 143
　11. 찬송과 시편 ·· 144
　12. 축 도 ··· 148
　13. 예 전 ··· 149
　　　1) 세례식 / 150　　　3) 리마 성찬 예식서 / 169
　　　2) 성찬식 / 161

제 8 장 교회력 ·· 181
　1. 교회력의 형성사 ··· 181
　2. 교회력의 색깔 ·· 186
　3. 교회력의 도표(연중절기표) ···································· 189
　4. 교회력에 대한 해설 ··· 190
　　　1) 대강절 / 190　　　5) 주현절 / 199
　　　2) 추수감사절 / 191　6) 성령강림절 / 201
　　　3) 사순절 / 194　　　7) 성탄절 / 202
　　　4) 부활절 / 198
　5. 교회력에 맞춘 성서일과 ··· 204

　　　　1) 대강절 / 204　　　　5) 성 주간(고난주간) / 208
　　　　2) 성탄절 / 205　　　　6) 부활절 / 208
　　　　3) 주현절 / 206　　　　7) 성령강림절 / 209
　　　　4) 사순절 / 207　　　　8) 특수절기 / 213

제 9 장 예배와 예배당 ··· 215
　　1. 예배의 중심 ··· 216
　　2. 설교대 ··· 217
　　3. 성찬대 · 제단 ·· 218
　　4. 세례반 ··· 220
　　5. 회중석 ··· 222
　　6. 성가대석 ·· 223
　　7. 예배 중심부의 위치 ·· 224
　　8. 예배당의 외관 ··· 226
　　9. 예배당 내부구조의 의미 ·································· 228

제 10 장 예배의 신학 ··· 235
　　1. 두 신학적 해석 ·· 235
　　2. 예배의 신학적 성격 ·· 238

제 11 장 예배의 최근 동향 ·································· 239

제 12 장 예배와 생활 ··· 243

부 록 임직식 순서 ··· 247
　　1. 임직의 신학적 의미 ·· 249
　　2. 임직식의 종류 및 그 순서 ································ 251
　　　　1) 목사 안수식 / 251　　　3) 전도사 임직식 / 255
　　　　2) 목사 위임식 / 253　　　4) 장로 · 집사 · 권사 임직식 / 256
　　3. 기타 각종 예식 ·· 261
　　　　1) 전입교인(등록교인) 입회식 / 262　　3) 제직 임명식 / 263
　　　　2) 교회학교 교사 임명식 / 262

서 문

오늘날의 교회에는 예배가 너무 많다. 그러기 때문에 예배의 본질이나 정신을 망각할 위험이 있다. 주일낮예배를 드린 후 오후 시간에 교회 각 기관들이 회의를 가질 때 먼저 예배를 드리고 그 후에 회의를 진행한다. 그리고는 저녁에 또 예배를 드리니 예배 참석자들이 타성에 젖어 진정한 예배를 드리지 못하고 있는 실정이다. 회의는 회의로, 찬양예배는 찬양을 중심으로, 기도회는 기도로 끝내야 한다.

교회마다 또한 축하예배가 많다. 예를 들면 ××× 취임 축하예배, 학위취득 축하예배, 졸업 축하예배, 회갑 축하예배 등이다. '축하'라는 말은 경사스러운 일이 있을 때 사용하는 용어이다. 즉, 사람들 사이에 행해지는 즐거운 행사를 기뻐하는 것이다. 그러므로 축하는 사람에 대한 용어이다.

반면 '예배'는 헬라어로 '프로스쿠네오'(proskuneo)로서 '엎드리다' 또는 '무릎을 꿇다', '손에 키스하다' 등 존경을 표하는 뜻이며, 하나님과 그리스도에 대하여 사용하는 용어이다(마 2:2, 11, 14:33, 요 4:20-24). 이 용어는 신약성경에서 59회나 찾아볼 수 있다.

그러므로 예배는 신앙의 대상이신 하나님을 향한 공적 행위이다. 그래서 축하예배라고 할 때 누구를 찬양하고, 누구에게 예배하는지 구분하기가 어려운 것이다.

　나는 어떤 회사의 사장 취임식에 축사 순서를 맡은 일이 있었다. 사장 취임식 순서를 보니 "×××사장 취임 축하예배"라고 되어 있었다. 순서도 찬송, 기도, 설교 등 예배순서 그대로였다. 헌금하는 순서만 없을 뿐이지 보통 예배순서였다. 축사 순서는 설교 후에 있었다. 나는 축사를 하면서 의도적으로 사장을 위해 축사하겠다고 했다. 왜냐하면 거기에는 많은 교회지도자들과 목회자들이 있었기 때문이다.

　예배는 하나님을 경배하는 행위이다. 축하는 사람들 사이에 행해지는 즐거운 행사이다. 그러므로 '축하예배'라고 해서는 안 되며 '축하식'이란 이름을 달아 축하가 중심이 되게 해야 한다.

　그러면 '축하식' 순서는 어떻게 작성할 것인가? 기도와 성서낭독 정도를 삽입하여 순서를 작성하면 좋을 것이다. 성구는 취임하는 당사자가 좋아하는 것이면 좋겠다. '예배'보다 '식'이 되게 순서를 작성하되, 구체적으로 말하면 취임 축하식, 학위취득 축하식, 졸업 축하식, 회갑 축하식으로 하면 좋을 것이다. 졸업식 전에 가지는 예배는 '졸업 축하예배'가 아니라 '졸업예배'로 해야 마땅할 것이다.

　내가 어렸을 때나 청년 때에는 보통 "예배보자"로 통용되었다. 그런데 근래에는 "예배드리자"라고 목회자나 교인들이 말하고 있다. "예배보자"라고 말하면 경건치 못하고 믿음이 없는 것같이 생각하고, "예배드리자."라고 말하면 신앙이 좋은 사람으로 생각하는 경향이 요즈음 있다.

　왜 '보자'는 말을 쓰지 않게 되었는가의 이유를 내 나름대로 열거해 보면, 오늘날 많은 교인 중에는 마음과 정성과 뜻을 다하여 예배를 드리지 않고 '보는 자'들이 많은 것 같다. 예배당, 즉 교회건물을 보러 오는 사람도 있고, 목사의 설교를 듣고 은혜를 받으려 하기보다는 설교를 얼마나 잘하나 보려고 오는 사람도 있고, 또한 성가대의 찬양을 보고 성가대원들의 얼굴을 보러 오는 사람들도 있고, 사람을 보러 오는 사람들도 많다. 그러기 때문에 "예배드리자"는 말을 쓰게 된 것으로 생각된다.

　국문학적으로 "예배보자"라는 말은 옳은 말이라고 한다. 그러므로 '예배보자'와 '예배드리자'라는 말을 다 같이 사용해도 무방한 것이다. 그러나 어느 용어를 사용하든지 반드시 기억해야 할 것은 기독교 예배에서 언제나 하나님의 초청하심(부르심)과 은혜의 계시가 선행되고, 인간은 하나님의 초청에 단순히 응답하는 것 뿐이라는 사실이다. 예배의 주체는 어디까지나 하나님이시지 사람이 아니다. 그러므로 내가 예배를 드리는 것이 아니라 하나님께서 예배를 드리도록 인도하시는 것을 기억해야 한다. 한 주간 동안 생활 속에서 하나님께서 도와주시고 인도해 주시고 지켜 주심에 대하여 인간은 믿음으로 응답하는 행동만이 있을 뿐이다.

"왜 예배를 드리느냐?"와 "왜 교회에 나가느냐?"는 같은 의미를 가지고 있다. 왜냐하면 교회에 가는 것은 예배에 참석하기 위해서이기 때문이다. 그러면 교회에 가는 목적은 무엇인가? 다음의 네 가지를 생각할 수 있다.

첫째, 감사하기 위해서이다. 한 주간 동안 하나님의 은혜와 사랑과 보호하심 가운데서 살았다. 우리는 하나님의 도우심과 인도하심이 없이는 잠시도 살 수가 없다. 우리의 힘으로 사는 것이 아니다. 하나님의 사랑을 감히 받을 수 없는 부족한 죄인이지만 하나님께서 사랑으로 감싸 주시고 축복해 주시는 은혜로 살게 된 것이다. 그러므로 하나님의 구속적 사랑과 은혜에 대해 감사하기 위해 예배에 참석하고 교회에 출석하는 것이다.

둘째, 헌신하기 위해서이다. 하나님의 구속적 사랑에 대하여 몸과 마음과 정성과 뜻을 바치고 시간을 바치고 물질을 바치기 위해 교회에 가고 예배를 드리는 것이다. 교회에 가서 예배에 참석하지만 마음은 가정이나 직장, 일터, 학교 등에 있고 몸만 교회예배에 나와 있다면 그것은 온전한 예배가 아니다. 헌신의 예배가 되지 못하는 것이다. 완전한 헌신의 예배가 되지 못하면 교회에 나가서 시간만 낭비하게 된다.

셋째, 덕성을 함양하기 위해서이다. 기독교의 덕이 되는 소망, 사랑, 자비, 용서, 인내, 이해, 긍휼 등의 덕성을 함양하기 위해서 예배에 참석한다. 한국교회는 노이로제에 걸릴 정도로 많은 예배가 있지만, 예배를 통해 기독교의 덕성이 함양되지 못하기 때문에 교인들이 사회의 지탄을 받고 있다. 하나님으로부터 사랑을 받았기 때문에 사랑을 실천해야 하고, 또한 하나님으로부터 그리스도를 통해 용서받았으니 실수한 사람을 용서해 주는 자가 되어야 한다. 예배를 드리는 횟수가 많으면 많을수록 기독교의 덕성이 점점 높아져야 하는 것이다. 예를 들면 예배드리기 전에는 남을 용서하지 못했으면 예배를 드린 후에는 용서하는 일을 실천해야 하는 것이다. 이렇게 점점 덕성이 함양되어 그리스도의 분량에까지 도달해야 하는 것이다. 물론 그리스도와 똑같아질 수는 없지만 말이다.

한국에 1,200만 명의 기독교인이(천주교까지 포함) 있다는 통계가 나와 있다. 그런데 인구의 4분의 1이 기독교인이지만 정의와 사랑과 자비, 용서, 긍휼, 이해, 인내가 넘치는 사회가 되어 있지 못하다. 즉, 예배도 많고 교회도 많지만 기독교의 덕성이 함양되지 못했다는 증거인 것이다. 이제 교인의 수를 자랑할 것이 아니라 얼마나 많은 교인이 예배를 통해 덕성이 함양되어 있는가를 보아야 한다. 명랑한 사회, 정의로운 사회, 사랑이 넘치는 사회, 용서하는 사회가 될 때 올바른 예배의 목적이 달성되었다고 본다.

넷째, 자극을 받아 세계 속에서 증인의 사명을 감당하는 것이다. 예배를 통해 은혜를 받고 설교를 통해 자극을 받아 세계 속에서, 가정에서, 직장에서 그리스도인다운 생활을 하게 하는 것이다. 예수 그리스도의 사랑과 소망과 믿음의 증거자의 사명을 감당하게 하는 것이다. 은혜를 받고 구원을 받은 자이면 나만 믿고 천국가는 자가 되지 말고, 때를 얻든지 못 얻든지 그리스도를 증거하는 증인이 되어야 한다. 예배당 안의 예배에서 멈춰 버리지 말고 세계 속에서 증인의 사명을 감당해야 하는 것이다.

예배순서 중 축도 전에 '위탁의 말씀'이 있는데 목사가 교인을 향해 선포하고 축도순서로 들어간다. 그 위탁의 말씀은 "성령의 능력을 힘입어 예수 그리스도의 종과 군병으로서 선교와 봉사적 사명을 감당하기 위해 세계 속으로 나아가라. 아멘"이다. 예배를 통해 받은 은혜와 자극으로 세계 속에서 선교와 봉사의 사명을 다하라는 선언인 것이다.

제 1 장

예배의 역사

 교회의 유일한 기능은 하나님을 예배하는 일이다. 이것은 어떤 그룹이 계획하는 것이 아니라 교회의 하나의 활동이다. 우리는 이것을 올바르게 배워야 하고, 하나님의 가치성을 선포해야 하는 것이다.
 히브리 기독교의 역사적인 증거로는 하나님을 예배하는 자는 공적으로, 회중과 더불어, 공동으로 거행할 필요성이 있다는 것이다.
 이제 예배의 역사적인 면에서 족장시대와 율법시대, 포로 이후 시대, 예수의 시대와 사도시대의 예배에 대하여 기술하고자 한다.

1. 족장시대의 예배

 하나님께서는 이스라엘의 족장과 그의 가족과 계약을 맺으셨다. "내가 그로 그 자식과 권속에게 명하여 여호와의 도를 지켜 의와 공도를 행하게 하려고 그를 택하였나니 이는 나 여호와가 아브라함에게 대하여 말한 일을 이루려 함이니라"(창 18 : 19).
 이스라엘의 족장은 예언자, 제사장, 왕으로 불렸는데, 공적인 예배에서 예배를 집행하는 일을 했다. 그리고 가족과 예배를 드린 곳은 가정이었다. 오늘날 하나님의 백성으로서의 교회는 옛날 이스라엘의 족장과 그 가족이며, 그리스도인은 새 이스라엘이라고 생각할 수 있다. 왜냐하면 예수 그리스도를 통하여 부르심을 받은 하나님의 택한 백성이기 때문이다.

옛날 이스라엘의 족장은 가족과 더불어 이동할 때 어디에서든지 제단을 쌓고 하나님께 제사를 드렸다. 아브라함이 가족과 이동하면서 제단을 쌓은 것은 성경을 통해 알 수 있다. 즉, 세겜 땅 모레의 상수리나무 밑-"여호와께서 아브람에게 나타나 가라사대 내가 이 땅을 네 자손에게 주리라 하신지라. 그가 자기에게 나타나신 여호와를 위하여 그 곳에 단을 쌓고"(창 12 : 7 이외에 창 33 : 20, 35 : 1-8 참조), 벧엘 동쪽의 산-"거기서 벧엘 동편 산으로 옮겨 장막을 치니 서는 벧엘이요 동은 아이라. 그가 그 곳에서 여호와를 위하여 단을 쌓고 여호와의 이름을 부르더니"(창 12 : 8), 또 헤브론의 마므레의 상수리 수풀-"이에 아브람이 장막을 옮겨 헤브론에 있는 마므레 상수리 수풀에 이르러 거하며 거기서 여호와를 위하여 단을 쌓았더라"(창 13 : 18), 또 모리아 산-"여호와께서 가라사대 네 아들 네 사랑하는 독자 이삭을 데리고 모리아 땅으로 가서 내가 네게 지시하는 한 산 거기서 그를 번제로 드리라"(창 22 : 2), 그리고 브엘세바 "아브라함은 브엘세바(ʻ맹세의 우물ʼ이란 뜻)에 에셀나무를 심고 거기서 영생하시는 하나님 여호와의 이름을 불렀으며"(창 21 : 33) 등 여러 장소에서 하나님께 제단을 쌓고 예배를 드렸다.

아브람이 하나님께 제단을 쌓고 예배를 드릴 때에 하나님이 나타나서 아브람을 찾으셨다. "여호와께서 아브람에게 나타나 가라사대 내가 이 땅을 네 자손에게 주리라 하신지라. 그가 자기에게 나타나신 여호와를 위하여 그 곳에 단을 쌓고"(창 12 : 7), 하나님이 아브람에게 나타나셨고, 나타나신 곳에 제단을 쌓았다는 것은 예배에서 하나님의 임재의 원리를 분명하게 해주는 것이다. 하나님은 자기를 찾는 자에게 오시고 예배드리는 자의 마음속에 임재하신다. 하나님의 임재가 없는 예배는 외식이고 거짓이다. 인간만이 모이는 하나의 집단일 뿐이다. 하나님의 임재가 있는 곳에 문제가 있을 수 없다. 있더라도 해결된다. 그러므로 하나님이 임재하시는 곳에는 참된 예배가 존재하게 된다. 아브라함의 자손, 다윗의 후손인 예수 그리스도께서 사마리아 여인에게 "이 산에서도 말고 예루살렘에서도 말고 너희가 아버지께 예배할 때가 이르리라." 그리고 "하나님은 영이시니 예배하는 자가 신령과 진정으로 예배할지니라."고 말씀하셨다(요 4 : 21-24).

아브라함시대, 즉 족장시대에 여호와께 드리는 예배의 제단에는 희생제물이 그 중심이었다는 것을 알 수 있다. "여호와께서 그에게 이르시되 나를 위하여 삼년 된 암소와 삼년 된 암염소와 삼년 된 수양과 산비둘기와 집비둘기 새끼를 취할지니라. 아브람이 그 모든 것을 취하여 그 중간을 쪼개고 그 쪼갠 것을 마주 대하여 놓고……"(창 15 : 9-10, 또한 22 : 6-10을 참조하라).

2. 율법시대의 예배

율법시대에도 족장시대의 가족적 예배가 존속하기는 했다. 그러나 율법시대의 공적 예배는 성전을 중심으로 거행되었다. 율법시대의 공적 예배의 특색을 말하면 다음과 같다.

첫째, 성전 이외의 다른 곳에서 희생의 제물을 드리는 일이 허락되지 않았다.

둘째, 예배의 모든 세부적인 것까지 규정지어 있었다. 즉, 성전을 시설하는 방법, 내용, 제사(祭司)의 의복(예복), 희생제물의 종류와 방법 등이다. 이렇게 세부적인 것까지 규정지은 것은 이스라엘 백성을 하나님의 어린 자녀로 취급했기 때문이다.

셋째, 대리적이며 위탁적인 예배였다. 성전에는 제사와 레위인들이 있어서 예배드리러 온 백성을 대리하여 의식을 집행했으며, 백성은 다만 간접적인 참여만 했을 뿐이다. 그러나 연 3회는 제사에게 위탁하지 않고 12세 이상의 남자는 모두 성전에 와서 주의 제단에서 제사를 드리지 않으면 안 되었다. 연 3회의 절기는 무교절, 맥추절, 수장절(장막절)로서,

즉 5대 절기인 유월절, 속죄절, 장막절, 맥추절, 무교절 중의 3대 절기이다. "너는 매년 삼차 내게 절기를 지킬지니라. 너는 무교병의 절기를 지키라. 맥추절을 지키라. 이는 네가 수고하여 밭에 뿌린 것의 첫 열매를 거둠이니라. 수장절을 지키라. 이는 네가 수고하여 이룬 것을 연종에 밭에서부터 거두어 저장함이니라. 너의 모든 남자는 매년 세 번씩 주 여호와께 보일지니라"(출 23 : 14-17).

넷째, 의식적(儀式的)인 예배였다. 예배에서 말씀보다도 행위의 요소가 더 컸으며 설교는 없었다. 동물의 희생은 거행되었으나 기도는 없었다. 오늘날 천주교의 예배가 율법시대의 예배를 모방한 것이고 그 의식을 취한 것임을 알 수 있다.

다섯째, 상징적이며 모형적인 예배였다. 여기에서 상징이라고 하는 것은 영적 진리를 가시적, 구상적으로 표현하는 것을 말하며, 모형적인 예배라고 하는 것은 미래에 나타날 영적 진리를 가리키는 것을 말한다. 구약의 의식은 신약에서 성취될 진리를 가리키며, 특히 예수 그리스도의 제사적 활동에 대하여 상징하는 것을 말한다.

3. 포로 이후 시대의 예배

예루살렘 성전을 중심으로 한 구약의 예배는 이스라엘이 멸망한 후 바벨론의 포로로 잡혀간 뒤에는 불가능하게 되었다. 그 이유는 바벨론군이 예루살렘을 침범하여 성전을 파괴했기 때문이다. 그러므로 자연히 성전에서 드리는 희생의 제물을 드릴 수 없게 되었던 것이다.

그리하여 성전에서 드리는 희생의 예배를 대신해서 포로민들에게 허용된 것이 회당에서 드리는 예배였다. "제 육년 유월 오일에 나는 집에 앉았고 유다 장로들은 내 앞에 앉았는데 주 여호와의 권능이 거기서 내게 임하기로"(겔 8 : 1). 회당은 헬라어 '시나고게'(synagoge)에서 온 말인데 '모이는 곳'을 의미한다. 회당에서는 말씀의 낭독이나 설교가 예배의 중심적인 요소가 되었다. 이것은 신약의 예배의 형태, 기독교의 예배 형태를 준비케 하는 하나님의 섭리였다.

이스라엘 백성이 포로지에서 귀환한 후에 예루살렘에서 성전을 재건하고 희생예배도 다시 거행하게 되었으나, 회당제도는 폐지되지 않았고 성전예배와 병행해서 회당예배도 존속하게 되었다. "이스라엘 자손이 그 본성에 거하였더니 칠월에 이르러는 모든 백성이 일제히 수문 앞 광장에 모여 학사 에스라가 모든 백성 위에 서서 저희 목전에 책을 펴니 책을 펼 때에 모든 백성이 일어서니라. 에스라가 광대하신 하나님 여호와를 송축하매 모든 백성이 손을 들고 아멘 아멘 응답하고 몸을 굽혀 얼굴을 땅에 대고 여호와께 경배하였느니라"(느 8 : 1-6).

회당은 흩어진 유대인들이 거주하는 곳이면 어디서든 설립되었다. "리버디노 구레네인, 알렉산드리아인, 길리기아와 아시아에서 온 사람들의 회당이라는 각 회당에서 어떤 자들이 일어나 스데반으로 더불어 변론할새"(행 6 : 9 이외에 행 13 : 5, 14 : 1, 17 : 1 참조). 그리하여 유대인들이 국가적, 정치적 독립을 상실한 후에도 회당은 율법을 중심으로 한 유대 종교와 사상교육의 중심지가 되었다.

회당은 장로들로 구성된 장로회의에 의해 통치, 운영되었다(눅 7 : 3-5 참조). 장로회의에서 선출된 회당장이 있었다. "또 회당장 그리스보가 온 집으로 더불어 주를 믿으며, 수다한 고린도 사람도 듣고 믿어 세례를 받더라"(행 18 : 8). 회당장은 예배의 사회를 맡고 때로는 설교도 했다. 또한 적당한 인물에게 기도, 성서낭독, 권면 등의 예배순서를 담당하도록 의뢰하기도 하고 허락하는 일을 했다. "저희는(바울과 동행자) 버가로부터 지나 비시디아 안디옥에 이르러 안식일에 회당에 들어가 앉으니라. 율법과 선지자의 글을 읽은 후에 회당장들이 사람을 보내어 물어 가로되 형제들아 만일 백성을 권할 말이 있거든 말하라 하니"(행 13 : 14-15). 회당장은 회당의 활동을 관리하고 예배를 주관하고 교육을 담당하는 일을 했으며, 가난한 자들을 위하여 의연금을 거두고 분배하는 일을 했고, 성서공과를 가르치는 일과, 자신이 설교를 하지 않을 경우에 설교할 사람을 선정하고 결정했으며, 대형 법궤에서 두루마리를 가져오고 또 마친 후에는 도로 넣는 일 등을 했다. 회당에는 제사장 대신 랍비와 제사를 두기도 했는데, 랍비에게 설교하고 권하는 일을 하게 했다.

회당에서는 안식일마다 예배가 거행되었다. "이는 예로부터 각 성에서 모세를 전하는 자가 있어 안식일마다 회당에서 그 글을 읽음이니라 하더라"(행 15 : 21). 또 주(週)의 둘째 날인 월요일과 다섯째 날인 목요일에 사람들은 율법을 듣기 위해 회당으로 모였다. 회당에서 거행된 안식일 예배의 순서는 다음과 같다.

첫째, 쉐마(shema)를 낭독한다. 쉐마는 '듣는다'는 말에서 유래되었는데 신명기 6 : 4~9과 신명기 11 : 13~21과 민수기 15 : 37~41 등 세 곳의 말씀을 낭독하는 것이다.

둘째, 기도이다. 제 18축복기도(Shemone Esre)와 축도의 전부 또는 일부가 행해졌다. 회중은 일어서서(마 6 : 5 참조), 각 축복기도가 있은 다음에는 아멘을 제창했다. 제 18축복기도의 제목만을 아래에 적어 둔다.

> Father, Might, Sanctification of the Name, Knowledge, Repentance, Forgiveness, Redemption, Healing, Prayer for the Good Years, Gathering Together of the Dispersed, Prayer for Justice, Prayer for the Righteous, Prayer for Jerusalem, Prayer for David, Prayer, Service, Thanks, Priestly Blessing.

이 제 18축복기도의 내용을 보면 하나님에게 찬양하는 것이 부분적으로 설명되어 있고, 소원과 회개와 물질적 축복과 포로생활, 심판, 상담자로서의 중재와 선민에 대한 것을 해설하고 있다. 예로서 제 1기도문(Father)을 소개하면 다음과 같다.

> Fathers :
> Blessed be Thou JHWH(여호와), our God and God of our fathers, God of Abraham, God of Isaac, and God of Jacob, the great, mighty, and revered God, the most high God, who bestow lovingkindness, possess all things, and remember the pious deeds of the fathers, and will

bring a redeemer to their children's children, for your name's sake, in love, King, Helper, Saviour, and Shield.
   Blessed be Thou JHWH, the Shield Abraham.

셋째, 율법의 낭독이다(행 15 : 21 참조). 율법의 낭독은 안식일마다 있었다. 이 순서는 감사의 기도로 시작하여 기도로 마친다.

넷째, 구약의 예언서의 낭독이다. "율법과 선지자의 글을 읽은 후에"(행 13 : 15a).

다섯째, 강해와 권면이다. "율법과 선지자의 글을 읽은 후에 회당장들이 사람을 보내어 물어 가로되 형제들아 만일 백성을 권할 말이 있거든 말하라 하니 바울이 일어나 손짓하며 말하되 이스라엘 사람들과 및 하나님을 경외하는 사람들아 들으라"(행 13 : 15-16, 눅 4 : 16-22 참조).

여섯째, 제사가 있을 때는 축도가 있었고 축도 후에는 아멘으로 끝났다. 찬송이 예배순서에 있었는지에 대해서는 확실히 알 수 없으나 유대 종교생활에서 음악의 위치와 그후 기독교 예배의 음악을 참작할 때 회당 예배에 찬송이 전혀 없었다고는 할 수 없다. 성전예배 형식의 일부를 인용하여 시편과 아론의 축복기도 등을 노래한 것으로 생각할 수 있다.

1세기 후반에 와서 회당예배는 더 이상 변동하지 않고 고정된 순서를 가지게 되었다. 회당의 건물은 성전과 같이 화려하지는 못해도 각 촌락의 경제 형편에 따라 회당을 건립했다. 회당 안의 기둥에다 장식을 하고 또 일곱 촛대를 세우고 포도나무잎 혹은 가지 등을 새기기도 했다. 강대 가운데에는 지성소의 법궤를 대용(代用)할 수 있고 상징하는, 자유롭게 움직일 수 있도록 임시 법궤를 설치했다. 그 속에는 율법과 선지자의 교훈이 기록된 두루마리가 들어 있었다.

4. 성전예배와 회당예배

1) 성전예배

성전은 유대인들의 종교생활에서 세 가지 기능을 충족시켜 주었다. 첫째, 성전은 야훼가 중심이 되었고 국가생활에서 법률의 중심지가 되었다. 둘째, 성전은 기도와 찬양을 하나님께 드리는 의식을 행하는 정규 예배를 위한 기회를 가지는 곳이었다. 셋째, 성전은 유대인의 절기마다 국가적으로 종교적인 행사를 위하여 모이는 장소로 사용되었다.

성전예배의 가장 중심적인 사실은 제물을 드리는 일이었다. 특히 하나님을 반역한 죄를 대속하기 위한 대속제를 드리는 일을 했다. 성전예배의 근본적인 것은 제물에 대한 것을 강조하는 것이었다.

2) 회당예배

그러나 앞서 말했거니와 수많은 유대인이 예루살렘에서 바벨론으로 잡혀 가게 되었고 성전은 파괴되었기 때문에 그들은 하나님께 드리는 성전의 희생의 예배에 대한 문제를 새로운 관점에서 바라보게 되었다. 그들은 선지자들의 가르침과 같이 제물 없는 예배에 대해 이해하게 되었고 그 중요성을 깨닫게 되었다. 계명을 순종하는 것으로 하나님께 예배하는 길이 된다고 이해하기 시작한 것이다. 그리하여 회당이 생기게 되었고 이 회당이 성전예배를 대용하는 장소가 되었다. 회당의 시설과 예배의식도 성전의 것을 모방하게 되었다.

성전예배와 회당예배와의 가장 기본적인 차이점은 제물이다. 성전예배는 제물이 핵심이었는 데 반하여, 회당예배는 예배자가 일상생활에서 하나님의 뜻을 발견하고 순종하도록 하기 위하여 열심히 성경을 공부하는 일로 대치하게 되었다. 오늘날 기독교의 예배는 회당예배의 형식을 인용한 것이라고 할 수 있다.

5. 예수시대의 예배

예수 당시의 예배는 회당에서 거행됨과 동시에 성전에서도 거행되었다. 예수가 그의 지상생애 기간에 예수 자신의 새로운 형식의 예배를 만들어 사용하겠다고 생각하지 않았다.

예수는 날마다 성전에서 가르쳤다. "내가 날마다 너희와 함께 성전에 있어서 가르쳤으되 너희가 나를 잡지 아니하였도다. 그러나 이는 성경을 이루려 함이니라 하시더라"(막 14 : 49). 그는 회당에서 거행되는 안식일 예배에 출석했으며, 또한 회당에서 설교를 함으로써 회당예배의 정통성을 인정받게끔 되었다. "예수께서 그 자라나신 곳 나사렛에 이르사 안식일에 자기 규례대로 회당에 들어가사 성경을 읽으려 서시매"(눅 4 : 16).

그러나 예수는 그보다도 더, 성령강림절(Pentecost)로 시작되는 신약시대의 교회예배의 기초를 이루게 되었다. 예수는 구약의 의식적 예배를 폐지하고 새로운 영적 예배에 대하여 예언하셨다(요 4 : 24). 신약의 예전인 성찬식(마 26 : 26-29, 고전 11 : 22-29)과 세례식(마 28 : 19-20)을 제정했고, 예수 자신의 죽음과 부활로 인하여 구약의 의식적 예배가 실제로 완전히 성취된 것이다.

6. 사도시대의 예배

예루살렘에서 최초로 함께 모인 그리스도인은 유대인이었다. 예수도 유대인이다. 유대인 크리스천들은 예수 그리스도를 구약에서 예언자들이 예언한 대로 이스라엘을 구원하기 위해 오신 거룩한 구속주, 메시야로 믿었다. 그들은 처음에 계승되어 온 성전과 회당에서 행하는 예배에 예수가 참석하듯 했다. "날마다 마음을 같이하여 성전에 모이기를 힘쓰고"(행 2 : 46, 또한 행 5 : 42, 눅 24 : 53 참조). 그러나 그들이 성전예배에 참석할 때 희생의 제물을 드리면서 예배에 참석했는지의 언급은 성경에서 찾아볼 수 없다. 다만 제자들은 희생의 예배에는 참석하지 아니하고 성전에서 행하는 회당식 예배에만 참석했을 것이라고 생각된다. 초대교회의 교인들이 독자적인 회당의 조직을 가지고 있지 않았다는 것이다(약 2 : 2 참조). 예루살렘에서 사도들은 성전, 특히 솔로몬의 행각에서 설교를 중심으로 한 예배를 드렸다. "나은 사람이 베드로와 요한을 붙잡으니 모든 백성이 크게 놀라며 달려나아가 솔로몬의 행각이라 칭하는 행각에 모이거늘"(행 3 : 11). 그와 동시에 '집'에서도 매일 예배가 거행되어 기도와 떡을 떼는 일과 사도의 가르침이 있었다. "날마다 마음을 같이하여 성전에 모이기를 힘쓰고 집에서 떡을 떼며 기쁨과 순전한 마음으로 음식을 먹고 하나님을 찬미하며 또 온 백성에게 칭송을 받으니 주께서 구원 받는 사람을 날마다 더하게 하시니라"(행 2 : 46-47). 예루살렘 이외의 장소에서는 개인의 집이나 그 외의 장소를 사용하여 예배가 거행되었다. "어떤 사람들은 마음이 굳어 순종치 않고 무리 앞에서 이 도를 비방하거늘 바울이 그들을 떠나 제자들을 따로 세우고 두란노 서원에서 날마다 강론하여"(행 19 : 9). "우리의 모인 윗다락에 등불을 많이 켰는데"(행 20 : 8).

사도시대의 예배에 대해서 비교적 자세히 설명하고 있는 것은 고린도후서인데 거기에 나타난 것을 보면 두 가지의 예배가 있었던 것을 알 수 있다.

첫째, 비교적 개방적이고 비형식적인 전도 형식의 예배였다. 이 예배에서는 불신자가 참석했다가 개종하고 결신하는 일이 있었다(고전 14 : 23-25 참조). 이것은 오늘날의 부흥전도집회와 비슷한 것인데, 공인된 지도자가 인도하지 않고 남자 회원이 성령의 인도함을 받아 교인들에게 덕이 되는 은혜의 말을 자유롭게 전했다. "모든 성도의 교회에서 함과 같이 여자는 교회에서 잠잠하라. 저희의 말하는 것을 허락함이 없나니 율법에 이른 것 같이 오직 복종할 것이요"(고전 14 : 34). 여성들에게 교회에서 말하는 것을 금한 것은 고린도교회만의 특별한 현상이 아니라 다른 교회에서도 공통되는 일반적인 현상이었다.

예배의 방법은 주로 회당예배의 형식을 채택하여 제물을 사용하지 않는 특징을 가졌고, 즉석 기도와 같이 응답이 있는 단순한 예배를 위한 장소가 마련되어 사도적 교회의 예배의 성격이 되었다. 순서는 기도, 찬송, 가르침, 예언, 방언과 축도로 이어졌을 것이라고 생각된다. 기도, 찬송,

성경낭독과 성경해설은 기독교 예배의 토대가 되기도 했다.
 사도시대의 기도에 대해서는 사도행전 1 : 24~26과 4 : 23 이하에서 찾아볼 수 있다. 즉 "저희가 기도하여 가로되 뭇사람의 마음을 아시는 주여, 이 두 사람 중에 누가 주의 택하신 바 되어 봉사와 및 사도의 직무를 대신할 자를 보이시옵소서. 유다는 이를 버리옵고 제 곳으로 갔나이다 하고 제비 뽑아 맛디아를 얻으니 저가 열한 사도의 수에 가입하니라"(행 1 : 24-26). "저희가 듣고 일심으로 하나님께 소리를 높여 가로되 대주재여 천지와 바다와 그 가운데 만유를 지은 이시요 또 주의 종 우리 조상 다윗의 입을 의탁하사 성령으로 말씀하기를"(행 4 : 24-25). 기도의 형식은 감사, 기원, 중재(도고)이다. "그러므로 내가 첫째로 권하노니 모든 사람을 위하여 간구와 기도와 도고와 감사를 하되"(딤전 2 : 1). 그리고 주님이 가르치신 기도가 주요 부분을 차지한다.
 찬송을 살펴보면 마리아의 찬가(눅 1 : 46 이하), 사가랴의 찬가(눅 1 : 68 이하), 그 외에 디모데 전서 3 : 16 "크도다 경건의 비밀이여, 그렇지 않다 하는 이 없도다."와 요한 계시록 5 : 9~10의 "새 노래를 노래하여 가로되 책을 가지시고 그 인봉을 떼기에 합당하시도다. 일찍 죽임을 당하사 각 족속과 방언과 백성과 나라 가운데서 사람들을 피로 사서 하나님께 드리시고 저희로 우리 하나님 앞에서 나라와 제사장을 삼으셨으니 저희가 땅에서 왕노릇 하리로다 하더라."와 12 : 10~12, 19 : 1~2, 6~8 등이 집회에서 사용한 찬송으로 간주된다. 그 밖에 시와 찬송과 영적 노래를 찬송으로 사용했으며, 이때에 사용된 단편 찬송들을 신약성경에서 찾아볼 수 있다(계 4 : 8, 11, 11 : 15-18, 14 : 7, 15 : 3-4).
 가르침이란 신자의 건덕(建德)과 영광을 위하여 행하여진 하나님의 말씀의 강해이다. "그런즉 형제들아, 어찌할꼬 너희가 모일 때에 각각 찬송시도 있으며 가르치는 말씀도 있으며 계시도 있으며 방언도 있으며 통역함도 있나니 모든 것은 덕을 세우기 위하여 하라"(고전 14 : 26). "오직 비밀한 가운데 있는 하나님의 지혜를 말하는 것이니 곧 감취었던 것인데 하나님이 우리의 영광을 위하사 만세 전에 미리 정하신 것이라"(고전 2 : 7).

성경낭독과 성경해설은 사도시대에서 중요한 위치를 차지하고 있었다. "내가 이를 때까지 읽는 것과 권하는 것과 가르치는 것에 착념하라."(딤전 4 : 13)고 바울이 디모데에게 명한 것을 보아도 그 중요성을 알 수 있다.
　예언과 방언은 사도시대 특유의 초자연적인 역사로 나타난 성령의 산물인 '은사' 또는 '성령'이라고 말한다. "은사는 여러 가지나 성령은 같고 직임은 여러 가지나 주는 같으며"(고전 12 : 4). 예언은 성령에 의하여 계시를 말하는 것이지만 고린도교회에서는 많은 사람이 질서없이 예언을 했는데 바울은 한 번에 한 사람씩 예언의 말을 하라고 명하기도 했다. "예언하는 자는 둘이나 셋이나 말하고 다른 이들은 분별할 것이요 만일 곁에 앉은 다른 이에게 계시가 있거든 먼저 하던 자는 잠잠할지니라. 너희는 다 모든 사람으로 배우게 하고 모든 사람으로 권면을 받게 하기 위하여 하나씩 하나씩 예언할 수 있느니라. 하나님은 어지러움의 하나님이 아니시요 오직 화평의 하나님이시니라"(고전 14 : 29-33). "모든 것을 적당하게 하고 질서대로 하라"(고전 14 : 40).
　신약성경에서 방언에 대해 언급한 곳은 복음서에서 1회(막 16 : 17), 사도행전에서 3회(2 : 4, 10 : 46, 19 : 6), 나머지는 전부 고린도 전서에 나온다(12 : 13, 14장).
　방언이란 무엇인가에 대한 확실한 답을 얻기는 그것이 신비에 속한 것이기 때문에 어렵다. 그러나 방언을 크게 구별지어 말한다면 현실에 있는 외국어를 말하는 것, 즉 외국어를 배우지 못한 자가 말하는 것과 비실재의 기적적인 말씀을 말하는 것으로 구별되나, 단 방언은 무엇이든 간에 해석할 수 있는 것이라야 한다. "만일 누가 방언으로 말하거든 두 사람이나 다 불과 세 사람이 차서를 따라 하고 한 사람이 통역할 것이요 만일 통역하는 자가 없거든 교회에서는 잠잠하고 자기와 및 하나님께 말할 것이요"(고전 14 : 27-28). 바울도 방언을 말할 수 있었으나 겸손했다. "내가 너희 모든 사람보다 방언을 더 말하므로 하나님께 감사하노라"(고전 14 : 18). 그는 방언문제로 혼란한 고린도교회를 향해 경계하기를, 방언은 반드시 교회의 덕을 세우기 위해서 행해져야 한다고 말했다. "그런즉 형제들아 어찌할꼬 너희가 모일 때에 각각 찬송시도 있으며 방언도 있으며 통역함도 있나니 모든 것을 덕을 세우기 위하여 하라"(고전 14 : 26).

둘째, 사도시대에는 통상적으로 밤에 행하는 예배가 있었다. 예배는 매일 밤 어느 가정 집에서 거행되었다. 이때 제자나 성도들이 한 장소에 모이면서 각자가 음식을 가지고 와서 주의 만찬을 겸한 '아가페'(agape)라고 하는 식사를 함께했다. 사랑의 축제(agape meal) 혹은 사랑의 식사라고도 하는데, 이 사랑의 식사는 순수한 식사로서 기도와 감사와 간증이 동반되었다. 이는 성도와 그리스도와의 일치와 거룩한 교제를 뜻하는 것으로 행하여졌다(고전 11 : 17-34 참조). 그런데 이 사랑의 식사는 처음에 좋은 뜻에서 시작되어 아주 의미 있는 일로 거행되어 오다가 시간이 흐름에 따라 적지 않은 폐단이 생기게 되었다. 그것은 이 밤 예배의 사랑의 식사에서 성도들의 빈부의 차이로 인해 같은 장소에서도 부자와 가난한 자가 각각 별도로 모여 식사를 하게 되었고, 또한 어떤 자는 포식을 하게 되고 어떤 자는 먹지도 못하는 일이 생기기까지 했다. 또 비위생적인 문제가 대두하는 폐단까지 생기게 되었다. "그런즉 너희가 함께 모여서 주의 만찬을 먹을 수 없으니 이는 먹을 때에 각각 자기의 만찬을 먼저 갖다 먹으므로 어떤 이는 시장하고 어떤 이는 취함이라"(고전 11 : 20-21). 이러한 결과로 바울은 사랑의 식사를 중지시키고 각자가 집에서 식사를 하고 교회에서나 집에서 주의 만찬만 거행하라고 말했다.

사도시대의 예배 중에 '방언으로 말하는 것'과 '사랑의 축제'는 1세기 후에는 없어지게 되었다. 그 이유는 방언에 대해서 사도들이 좋아하지 않았고, 사랑의 식사는 악습이 되었기 때문이다.

이상에서 예배의 역사적인 면을 고찰해 보아 알겠지만 이스라엘 역사와 함께 예배의 형태는 크게 세 가지로 변한 것을 발견하게 된다. 그러나 이 세 가지는 서로가 밀접한 관계 속에 있었다.

그 첫째는 '장막'(the Tabernacle)의 예배 형태인데 이스라엘이 방황

할 때에 만든 유동식 천막으로 예배와 제사의 장소가 되었다. 나무로 천막의 기둥을 삼고 가죽을 엮어 천막 포장을 만들었으며, 색깔을 입혀 예배하는 장소로서의 상징적 의미를 나타냈다. 장막예배는 제사(sacrifice)가 그 중심이었음을 말해 주고 있고, 광야생활의 신앙과 생활의 중심이 되었다. 장막은 두 부분으로 나누어져 있었는데 큰 부분은 어린 양을 잡아 제사하는 곳이었고, 그 안에 있는 작은 부분은 십계명이 써 있는 법궤가 위치해 있었다.

둘째 형태는 히브리 백성이 팔레스타인에 정착하면서 웅장하게 세웠던 '성전'(the Temple)에서 찾을 수 있다. 성전은 유동 형식의 장막을 대치하여 예배의 중심 장소로서 나타났다(BC. 621). 그러나 바벨론 군대에 의해 처음 성전은 주전 586년에 파괴되었다.

셋째 형태의 예배 장소는, 처음에는 가정에서 모여 두루마리 성경을 읽고 시편을 노래하고 그들의 신앙을 위해 기도하는 비공식적인 예배였으나 결국 이 형식은 회당으로 발전하게 되었으며, 이는 이스라엘 역사의 중요한 기구로서 그리고 새로운 예배 형식으로서 나타나게 된 것이다.

이러한 예배 형태로 시대의 흐름에 따라 변해 온 예배의 본질과 그 목적, 용어가 무엇인가를 생각하지 않을 수 없다.

7. 성경에 나타난 예배

성경에 나타난 첫 예배는 아벨의 예배와 가인의 예배이다(창 4 : 1-8). 두 형제가 하나님께 각각의 예배를 드렸다. 그런데 하나님께서는 동생 아벨의 예배는 기뻐 받으셨으나, 형 가인의 예배는 받지 않으셨다. 가인은 동생의 예배와 자기의 예배를 비교했다. 그는 화가 났고 분한 마음을 품었다. 그는 동생을 증오하게 되었고 급기야 동생 아벨을 돌로 쳐죽이는 죄를 범했다. 이는 삐뚤어진 마음의 예배를 드린 사람이 어떻게 타락하는가를 보여 준다.

예배는 나와 하나님과의 관계에서 평가되어야 한다. 나의 예배를 다른 사람의 예배와 비교하는 것은 옳지 못하다. 여기서 우리는 하나님이 기쁘게 받으시는 예배가 있고, 받지 않으시는 예배가 있음을 깨닫게 된다. "아버지께 참으로 예배하는 자들은 신령과 진정으로 예배할 때가 오나니 곧 이때라. 아버지께서는 이렇게 자기에게 예배하는 자들을 찾으시느니라"(요 4 : 23). 그러면 어떤 예배가 하나님이 받으신 예배인지를 살펴보자.

첫째, 아브라함의 예배이다(창 22 : 1-4). 모리아 산에서 드린 아브라함의 예배는 귀중한 모범이 된다. 아들을 죽이기까지 하나님의 말씀에 순종하는 아브라함의 마음, 그것은 하나님에 대한 절대순종과 경외의 마음이다. "네가 네 아들 네 독자라도 내게 아끼지 아니하였으니 내가 이제야 네가 하나님을 경외하는 줄을 아노라"(12절). 뼈를 깎는 아픔 가운데서도 하나님의 명령에 순종하려는 마음으로 드리는 예배를 하나님은 기뻐 받으신다. 이처럼 예배는 우선적으로 하나님께 드려지는 행위이지 내가 받기 위한 것이 아니다. 아브라함의 모리아 산의 예배는 장차 갈보리 산에서 있을 예수의 자기 희생의 예배(사건)에 대한 예표가 되었다.

둘째, 야곱의 예배이다(창 28 : 10-22). 야곱은 형 에서를 속인 후 보복을 피해서 외삼촌 집으로 도망을 가는 길이었다. 루스라는 곳에 도착하자 해가 저물고 밤이 되었다. 그곳에서 돌베개를 베고 잠을 자던 중 꿈속에서 환상을 보았다. 야곱은 놀라운 진리를 깨달았다. "여호와께서 과연 여기 계시거늘 내가 알지 못하였도다"(16절). 야곱은 일어나 밤에 홀로 하나님께 예배를 드렸다. 예배는 하나님의 임재를 깨닫게 될 때 드려진다. 문제는 장소가 아니라 하나님의 현존을 느끼는 마음이다(요 4 : 24).

셋째, 엘리야의 예배이다(왕상 18 : 30-40). 이스라엘 땅의 하나님의 제단이 훼손되고 예배가 백성으로부터 외면받고 있을 때 엘리야는 "무너진 여호와의 단을 수축"(30절)한다. 하나님의 자리에 우상이 놓일 때 예배는 외면당하고 제단은 무시되어 버린다. 예배의 회복, 제단의 회복은 피할 수 없는 명령이다. 개인생활에서, 그리고 가정 안에서 예배가 회복되어야 한다. 아울러 타성에 젖어 버린 무감동의 예배가 개혁되고 "여호와 그는 하나님이심"(39절)을 고백하는 예배가 드려져야 한다.

넷째, 몸으로 드리는 예배이다(롬 12 : 1-2). 신약에서는 몸으로 드리는 예배에 강조점을 둔다. 예배가 삶으로 이어지지 않을 때 그 예배는 실존적 의미를 상실하게 된다. "살든지 죽든지 내 몸에서 그리스도가 존귀히 되게 하려 하나니"(빌 1 : 20). 스데반 집사, 성 프란치스코, 본회퍼, 주기철 목사, 손양원 목사 등 믿음의 선배들은 몸으로 드리는 예배의 귀한 본보기가 된다. 삶으로 연결되는 예배를 하나님은 기뻐하신다.

다섯째, 미스바에서의 예배이다(삼상 7 : 5-11). 사무엘이 이스라엘 온 백성에게 "너희 마음을 여호와께로 향하여 그만 섬기라. 너희를 블레셋 사람의 손에서 건져내시리라."(3절)고 말한 후 미스바로 모이게 하였다. "사무엘이 젖 먹는 어린 양을 취하여 온전한 번제를 여호와께 드리고 이스라엘을 위하여 여호와께 부르짖으매 여호와께서 응답하셨더라"(9절). 사무엘이 번제를 드릴 때 블레셋 사람이 이스라엘과 싸우려고 가까이 오매 여호와께서 큰 우뢰를 발하여 그들을 혼란하게 하고 이스라엘 군사가 승리하게 하신 것이다(10절). 여기에는 여호와 하나님께 간절한 마음으로 예배를 드리면 세상적인 어려운 문제를 해결해 주신다는 뜻이 있다. 미스바에서의 예배는 이스라엘 백성이 목숨을 걸고 간절히 드린 예배였다.

여섯째, 위기 속의 예배이다(창 35 : 1-8). 야곱이 형 에서를 속이고 도망가던 중에 벧엘에서 하나님을 만났고, 그 자리에서 단을 쌓으라는 하나님의 명령에 따라 예배를 드렸다. 후에 야곱은 하나님의 명령에 따라 모든 가족들에게 "이방 신상을 버리고 자신을 정결케 하고 의복을 바꾸라. 우리가 일어나 벧엘로 올라가자. 나의 환난 날에 내게 응답하시며 나의 가는 길에서 나와 함께하신 하나님께 내가 거기서 단을 쌓으려 하노라."고 말하여 하나님께 단을 쌓고 그 곳을 '엘벧엘'이라 불렀던 것이다. 야곱은 위기 속에서도 가족과 함께 하나님께 정성된 제단을 쌓고 예배드린 것을 알 수 있다.

반면에 하나님이 받지 않으신 예배가 있었다.

첫째, 나답과 아비후의 예배이다(레 10:1-2). 나답과 아비후는 잘못된 예배를 드리다가 생명을 잃었다. 그들은 비록 대제사장인 아론의 아들이었지만 "여호와의 명하시지 않은 다른 불"(1절)을 하나님 앞에 드리다가 진노를 받은 것이다. 제멋대로 드리는 예배, 잘못 준비된 예배는 도리어 화가 될 뿐이다. 이런 행동은 하나님을 만홀히 여기는 것이 된다(갈 6:7).

둘째, 웃시야와 사울의 예배이다(대하 26:16-21, 삼상 13:8-15). 웃시야의 예배는 잘못된 예배의 표본이다. 웃시야는 마음이 교만하여 왕의 권위로 예배를 멋대로 드리다가 하나님의 진노를 받아 문둥병에 걸렸다. 예배는 인간적인 권위나 자격으로 주관하는 것이 아니다. 예배는 하나님께 드리는 신앙적 행위이기에 하나님이 정한 규례에 따라 드려야 한다. 예배를 가볍게 생각했던 웃시야의 교만은 그리스도인들이 경계해야 할 좋은 본보기가 된다. "순종이 제사보다 낫고 듣는 것이 수양의 기름보다 나으니"(삼상 15:22). 예배는 함부로 드려질 수 없다. 사울 왕 역시 멋대로 예배를 드리다가 하나님의 진노를 받게 되었다.

셋째, 형식적인 예배이다(사 1:10-17). 이사야 선지자는 이스라엘 백성의 형식적이고 가식적인 예배를 책망했다. 이사야는 하나님께서는 형식적으로 드리는 많은 제물과 숫양의 번제와 살진 짐승의 기름, 수송아지나 어린 양, 숫염소의 피를 기뻐하지 아니하신다고 했다(11-12절). 하나님께서는 헛된 제물을 다시 가져오지 말라고 하셨다(13절). 형식적으로 지키는 절기의 예배를 싫어한다고 하셨다. 하나님께서 기뻐하시는 예배는 몸과 마음을 깨끗하게 하여 "악업을 버리며 악행을 그치고, 선행을 배우며 공의를 구하며 학대받는 자를 도와주며, 고아를 위하여 신원하며 과부를 위하여 변호하는" 일이라고 했다(16-17절).

제 2 장
예배의 용어

예배란 무엇인가? 예배라는 용어는 앵글로색슨어(Anglo-Saxon)에서 유래되었다. 그 용어의 뜻은 '가치가 있는 대상에 대한 인정'(worth-ship)이다. 줄여서 말하자면 '가치가 있는 것'으로 표현할 수 있다. 예배는 우주만물을 창조하신 하나님을 경배하는 것이기 때문에 '가치가 있는 일'이다.

예배는 교회가 가지는 하나의 기능이며 활동이다. 예배가 교회의 가장 중요한 기능이요 활동임을 우리는 올바르게 배워야 하고, 하나님의 가치성을 의미있고 가치있게 선포해야 한다.

1. 예배의 성경적 용어

예배라는 말의 용어를 성경에서 찾아보자.

1) 구약성경의 용어

구약성경에서는 예배에 대한 용어가 세 가지로 나온다. 첫째는 '다라쉬'(darash)로서 그 뜻은 '찾는다' 또는 '구한다' 이다(스 4 : 2). 둘째,

'아바드'(abad)로서 '일한다', '노동한다', '섬긴다' 라는 뜻이다(삼하 15 : 8). 셋째, '사가드'(sagad)로서 '엎드리다', '납작 엎드리다' 라는 뜻을 가지고 있다(사 66 : 23).

이상의 용어 중에 성전에서 드리는 공식적 예배에 대해서는 '아바드'를 사용했다. 그것은 '성전에서의 봉사(섬김)' 라는 뜻이 있기 때문이다.

2) 신약성경의 용어

신약성경에서는 예배에 대한 용어가 다섯 가지로 나온다.

첫째는 '레이투르기아'(leiturgia)로서 이 용어는 '공공 목적을 위해 부자(富者)가 무보수로 하는 봉사', 즉 '봉사' 라는 의미를 가진다. 이 용어를 신약의 공식적 예배에 사용했다고 생각하는 유일한 예는 사도행전 13 : 2 안디옥교회의 예배에서 찾아볼 수 있다. 이 용어에서 예전 (liturgy)이라는 말이 나왔다. 또한 '공적인 일 혹은 행위' 라는 뜻도 가지고 있다. 이 용어는 두 개의 단어, 즉 '레이토스'(leitos)와 '에르곤'(ergon)의 합성어이다. 이 용어의 뜻은 '전체 회중의 일이요 행위' 이다. 이 용어의 뜻과 같이 예배는 목사나 집례자 개인의 행위가 아니라 '회중 전체의 공적인 일 혹은 행위' 이다. 예배는 어떤 특정인만이 참여하는 것이 아니라, 회중에 의해 행하여지고 회중 전체가 참여하는 것이어야 한다.

오늘날 세계적인 예배의 동향은 공식적인 예배에 많은 교인이 참여해야 함을 강조하고 있다. 어느 교회에서는 성경낭독을 권사에게 맡겨 읽게 하는 교회가 있고, 사회는 부목사나 장로에게 맡겨 예배를 진행하는 교회가 많다. 그리고 기도는 대부분의 교회가 장로에게 맡겨서 하고 있다. 그러나 목회기도는 목회자만이 할 수 있다.

한 가지 제안하고 싶은 것은 헌금순서 후의 감사기도를 목회자나 장로가 한 뒤에 '중재기도' 순서를 넣어 그 기도담당을 장로나 권사 또는 집사에게 맡겨 진행하는 것이 좋을 듯하다. 중재기도는 '타자를 위한 기도' 라는 뜻이 있기 때문에 각계각층을 위한 기도이다. 기도 내용은 가정, 교회, 국가, 세계의 평화와 또는 입원한 환자나 군에 입대한 청년이나 새로 아기를 낳고 출석한 교인을 위한 것이면 좋다. 기도자는 한 사람이 대표해서 해도 좋으나 몇 사람이 나누어 해도 무방하다.

이상과 같이 예배는 회중 전체의 행위이기 때문에 예배순서에 많은 사람이 참여하게 해야 한다. 기도순서나 성경낭독 등의 순서에 개인의 참여가 불가능할 경우 공동기도문을 주보에 인쇄하여 회중 전체가 한목소리로 낭독하면서 기도를 해도 좋을 것이며, 또한 연도(連禱)로 사회자와 회중이 연속적으로 기도문을 교독하면서 기도를 해도 좋을 것이다.

둘째는 '세보마이'(sebomai)로서 그 뜻은 '존경한다'이다(마 15 : 9). 사람이 존경하는 마음이 있으면 머리를 숙이게 된다. 우주를 창조하신 능력의 하나님이시기 때문에 우리는 존경하여 머리숙여 경배하는 것이다.

셋째는 '라트레이아'(latreia)이다. 그 뜻은 '섬긴다'로서 종교적으로 섬기는 행위를 말한다. 이것은 '지위가 높은 자에 대한 봉사'를 뜻하고 있다(요 16 : 2, 롬 9 : 4, 12 : 1, 히 9 : 1). 아랫사람이 상관을 섬길 때에 사용하는 용어로서, 종교적 의미를 지녀 피조물인 인간이 창조주이신 하나님을 섬긴다는 뜻으로 사용되었다.

넷째는 '트레스케이아'(treskeia)이다. 그 뜻은 '종교적 예배'(골 2 : 18) 또는 '경건'(약 1 : 26-27)이다. 이 용어는 하나님을 공경하고 하나님께 봉사하는 데 사용하기보다 '천사예배' 또는 '자의적 예배' 등에 사용되었다. 하나님 앞에서의 깨끗한 마음을 뜻하고 있다(약 1 : 27).

다섯째는 '프로스쿠네오'(proskuneo)로서 그 뜻은 '손에 키스하다' 또는 '땅에 엎드려 입맞추다' 또는 '무릎을 꿇다', '허리를 굽히다'라는 뜻도 있다. 이 용어는 사람에 대해 존경을 표하여 허리를 굽히는 행위를 말하고(마 18 : 26), 하나님과 예수 그리스도를 존경하여 신뢰하는 마음을 가지고 무릎을 꿇어 경배하는 것을 말하고 있다. 이 용어는 신약성경에 59회나 나타나 있어 예배에 제일 많이 사용된 용어이다.

이처럼 어의적 접근을 통해 나타난 예배는 무릎을 꿇거나 엎드려 경배하는 행위를 말하고 있다. 옛날 한국 교회는 마루에서 무릎을 꿇고 예배를 거행했다. 그 때의 예배가 진정 하나님께 예배드리는 맛이 있었다고 들 회상한다. 오늘날에 교회에 의자를 놓았기 때문에 교회의 예배가 너무 '하이칼라' 예배라고 평하기도 한다. 천주교회에서는 의자에 무릎을 꿇을 수 있도록 준비되어 있다. 그래서 기도할 때 무릎을 꿇고 기도한다. 그런데 비록 현대교회가 의자를 놓고 고급화된 예배당에서 예배를 드린다고 하더라도, 또한 천주교회와 같이 무릎을 꿇도록 준비되어 있지 않다고 하더라도 예배에 참석한 모든 회중은 마음으로 무릎을 꿇고 엎드리는 예배가 되어야 한다. 그 장소야 어디든, 들이든 산이든 가정이든 교회이든 마음으로 무릎을 꿇어야 진정한 예배가 되는 것이다. 이것이 개신교의 예배의 특색이라고 본다.

2. 교회적 용어

첫째, '컬트'(cult)는 종교의식을 뜻한다. 이 '컬트'의 어원은 라틴어에서 왔는데 어떤 것을 숭배한다는 의미이지만 여기에는 이교적(異敎的) 배경에서 온 주술적 요소가 내포되어 있다. 그러나 이것을 기독교에서 사용하게 되면서 가톨릭교회에서는 이것을 외형적인 예배의식을 가리키는 데 사용하여 현재까지도 종교의 형식적, 의식적인 면에서 많이 사용하고 있다. 그리고 위인숭배에 대해서 사용하기도 한다. 예를 들면 괴테 컬트이다.

둘째, 봉사이다. 미국에서 주일예배를 '선데이 서비스'(Sunday Service)라고 말하고 있으며, 독일어로 예배를 '고테스 딘스트'(Gottesdienst, 하나님을 섬긴다는 뜻)라고 한다. 이것은 주권자이시며 절대자이신 하나님을 섬긴다는 뜻에서 나온 말이다.

셋째는, 기도이다. 기도는 예배의 한 요소이다. 기도는 예배의 중요한 한 부분이며 기원의 요소일 뿐 아니라 감사, 찬송을 포함한 넓은 의미로 생각할 수도 있다.

성경에서도 창세기 4 : 26과 이사야 56 : 7과 사도행전 16 : 13 등에서 그 예를 찾아볼 수 있다. "내가 그를 나의 성산으로 인도하여 기도하는 내 집에서 그들을 기쁘게 할 것이며, 그들의 번제와 희생은 나의 단에서 기꺼이 받게 되리니 이는 내 집은 만민의 기도하는 집이라 일컬음이 될 것임이라"(사 56 : 7). "안식일에 우리가 기도처가 있는가 하여 문밖 강가에 나가 거기 앉아서 모인 여자들에게 말하더니"(행 16 : 13). 예배 지침서의 이름을 성공회에서는 「기도서」(Book of Common Prayer)라고 부르는데 이 책은 전체 예배에 대해 규정해 놓은 책이다.

넷째, 예배로서 이 단어는 영어의 'worth+ship'에서 온 말이다. 그 뜻은 '가치가 있는 것'이다. 하나님에게 예배하는 일은 하나님에게 영광과 감사와 찬송을 돌리는 것이다. "우리 주 하나님이여 영광과 존귀와 능력을 받으시는 것이 합당하오니"(계 4 : 11). " 죽임을 당하신 어린 양이 능력과 부와 지혜와 힘과 존귀와 영광과 찬송을 받으시기에 합당하도다"(계 5 : 12).

다섯째, 예전이다. 이 뜻을 가진 영어 '리터지'(liturgy)는 '레이투르기아'(leiturgia)라는 헬라어에서 유래된 용어로서 주로 의식(儀式)주의적 예배를 가리킨다. 의식적 예배는 예식의 중요 부분이 설교가 아니고 예배 순서의 대부분이 정해진 예배이다. 가톨릭교회와 희랍 정교회의 예배가 여기에 속한다고 할 수 있다. 비의식주의적 예배의 교회는 장로교회, 감리교회, 회중교회 등이라고 할 수 있다. 그러나 성공회와 루터교회는 그 중간적인 입장에 선 교회라고 할 수 있다.

원래 '리터지'라는 말은 희랍 정교회에서 예배의 일부인 성찬식의 식문(式文)을 의미했다. 그러나 이 예전이 실제적으로 공적 예배의 중요 부분을 차지하고 있기 때문에 예배의 전반에 대해 '리터지'라고 했고, 가톨릭교회에서도 이 용법을 따르게 되었다.

개신교에서는 이 용어가 의식주의적 내용을 가지고 있기 때문에, 처음에는 공적 예배를 말할 때는 리터지라고 하지 않았다. 칼빈도 예배를 "기도와 찬미"라고 했다. 17세기에 이르러서 리터지라는 용어가 의식적 색채가 없어졌다는 것을 이해한 후에 예배를 리터지라고 개신교 일부에서도 부르게 되었다. 개신교에서 리터지라고 말할 때 협의의 뜻으로 예배 중에 식문화된 요소, 즉 세례식문, 성찬식문 등을 의미하고, 광의의 뜻으로 예배의 모든 것을 의미한다고 할 수 있다.

제 3 장
예배의 본질과 목적

1. 예배의 본질

　성경에 있어서 기독교의 공적 예배는 '하나님의 전', '하나님의 집'에서 거행되는 예배를 의미하고 있다. 물론 하나님의 전이 아닌 어느 곳에서든지 그리스도의 이름으로 모여 예배를 드리지 못하는 것은 아니다.
　기독교 예배의 본질에 대한 정의를 내리면 "은혜의 계약에 기초해서, 즉 예수 그리스도를 중보로 한 하나님과 사람, 곧 예배자와의 교제 혹은 만남"이라고 할 수 있다.
　헉스터블(John Huxtable)은 "기독교 예배는 하나님과 그의 백성과의 대화"라고 예배에 대해 정의하고 있다. 「예배지침서」(The Directory for Worship)에서는 "기독교 예배는 교회와 예수 그리스도 안에서의 하나님의 위대하신 구속적 행위와의 단결된 응답"이라고 정의하고 있다.
　인간이 범죄하여 타락하기 전 에덴동산에서도 하나님과 인간과의 교제를 통한 예배가 있었다. 하나님과 인간과의 종교적 교제는 창조에 기초한 자연적 관계가 아니고 자연적으로 하나님의 자유의지에 기초한 인격적 계약관계이다. 하나님은 하나님의 계약, 약속을 지키는 자에게는 영원한 생명을 부여한다는 교제를 주셨다.

그러나 인간이 범죄한 후에는 거룩하신 하나님 앞에서 대화가 단절되었고 친밀한 교제를 할 수 없는 존재가 되었다. 자신의 힘으로는 도저히 하나님을 만날 수도 없고 가까이할 수도 없는 존재가 되어 버린 것이다. 인간이 하나님의 명령, 곧 말씀에 불복했기 때문이다.

그러한 죄인이 하나님 앞에 나아가서 하나님의 거룩한 이름을 부르며 경배할 수 있게 된 것은 다만 중보자 예수 그리스도의 구속의 성취로 말미암음이다. 하나님은 예수 그리스도를 통해 그의 피로 구속함을 받은 하나님의 백성 가운데 특별 계시로 현존하시고, 그로 인해 하나님의 축복을 받을 수 있게 해주셨다. 그러므로 하나님의 백성은 하나님의 현존, 임재와 축복에 대하여 믿음으로 응답하고 봉사해야 하는데, 이것이 곧 기독교 예배의 본질인 것이다.

공적 예배의 본질에 대해 구약성경에서는 가시적으로 표현하고 있다. 구약의 예배는 성막, 성전에서 거행되었는데 그 성막의 예배에서 하나님께서 그의 백성 가운데 계신다고 믿었다. "내가 그들 중에 거할 성소를 그들을 시켜 나를 위하여 짓되"(출 25 : 8), "거기서 내가 너와 만나고 "(출 25 : 22), "그 지팡이를 회막 안에서 내가 너희와 만나는 곳인 증거궤 앞에 두라"(민 17 : 4).

성막은 '면회하는 집'이란 뜻을 가지고 있는데, 이것은 하나님이 성막에 임재해 계시고 그의 백성과 만나는 곳이라는 의미이다. "하나님이여, 사슴이 시냇물을 찾기에 갈급함같이 내 영혼이 주를 찾기에 갈급하나이다. 내 영혼이 하나님 곧 생존하시는 하나님을 갈망하나니 내가 어느 때에 나아가서 하나님 앞에 뵈올꼬"(시 42 : 1-2). "하나님이여 주는 나의 하나님이시라. 내가 간절히 주를 찾되 물이 없어 마르고 곤핍한 땅에서 내 영혼이 주를 갈망하며 내 육체가 주를 앙모하나이다. 내가 주의 권능과 영광을 보려 하여 이와 같이 성소에서 주를 바라보았나이다"(시 63 : 1-2).

성막의 구조는 하나님과 성소에서 만난다는 진리를 가시적으로 표시하고 있다. 성막은 지성소와 성소로 이루어졌고, 둘 사이에는 휘장이 내려져 있다. "첫 언약에도 섬기는 예법과 세상에 속한 성소가 있더라. 예비한 첫 장막이 있고 그 안에 등대와 상과 진설병이 있으니 이는 성소라 일컫고, 또 둘째 휘장 뒤에 있는 장막을 지성소라 일컫나니 금향로와 사면을 금으로 싼 언약궤가 있고 그 안에 만나를 담은 금항아리와 아론의 싹난 지팡이와 언약의 비석들이 있고 그 위에 속죄소를 덮는 영광의 그룹들이 있으니"(히 9 : 1-5, 출 25 : 10-40 참조, 장막의 건축 규정).

지성소는 의롭고 거룩하신 하나님의 임재를 상징하며 법궤가 있는 곳이다. 이 지성소에는 대제사장이 1년에 한 번 속죄일에 자신과 백성의 죄를 속하기 위해 들어가는 거룩한 곳이다(히 9 : 7 참조).

성소는 제단에서 죄의 희생물을 드리면서 제사장이 백성을 대신하여 하나님께 예배를 드리는 곳이다. 성소 안의 휘장에서 제일 가까운 위치에 향단이 있는데, 제사장은 향불이 꺼지지 않게 항상 봉사를 한다. 향은 오늘날 기도의 상징으로서 가장 순수한 예배행위를 나타낸다. 백성은 죄의 속함이 없이는, 즉 희생의 제물을 드림이 없이는 하나님을 예배하거나 하나님 앞에 가까이 갈 수 없다.

그런데 성막 안의 지성소와 성소로 된 두 부분을 휘장으로 나눈 것은 하나님과 인간의 두 집이라고 생각해서 나눈 것이 아니다. 이 성막 전체가 하나님이 거하시고 임재하시는 집이며, 하나님이 계시는 집에 인간이 들어가서 하나님의 임재를 깨닫고 믿고 하나님의 영광을 바라는 것이라고 생각해야 한다. 여기에 기독교 종교의 본질이 있는 것이다(시 15 : 1, 24 : 3, 27 : 4-6 참조).

성막 또는 성전예배에 대하여 구약성경에 모든 규정이 제시되어 있었으나 이것은 임마누엘이신 예수 그리스도에 의해 성취되었다(사 7 : 14, 마 1 : 23, 요 1 : 14 참조). 성막은 예수 그리스도의 모형이라고 할 수 있다. 예수 그리스도가 이 땅에 오셔서 십자가에 죽으심으로 말미암아 속죄의 완성을 이루게 되었고, 부활하심으로 말미암아 구약의 성막의 사명을 다 완수하고 성취하였다. "이에 성소 휘장이 위로부터 아래까지 찢어져 둘이 되고 땅이 진동하며 바위가 터지고"(마 27 : 51).

구약시대에 성전에서 행한 공적 예배는 예수 그리스도의 죽음과 부활 이후에는 그리스도의 부활을 중심으로 한 예배가 되어 부활하신 날, 곧 이레 중 첫 날인 주일에 예배를 드리게 되었다. 그리스도의 몸이신 교회는 "하나님의 전"(고전 3 : 15), "성령의 전"(고전 6 : 19), "하나님의 집"(딤전 3 : 15), "참으로(하나님이) 너희 가운데 계시다."(고전14 : 25) 등으로 불리기도 한다. 교회에서 행하는 예배에서 하나님은 성령을 통하여 임재하셔서 그의 백성과 교제하신다. 하나님께 봉사하는 것이 곧 예배이므로 구약시대의 성전예배와 신약시대의 예배는 동일한 영적 진리가 된다. 그것은 또한 종말에 가서 완성하는 하나님 나라의 모형으로 생각할 수 있기에 종말론적 의의를 가지고 있다. 그리스도인이 항상 사모하고 소망하면서 잊지 못하는 하나님의 나라가 바로 여기에 있는 것이다. 물론 장차 우리가 들어갈 천국에 대해 묘사한 곳은 요한 계시록 21 : 3~4에 있지만, 그 천국도 하나님과 인간이 같이 거하는 곳이기에 오늘 하나님과 내가 교제하는 곳은 어디나 하나님의 나라가 될 수 있다. 곧 하나님의 나라를 내가 소유하게 되는 것이다. 현재적인 천국의 소유자가 되지 못하고서는 미래에 오는 천국을 소유할 수 없을 것이다. 그러므로 그리스도인은 현재 내가 천국을 소유하고 있는 것이다. 그런 의미에서 예배의 행위 중에 하나님이 성령을 통하여 그의 백성과 교제하는 곳이 교회라면 그곳이 하나님의 나라가 된다. 따라서 교회에서 행하는 예배야말로 지상에 있어서 가장 뚜렷한 하나님 나라의 모습이라고 할 수 있다. 예배에 있어서 하나님은 하나님의 백성 가운데 임재하시고 하나님의 백성은 중보자 예수 그리스도에 의해 하나님과 만나게 되니 하나님 나라의 축복을 기쁨으로 그의 백성이 맛보게 되는 것이다.

예배에 있어서 하나님의 임재는 하나님의 편재(偏在)와 구별되는 특별계시에 의한 임재라고 할 수 있다. 다른 말로 바꾸면 곧 그리스도의 임재라고 할 수 있다. 예수 그리스도의 임재는 성령과 말씀에 의한 임재인데, 말씀의 설교와 성찬식에 의하여 그의 임재가 가장 분명하게 표현된다. 예배의 클라이맥스인 성찬식은 2세기경부터 점차적으로 말씀에서 분리되어 의식화, 미신화되었지만 종교개혁을 통하여 다시금 말씀과 설교 중심으로 부흥하게 되었다.

공적 예배는 그리스도를 통한 하나님과 인간의 만남이지만, 필연적으로 두 종류의 요소가 포함되어야 한다. 그 첫째는 신적인 부분인 성경낭독, 설교, 예전, 축도로서 하나님이 사람에게 말씀으로 오시는 것이며, 둘째는 교회적 부분인 기도, 찬송, 헌금 등으로서 사람이 하나님에게 믿음으로 응답하는 것을 말한다. 즉, 하나님의 백성은 쌍방통행로(two-way street)로 하나님을 예배하게 되는 것이다. 한 편으로 하나님의 말씀을 들음으로써 수동적으로, 다른 한 편으로 하나님의 말씀에 응답함으로써 능동적이 된다. 예배에 참석한다는 것은 종교적 강화(講話)를 듣는다든지 종교 감정을 충족시키기 위해서가 아니다. 교회의 공적 예배는 하나님이 영적으로 임재하셔서 말씀으로 예배자에게 오시는 것이고, 예배자는 믿음에 의하여 전인격적인 참여로 응답하는 것이 참된 예배이며, 이것이 예배의 참된 본질인 것이다.

2. 예배의 목적

예배의 목적은 교회, 주의, 사상이 다르면 달리 표현할 수가 있다. 슐라이에르마허(Schleiermacher)는 예배의 목적에 대해 "경건한 영의 종교적 자기 계시"라고 말했고, 초기 루터는 "죄인의 개종" 또는 "공중(公衆)의 교육"이라고 말했으며, 경건주의자들은 "성도의 교제"라고 말했다. 그러나 개혁파 교회에서는 예배의 목적에 대해 주저하지 않고 "하나님의 영광을 위하여"라고 말한다.

그러면 예배의 궁극적 목적은 무엇인가? 하나님의 영광이라고 하는 예배의 궁극적 목적은 '교회의 건덕'을 통하여 이루어진다. 고린도 전서 14장은 전체적으로 보아서 예배에 대한 말씀을 하고 있으나 바울은 여기서 "교회의 덕을 높이는 것"이 예배의 목적이며 목표라고 설명한다. "그러나 예언하는 자는 사람에게 말하여 덕을 세우며 권면하며 안위하는 것이요, 방언을 말하는 자는 자기의 덕을 세우고 예언하는 자는 교회의 덕을 세우나니"(고전 14 : 3-4). "모든 것을 덕을 세우기 위하여 하라"(고전 14 : 26). "그가 혹은 사도로, 혹은 선지자로, 혹은 복음 전하는 자로, 혹은 목사와 교사로 주셨으니 이는 성도를 온전케 하며 봉사의 일을 하게 하며 그리스도의 몸을 세우려 하심이라. 오직 사랑 안에서 참된 것을 하여 범사에 그에게까지 자랄지라. 그는 머리니 곧 그리스도라 그에게서 온몸이 각 마디를 통하여 도움을 입음으로 연락하고 상합하여 각 지체의 분량대로 역사하여 그 몸을 자라게 하며 사랑 안에서 스스로 세우느니라"(엡 4 : 11-16).

에베소서 2 : 19~22, "그러므로 이제부터 너희가 외인도 아니요 손도 아니요 오직 성도들과 동일한 시민이요 하나님의 권속이라. 너희는 사도들과 선지자들의 터 위에 세우심을 입은 자라. 그리스도 예수께서 친히 모퉁이 돌이 되셨느니라. 그의 안에서 건물마다 서로 연결하여 주 안에서 성전이 되어 가고 너희도 성령 안에서 하나님의 거하실 처소가 되기 위하여 예수 안에서 함께 지어져 가느니라."고 한 말씀에서, 에베소교회는 "사도들과 선지자들의 터 위에 세워졌다."고 말하고 있어서 이미 세워졌음을 가리키는 동시에, "예수 안에서 함께 지어져 가느니라."고 한 것을 보아 세워지는 중이라는 것을 의미하고 있다. 이같이 교회를 세우는 목표는 "영이신 하나님이 거하실" 교회를 완성하는 것이다. 예배는 그리스도의 몸이신 교회를 세우기 위하여, 또 하나님의 영이 임재하실 교회를 세우기 위하여 제정된 것으로 예배를 통하여 성도가 완성되고 죄인이 개종하는 데 이르는 것이다.

제 4 장
예배의 성격

1. 하나님 중심의 예배

우리가 드리는 예배의 대상은 항상 알파가 되시며 오메가가 되시는 하나님이다. 기독교의 예배에는 언제나 하나님의 초청하심(부르심)과 은혜의 계시가 선행되고, 예배자인 인간은 하나님의 초청하심에 단순히 응답하는 것만이 있게 된다. 이같이 예배의 주체는 어디까지나 하나님이시지 사람이 아니다. 그러므로 내가 예배를 드리는 것이 아니라 하나님께서 예배를 드리도록 인도해 주시는 것이다.

예배는 하나님이 중심이 되어야 한다. 오늘날 교회에서 인간 위주의 예배가 진행되는 일이 허다하다. 어떻게 하면 분위기를 잘 조성해서 교인들을 흥분시키고 감동을 주게 할까 하고 갖은 수단과 방법을 동원한다. 어떤 교회에서는 주일낮 예배시간에 복음성가를 불러 교인들을 감정적으로 흥분시키는 일을 하고 있다. 예배에서는 예배찬송가만을 불러야 한다. 예배는 사람을 흥분시키고 감동을 주는 인간 중심의 예배가 아니라 하나님 중심의 예배여야 한다.

이미 제 3장에서 언급했지만 여기서 이교적 예배와 기독교 예배와의 차이를 찾아볼 수 있다.

　이교적 예배는 사람이 신에게 봉헌하는 것이 선행된다. 다시 말해 예배자가 신에게 봉양을 하고 공을 드림으로써 그 신이 예배자에게 복을 내려 준다는 것이다. 예배자가 드리는 공에 따라 복을 받게 된다는 것이다.

　그러나 기독교 예배는 한 주간 동안 하나님의 도우심과 인도하심과 축복하심에 대한 감사의 응답으로 드리는 예배이다. 예배의 행위에 따라 하나님이 복을 주시고 인도하시고 지켜 주신다고 믿는 것이 아니다. 복을 받으나 화를 당하나, 성공을 하나 실패를 하나 모든 것이 하나님의 섭리와 뜻대로 이루어지기 때문에 하나님께 감사하는 마음으로 예배에 참석하는 것이 기독교 예배의 정신이다.

2. 그리스도 중심의 예배

　그리스도는 공적 예배의 중보자이다. 인간은 그리스도에 의하지 않고 하나님을 아버지라 부를 수 없고 아버지를 볼 수도 없다(요 14 : 6-7참조).

　예수가 하나님의 보내심을 받고 이 땅에 오셔서 사적, 공적 생애를 마치고 아버지의 뜻에 따라 십자가에 죽으셨다가 삼일 만에 부활하신 후로 구약의 성전 중심의 예배는 폐지되었다. 그리스도인들은 아론의 제사직을 통하지 않고도 하나님과 교제할 수 있게 되었고 하나님에게 가까이 갈 수 있게 되었는데, 이것은 영원한 멜기세덱의 제사장 예수 그리스도의 중보로 이루어진 것이다(히 5 : 5-6, 6 : 20, 7 : 3, 21). 따라서 공적 예배에서 죄인은 스스로 죄를 깨닫고 대제사장이신 그리스도의 구속의 은총에 의하여 하나님과 직접 대화하며 만나게 된다. 우리는 예수 그리스도의 중보에 의하여 몸으로 산 제사를 드리게 된 것이다(롬 12 : 1 참조).

　그리스도는 공적 예배의 자리에 임재해 계신다(마 18 : 20). 예수 그리스도의 이름으로 두세 사람이 모이는 곳에 함께하겠다고 약속하셨으므로 모든 예배에는 예수가 임재해 계시는 것이다. 그러므로 모든 예배는 경건되고 거룩해야 한다.

그리스도는 공적 예배의 완성자이다. 예수는 십자가에 죽으심으로 말미암아 우리의 죄를 속량해 주셨고 그로 인해 우리의 예배를 완성하셨다. 십자가에 그리스도께서 단번에 드린 희생을 인하여 구약의 희생예배, 즉 제사를 완성하시고 성취시킨 결과가 된 것이다(히 9 : 24 - 26).

그러므로 우리는 교회에서 드리는 예배나 가정에서 드리는 예배 등, 모든 예배가 구약의 제물을 흠이 없는 것으로 드린 것과 같이 온전한 예배가 되게 해야 한다. 마음과 정성과 뜻과 힘, 물질, 시간, 모든 귀한 것을 바쳐야 한다.

3. 아름다운 예배

시편 29 : 2에 "여호와는 이름에 합당한 영광을 돌리며 거룩한 옷을 입고 여호와께 경배할지어다." 시편 96 : 9에 "아름답고 거룩한 것으로 여호와께 경배할지어다."라는 말씀을 볼 수 있다. 이 말씀은 하나님께 드리는 예배는 거룩하고 아름다운 것이어야 함을 강조한다.

구약시대의 예배는 금으로 장식한 성전에서 보석으로 화려하게 장식한 의복이나 예복을 입은 제사에 의하여 거행되었다. 그렇게 화려하게 장식한 성전에서 화려한 예복을 입고 예배가 거행된 것은 하나님의 아름다운 영광이 빛나는 것을 뜻한다. 구약시대의 예배가 화려한 장식으로 거행되었다고 해서 오늘날의 예배도 그렇게 해야 된다는 것은 아니다. 그러한 외적인 아름다움은 내적인 청결과 아름다움의 반영으로서, 신약의 예배는 그 본래의 내면성의 진정한 아름다움을 찾는 예배가 되지 않으면 안 되는 것이다. 야고보는 야고보서 2 : 2~9에서 외모의 아름다움보다 내면의 아름다움을 강조하고 있다. "만일 너희 회당에 금가락지를 끼고 아름다운 옷을 입은 사람이 들어오고 만일 너희가 외모로 사람을 취하면 죄를 짓는 것이니 율법이 너희를 범죄자로 정하리라."

예배는 참으로 아름답고 거룩해야 한다. 이 말은 교회당을 화려하고 웅장하게 건축하는 것을 의미하지 않는다. 오늘날 한국 교회는 내면의 아름다움을 강조하기보다는 외면의 미를 더 찾고 강조한다. 그래서 교회당의 안과 밖을 화려하게 장식하고 있다. 그리고 교인들의 내면의 청결함과 거룩함에 관심을 갖기보다 야고보의 말과 같이 아름다운 옷을 입은 사람과 돈 많은 사람에게 더욱 관심을 갖는 교회가 되고 있다. 시편 기자의 말과 같이 "아름답고 거룩한 것으로 여호와께 경배"하는 한국교회가 되어야 한다.

4. 영적 예배

"하나님은 영이시니 예배하는 자가 신령과 진정으로 예배할지니라." (요 4 : 24)고 하신 말씀으로, 신약 예배의 성격이 외식적이고 형식적인 예배가 아니라 영적인 예배임을 알 수 있다. 구약의 예배는 의식적이고 형식에 사로잡힌 예배였으나 신약의 예배는 외적인 요소보다 내적인 면을 강조했다.

신약의 예배는 성령으로 예배에 임재해 계시는 예수 그리스도와 영교해야 함을 강조한다. 예배가 영적이라고 해서 예배의 형식이나 의식(儀式)을 부정하는 것은 아니다. 구약의 예배와 비교해 볼 때 신약의 예배가 형식적으로는 간소화되었으나, 그렇다고 해서 형식의 전면적인 부정을 뜻하는 것은 아니다. 내적인 정신을 수반하지 않는 형식은 예배의 형식화 또는 의식화라고 표현할 수 있으나 영적 진리를 수반하는 형식은 반드시 필요하다.

예배의 의식은 그것이 영적인 면이 수반되지 않으면 참된 예배가 되지 못한다. 그 형식에 수반되는 진리는 인위적이거나 인간의 상상에 의한 것이 아니라 어디까지나 살아 계시는 하나님의 말씀인 성경에 의한 것이라야 한다.

예배에는 형식 또는 의식이 반드시 따르기 마련이다. 교파에 따라서 의식의 차이는 있다. 의식적인 교회는 가톨릭교회를 말하는데, 개신교에서 의식적인 교회는 성공회, 루터교회 등이며, 감리교회도 의식적인 면이 약간 있다.

　예배의 영적인 면을 강조한 비의식적인 교회라 할지라도 예배 진행상 의식을 무시하지 못한다. 그러므로 의식적이든, 비의식적이든 간에 의식에 대한 원리와 주의할 점을 생각하지 않을 수가 없다.

　의식은 "예배를 드리는 데에서의 특정한 형태 또는 여러 가지 형태"라고 정의한다. 의식은 하나님의 백성이 연합하여 하나님께 접근하는 데 있어서 질서있게 하는 한 가지 방편이 된다. 의식은 "하나님의 식탁의 예의"라고 말한다. 왕 중의 왕이시요, 주 가운데 주님이신 예수 그리스도 앞에서 존경심을 갖고 엄숙한 태도로써 질서있게 예의를 갖추어 접근하는 것은 마땅하다. 높으신 어른이나 왕 앞에서 존경심을 갖고 단정한 모습과 태도를 가지는 것은 당연한 일인 것처럼, 우주만물을 창조하시고 역사를 지배하시는 능력의 하나님 앞에서 예의바른 생활과 태도를 가지는 것은 당연한 일이다.

　어떠한 경우에서나 어디에서든지 공적 예배를 가지는 곳에서는 의식이 필요하다. 의식 그 자체가 필요하고 또한 좋은 것이다. 그러나 의식에 있어 다음과 같은 세 가지 주의점을 명심해서 집행해야 한다.

　첫째, 의식이 예배자의 자발성을 억제해서는 안 된다. 교인들 서로가 항상 사랑을 자발적으로 표현하며 형식에 구애됨이 없이 마음과 마음을 자유롭게 주고받을 수 있어야 한다. 의식이 너무 강제성을 띠거나 의식에 치우쳐서 예배자가 심적인 억압을 받아 자유롭지 못하게 되면 진정한 예배가 되지 못하고 형식적인 예배가 될 수밖에 없다.

　둘째, 의식을 외관적으로만 지키고 마음의 진정한 느낌을 자유롭게 표현하지 못하면 위선이 되기 때문에 주의해야 한다. 전통성을 살려서 계승시키고 유지시키기 위해 형식적으로 하나님 앞에서 공손한 체하고 겸손한 체하거나 또한 외적으로만 정확하게 종교의식을 수행하는 것은 하나님으로부터 용서받지 못할 위선이 된다. "입술로는 나를 존경하나 그 마음은 내게서 멀리 떠났다."라는 무서운 하나님의 경고를 듣게 될 것이다. "너희의 무수한 제물이 내게 무엇이 유익하뇨 나는 숫양의 번제와 살진 짐승의 기름에 배불렀고"(사 1 : 11). 이 말씀은 마음으로는 하나님을 멀리하고 하나님의 뜻을 이해하지 못하면서 형식적으로만 제물을 바쳤으니 그 제물은 '헛된 것'이고, 타는 향로는 '염오'(厭惡)의 대상이 되었다는 것이다. 의식이 죄를 가리는 형식적인 가면이 되었기 때문이다.

셋째, 마지막으로 주의할 점은 의식은 인간 중심으로 행하여지는 것이라기보다는 오히려 하나님께로부터 은혜를 받음과 이에 대하여 응답하는 수단으로 이용되어야 한다는 것이다. 의식이 하나님보다는 인간 중심으로 행하여져서 그 자체의 목적이 인간적인 흥미 위주가 될 때에는 의식주의자가 된다. 의식은 예배자로 하여금 일상생활 속에서 하나님의 뜻을 복종하도록 고무시키는 목적이 있다. 의식은 어디까지나 하나님의 영광을 위한 도구로 사용되어야 한다.

5. 자유로운 예배

구약의 예배는 율법에 의해 규정되어 있으나 신약의 예배는 성령의 지도를 받는 영적인 예배이기 때문에 자유롭다. "주는 영이시니 주의 영이 계신 곳에는 자유함이 있느니라"(고후 3 : 17). 신약의 예배의 성격이 자유롭다고 하는 것은 어떤 면에서인가?

첫째, 신약의 예배는 구약의 의식적 예배와 율법과 규정에서 자유롭다. 예수 그리스도의 죽으심과 부활로 인해 전해 내려온 진리가 역사적으로 완성되고 성취되었기 때문에 구약시대에 행하여 오던 의식적 제사가 필요없게 되었다. 예수가 십자가상에 단번에 희생제물이 되셨기 때문에 신약의 예배는 몸으로 산 제사를 드리는 예배가 되었으며, 제물을 바치면서 드리는 의식적 제사에서 해방을 받게 된 것이다.

둘째, 신약의 예배는 공적 예배의 순서에 대해 교회로부터 규제를 받지 아니하는 자유가 있다. 의식적인 교회라 할 수 있는 로마 가톨릭교회나 영국 성공회에서는 자유적인 원리가 인정되지 않는다. 위의 의식적인 교회에서는 공적 예배의 모든 순서가 교회에 의해 정해지고 있으며 사회자나 사식자(司式者)에게 자유가 부여되지 않는다. 신부나 사제가 자유롭게 순서를 작성할 수도 없다. 교회가 제정한 순서와 원리로 예배를 집행할 뿐이다.

그러나 대부분의 개신교회에서는 예배순서가 각 교회에 자유롭게 위임되어 있다. 교회의 자유에 맡겨져 있다는 것은 개교회가 자유롭게 순서를 정하여 진행한다는 말이다. 개신교회는 예배순서에 대해 노회나 총회가 규제하지 않고, 교회의 당회 중심으로 자유롭게 순서를 가감할 수 있다. 그러나 성서적으로 예배 원리에 위배되는 일은 할 수가 없다.

개신교회의 예배가 자유라는 원리를 취하게 된 근거는 성경에 예배순서 규정이 없을 뿐만 아니라 언급조차 없기 때문이다. 그러나 개신교회에서도 자유의 원리를 채택하는 데 있어서 다소의 차이는 있다. 예를 든다면 스코틀랜드 교회에서는 규정된 원리에 따라 순서를 작성하지는 않지만 어떤 범례가 있어서 그것에 맞추어 예배순서를 만들어 사용하고 있다. 폴란드 개혁파 교회에서는 개교회의 경험에 의하여 채택한 예배양식을 전체 교회가 사용한다. 다시 말하면, 상회(上會)에서 예배양식을 결정하여 개교회에 시달한 것이 아니라 개교회가 교회생활과 예배행위를 통해서 경험한 것을 서로가 필요하고 유용하기 때문에 채택하여 사용하는 것이다.

그러나 순서를 마련하는 데 있어서 원리에 기준해서 자유롭게 작성하는 것이 효과적일 것이다. 예배순서의 기본적 원리는 "예수 그리스도에 대한 인간의 신앙과 복종과 감사의 응답이 성경적, 논리적으로 잘 배열되게 하는 것"이다. 그리하여 예배의 제 요소가 분산되거나 산만해지지 않고 유기적 통일을 가지고 예배의 본질적 정의인 "예수 그리스도를 통하여 하나님과 예배자와의 교제 또는 만남"이라는 것을 구현시켜 나가야 한다.

셋째, 공적 예배의 내용적 요소에 대해서 자유롭다. 어떠한 상황에서든지 원리에 따라서 순서를 작성해야 한다는 규정에 구애받지 않고 자유롭다는 것이 개신교회 다수의 견해이다.

청교도의 전통에 따라 설립된 교회들은 공적 예배의 중요한 행위에 있어서 그 내용이 하나님의 말씀에 명백하게 언급되었거나 규정되어 있지 않은 것은 인정하지 않고 있다. 청교도들은 성경의 허락이 곧 성경의 명령이요, 하나님의 명령으로 알고, 인정하고 있기 때문이다. 청교도들은 공적 예배에서 성탄절이나 부활절의 절기를 인정하지 않는다. 왜냐하면 예수께서 탄생했다는 역사적인 사실과 부활하셨다는 사실은 믿고 인정하지만, 그 절기는 성경에 없기 때문에 그 절기를 기념하는 예배나 축하 행사를 갖지 않는다. 또한 사도신경도 성경에 없기 때문에 예배의 순서에 넣지 않고 고백에서도 사용하지 않고 있다.

그러나 성경에서 성탄절이나 부활절에 특별한 예배를 가지라고 언급하거나 명령하지는 않았지만 대다수의 교회가 그 절기들에 대한 예배는 인정하고 있다. 성경은 안식일이나 유월절이 속죄사(贖罪史)의 중대한 사건이기 때문에 공적 예배 때에 기념해야 된다는 것을 가르치고 있다. 여기에 비추어 볼 때 그 절기들은 하나님의 구원의 역사와 관련해서 큰 의미를 가지므로 특별히 기념하여 공적 예배 때에 지키는 것은 성경의 정신에 위배되지 않는다.

6. 공동적인 예배

교회에서의 공적 예배는 그리스도인 개인의 개별적 행위의 집적(集積)이 아니라 공동체로서 교회 전체의 공동적 행위라고 할 수 있다.

교회의 예배 참석자는 개인 한 사람이고 예배의 모든 행위에 참여하는 이도 개인이지만 예배는 교회공동체의 전체적 행위이다. 예를 들면 모래알은 수만 개가 있어도 하나하나 그대로 존재하지만 뭉쳐지지는 않는다. 개체로서 그대로 존재하고 있지 공동체가 되지 못한다. 그러나 모래알도 시멘트 가루를 섞어서 물을 부으면 아주 강한 시멘트 벽돌이 된다. 이같이 개인을 예수 그리스도의 보혈로 섞어 놓으면 아주 강한 공동체가 되는 것이다. 예배는 그리스도의 보혈로 구속받는 백성이 주님 앞에 함께 예배드리는 것이기 때문에 어떠한 세력도 깰 수 없는 강한 공동체가 된다. 그러므로 예배는 개인적 행위가 아니라 교회 전체의 공동적 행위이다. 개인주의는 예배의 정신이 아니다. 예배는 하나님께 영광돌리기 위해 함께 모인 하나님 가족의 공동적 행위이다. 또한 하나님의 백성으로서 하나됨을 인식하기 위하여 각 성도가 다른 성도와 더불어 함께 모여 있다는 뜻이다.

예수 그리스도 안에 있다 또는 존재한다는 것은 그리스도의 몸인 교회 안에 존재한다는 뜻이다. 구원을 받았다는 것은 성도 혼자보다는 오히려 단체, 즉 공동체 안에서 구원을 받았다는 뜻이다. 구원받았다고 하는 것은 우리가 구원받은 자들의 단체, 즉 공동체에 '속하여' 있다는 것을 의미한다.

칼빈은 "그리스도의 몸으로부터 그리고 거룩한 친교로부터 떠나서는 하나님과 화해할 소망이 없다."라고 말했다. 이것은 공동성에 강조를 두어 그리스도의 몸된 교회에서 성도들 간의 거룩한 친교를 통하여 구원이 있다는 것을 강조한 말이다.

초대교회의 모습을 사도행전에서 찾아볼 수 있는데 "믿는 사람이 다 함께 모여 있어"(행 2 : 44)라고 기록하고 있다. 이것은 초대교회뿐만 아니라 모든 시대를 통하여 교회의 영속적 표식인 공동성을 말해 주고 있다.

그러면 교회의 영속적 표식이 되는 공동성이란 무엇인가? 같은 찬송을 부르고 같은 설교를 듣고 하나의 기도를 올리는 교회의 회중은 하나이다. 만일에 한 교회 안에서 예배시에 각각 다른 찬송가, 즉 개편, 합동, 새찬송가를 사용한다면 벌써 공동성은 상실되었다고 볼 수 있다. 예수 그리스도 안에서 회중은 하나이다. 같은 찬송가를 사용하고, 같은 신앙고백을 행하는 교회는 둘이 아니요 하나이며, 공동적이다. 그리고 하나님도 한 분, 그리스도도 한 분, 성경도 하나, 성령도, 세례도 하나이기 때문에 공동적이다.

인간의 욕심과 감정으로, 또 교권에 의해 같은 신앙고백을 하면서도 갈라져 있다는 것은 하나님의 심판을 면치 못할 일이다. 그리고 이권에 눈이 어두워 여러 가지 찬송가를 출판하여 교인들에게 경제적으로 짐을 지우는 것은 하나님 앞에 부끄러운 일이다. 다행히 8년이 걸려 세 개의 찬송가(개편, 합동, 새찬송)를 하나로 묶는 작업을 완료하여 하나의 찬송가를 출판하게 된 것은 하나님께 영광이라고 할 수 있다. 다시는 다른 찬송가를 발간하여 한국교회의 공동성을 파괴함으로써 사회에 부끄러운 일을 해서는 안 될 것이다.

주님이 가르치신 기도를 암송하고, 사도신경을 고백하는 교회는 모두가 하나이다. 예수 그리스도 안에서는 동과 서가 없고 남과 북이 없다. 인종의 차별도 없다. "예수는 내 주인이시다."라고 고백하는 사람은 모두가 한 형제요, 자매이다. 그리스도 안에서 모든 교파가 하나로 뭉쳐 주님의 사업을 성취시켜 나가야 한다.

한국교회는 예수가 명령하신 "땅끝까지 이르러 내 증인이 되라."는 말씀에 대해 순종은 잘했어도 예수가 말씀하신 일치와 화해에 대해서는 등한시했다. 교회는 공동적이기 때문에 예수가 말씀하신 증인의 사명과 일치와 화해의 사명도 잘 감당해야 한다.

세계에 흩어져 있는 모든 교회는 공동성을 지녔기 때문에 '예수 그리스도를 구주로 고백하는 교회'는 주님께서 명하신 사업을 같이 수행해야 할 책임이 있다. 이것이 곧 에큐메니칼운동이다. 에큐메니칼운동은 다른 것이 아니라 예수를 구주로 고백하는 모든 교회는 자기의 신조, 신학, 교리를 그대로 신봉하면서 함께 사업을 하자는 운동이다. 주의와 사상이 다르더라도 함께 연합하여 주님의 사업을 추진하자는 운동이다. 왜냐하면 기독교 전체가 공동성을 가졌기 때문이다.

7. 기쁨의 예배

"온 땅이여, 여호와께 즐거이 부를지어다. 기쁨으로 여호와를 섬기며 노래하면서 그 앞에 나아갈지어다. 여호와가 우리 하나님이신줄 너희는 알지어다 그는 우리를 지으신 자시요"(시 100 : 1-2). '기쁨으로 여호와를 섬기며'라고 한 것은 '기쁨으로 여호와를 예배하며'라는 뜻이다.
　모든 예배는 예수 그리스도를 통해 받은 구원에 대해 참된 기쁨과 즐거움으로 참여해야 한다. 죽을 죄인이 구원을 받게 된 것보다 더 큰 기쁨이 어디 있겠는가? 그러므로 예배는 기쁨으로 그 앞에 나아가며, 기쁨으로 그의 성호를 찬송하는 예배여야 한다. 기쁨의 예배라고 해서 무질서하게, 남에게 방해가 될 정도로 손뼉치고 떠들썩하게 예배를 드리는 것은 하나님 앞에 불경죄가 될 것이다.
　기쁨은 여러 가지 방법으로 표현할 수 있다. 손뼉을 치고, 큰 소리로 찬송을 부르면서 기뻐하는 일도 있겠으나 함께 예배드리고 있는 사람에게 피해가 가지 않게 심중으로 기뻐하는 방법도 있을 것이다. 바울은 모든 일을 질서있고 절도있게 하라고 말했다. 구원으로 인한 참된 기쁨을 질서있고 절도있게 표현해야 하나님이 기뻐하시는 예배가 될 것이다.

8. 질서의 예배

　바울 사도는 "모든 것을 적당하게 하고 질서대로 하라."(고전 14 : 40)고 말했는데 이것은 고린도교회가 방언, 예언, 병 고치는 것으로 인해 무질서하고 혼란에 빠져 문제가 생겼을 때 한 말이다. 이 같이 예배는 질서있고 경건하게 해야 한다. 하나님은 무질서의 하나님이 아니라 질서와 평화의 하나님이시기 때문이다. "하나님은 어지러움의 하나님이 아니시요 오직 화평의 하나님이시니라"(고전 14 : 33).
　하나님께서는 우주만물이 혼동상태에 있을 때 새로운 질서를 가져오게 하셨고, 질서정연하게 우주를 운행하도록 창조하셨다. 질서의 하나님이시기 때문에 하나님께 드리는 예배도 질서가 있어야 한다.

9. 성경적 예배

　하나님께 드리는 예배는 '성경의 가르침' 만을 따라야 한다는 것이 개신교의 원리이다. 일반적으로 개신교에서는 성경에서 인정하지 않거나 언급하지 않은 것은 금지되어 있다.

로마 가톨릭교회의 예배에는 여러 가지 인간적인 요소가 내포되어 있었다. 종교개혁 이후 개신교에서는 이런 인간적인 요소들을 모두 제거해 버렸다. 의식적인 교회인 성공회나 루터교회 등은 개신교회이지만 아직까지 예배순서에 인위적인 요소들이 남아 있다.

예배는 어리석고 미련한 인간의 생각이나 지혜에 따라 행하는 엄숙한 신앙의 행동이 아니라 어디까지나 하나님의 말씀을 따라 순종하려는 지혜를 요구한다. 성경을 중심으로 성경의 말씀이 인정한 것에 따라 진행되고 집행되는 예배가 참된 예배이다.

제 5 장
예배의 시기

복음시대에 있어서 하나님께 예배드리는 일은 그 때와 장소가 한정되어 있지 않았다. 특정한 때와 장소에서 예배를 드린다고 해서 예배가 더 특별하다고 할 수 없다. "예수께서 가라사대 여자여 내 말을 믿으라. 이 산에서도 말고 예루살렘에서도 말고 너희가 아버지께 예배할 때가 이르리라"(요 4 : 21). "혹은 이 날을 저 날보다 좋게 여기고 혹은 모든 날을 같게 여기나니"(롬 14 : 5). "그러므로 먹고 마시는 것과 절기나 월삭이나 안식일을 인하여 누구든지 너희를 폄론하지 못하게 하라"(골 2 : 16). 이는 사적인 예배뿐만 아니라 교회의 공적 예배에도 적용되었다. 부활절이나 성탄절의 예배가 보통 주일예배보다 특수하다고 할 수 없으며, 주일예배가 주 중의 예배보다 특별한 것이라고 할 수 없다.

사도시대의 교회에서는 이미 고찰한 바와 같이 매일 예배를 드렸다(행 2 : 46 참조). 어떤 날이든지 교회가 공식적으로 하나님의 백성을 모아 예배드리는 것은 공적 예배라고 할 수 있으니 이것을 경시하거나 방임하거나 소홀히 해서는 안 될 것이다. "모이기를 폐하는 어떤 사람들의 습관과 같이 하지 말고 오직 권하여 그 날이 가까옴을 볼수록 더욱 그리하자"(히 10 : 25).

그러나 하나님께서는 칠일 중 하루를 특별히 정하여 하나님께 예배하라고 명령하셨다. "여호와 너의 하나님이 네게 명한 대로 안식일을 지켜 거룩하게 하라"(신 5:12). 십계명 중 제 4계명이 이를 분명히 지시하고 있다.

안식일은 하나님이 천지를 창조하신 후 쉬신 날이며(출 20:11), 하나님의 구원을 기억하는 날이며(신 5:15), 하나님의 종말적 구원의 완성(히 4:9)을 생각하는 날로 성별되었다. 또한 하나님은 안식일을 지킬 것을 특별히 중요시하여 계약의 표시로 주셨다. "너는 이스라엘 자손에게 고하여 이르기를 너희는 나의 안식일을 지키라. 이는 나와 너희 사이에 너희 대대의 표징이니 나는 너희를 거룩하게 하는 여호와인 줄 너희로 알게 함이라"(출 31:13, 또한 민 15:32-36, 사 56:2, 58:13-14, 렘 17:19-27, 겔 20:12, 느 9:14 등을 참조하라).

칼빈은 하나님께서 안식일을 정하신 이유에 대해 세 가지로 말했다. 첫째, 영적 안식의 상징을 목적으로 세우셨다. 둘째, 하나님께 예배를 드리기 위해서이다. 하나님의 율법을 듣고 의식을 행하기 위하여 모이는 것과 같이 하나님께서 그의 은혜를 명상하기 위해 일정한 한 날을 정할 것을 요구하셨다. 그래서 이 날에 경건한 훈련을 하게 된 것이다. 셋째, 다른 사람의 지배하에 있는 사람들에게 휴식을 취하게 해서 그 피로를 덜어 주기 위함이다(「기독교 강요」Ⅱ, 8:28).

한 주의 하루를 정하여 하나님께 예배드리기 위해 성별하는 것은 하나님의 불변의 뜻이며, 이것을 폐지하는 것은 분명히 성경의 가르침에 위배된다(웨스트민스터 신앙고백 21:7). 그러나 이 날이 주 중의 어느 날인가에 대해선 상황에 속한 문제와 시간적인 문제이기 때문에 그리스도 이전과 이후는 각각 다르다. 즉, 창세 초로부터 예수의 부활까지는 주의 끝날이었으나, 예수의 부활 이후에는 주의 첫날로 변경되었다.

신약시대에서는 이 날을 '주의 날' 이라고 부른다. 구약시대의 성도는 토요일에 안식일을 지켰으나, 안식일이 주는 영원한 안식이 예수 그리스도에 의하여 성취된 신약시대에서 그리스도의 은혜의 그림자인 토요일의 안식을 신약의 성도가 지킨다는 것은 정당한 일이라 할 수 없다.

안식일의 변경에 대해서 신약성경에서 그 명문(明文)을 찾아볼 수는 없으나 성경적 근거가 될 수 있는 것을 다음과 같이 생각할 수 있다.

첫째, 초대 그리스도인들은 예수의 부활을 기념하기 위해서 주 중 첫 날에 모이는 것이 극히 자연스러운 일이라고 생각했다. 이 날은 안식 성취의 날이었다.

둘째, 예수 자신이 주의 첫 날에 모여 있는 제자들에게 나타나신 것이 이 사실의 정당성을 인정하고 있다(요 20 : 19).

셋째, 성령이 강림하신 날도 이 날이었다.

넷째, 사도시대의 교회가 주의 첫날에 예배를 행하고 있었다는 데 대해 성경적 근거가 있다. 사도행전 2 : 7에 "주의 첫날에 떡을 떼기 위하여 모인 때"라고 기록하고 있는데, '떡을 뗀다' 는 것은 성찬식을 가리키고 있어 이때 공적 예배가 거행되었다고 할 수 있다.

또 바울은 고린도교회에 "주의 첫 날마다" 헌금을 모으라고 명령하고 있으니(고전 16 : 2), 이것도 주의 첫 날에 공적 예배를 거행했고, 그때 헌금하는 순서가 있었음을 알 수 있다.

또한 요한 계시록 1 : 10에 "주의 날"이라는 말씀이 있다. 여기서의 '주의 날' 이 주간의 첫 날을 가리키는 것인가는 확실히 알 수 없으나, 초기 기독교 문서(12사도의 교훈 14 : 1)에 의하면 주 중의 첫 날을 주의 날로 생각하고 이 날에 주님이 다시 사심을 기억하고 예배가 거행되었다는 것을 알게 된다.

다섯째, 교부들의 증언에서 주의 첫 날에 예배가 거행된 것을 알게 된다. 교부 중에 대표적이라고 할 수 있는 순교자 저스틴(Justin, 100-163?)의 말을 인용하면 다음과 같다 :

"일요일이라고 부르는 날에 시 또는 지방에 살고 있는 사람들이 한 장소에 모인다. 그리하여 시간이 허락하는 한 사도들의 회상록이나 예언자의 책을 읽는다. 그리고 권면을 하고 다음으로 일어서서 같이 기도를 한다. 기도가 끝나면 떡과 포도즙을 가져온다. 사회자가 감사의 기도를 드린다. 회중은 '아멘' 이라고 응답한다. 그리하여 분배되는데 한사람 한사람이 성별된 떡과 잔을 받는다.

우리는 이 공동집회를 일요일에 갖는다. 이 날은 주의 첫 날로서 하나님이 흑암을 변하게 하셔서 세상을 창조하신 날이며, 또 우리의 구주 예수 그리스도께서 이 날에 죽음 가운데서 부활하셨다. 즉, 유대인들과 유대교 지도자들이 주님을 토요일 전날에 십자가에 못박았다. 그래서 토요일 다음날, 즉 주의 첫 날에 부활하셔서 제자들에게 나타나 가르치셨다."

주의 날에 그리스도인들은 기뻐하며 주의 부활을 축하하는 예배를 드렸다. 그러나 주의 날에 예배를 몇 번이나 가져야 하는가에 대해서는 성경에 규정되어 있지 않다. 많은 교회가 현재 거행하고 있는 것과 같이 주일에 아침 저녁으로 2회 예배를 드리고, 성도가 이 두 집회에 참석하는 것은 주일의 성별을 위해 효과가 있는 것으로 생각한다. 기도회나 주간 중의 예배에 대해서는 물론 성경에 규정한 바 없고 각 교회의 실정에 맞추어 행하는 수단과 방법이라 하겠으나, 사도시대 교회에서도 매일 집회를 가지고 있었던 까닭에 그리스도인의 영적 신앙생활을 양육하기 위해서 장려할 만한 일이다. 특히 주중의 기도회나 다른 집회는 어떤 특색을 살리는 것이 좋을 것이다. 다른 예배 때에는 강조하기 어려운 기도에 대해 강조한다든지 특별행사를 가져서 성도들의 영적, 지적 성장을 도울 수 있다. 수요기도회는 한 주의 반 동안의 세상적인 생활을 중단하고 영적 생명의 힘을 공급받는 데 이로운 점이 있다. 그러나 기도회에 참석한 성도들은 다른 성도들보다 더 잘 믿고 열심이 있다고 하는 교만에 빠지지 말아야 할 것이다.

그리스도인은 전생활을 통해 사적인 예배로부터 교회의 공적인 모든 집회를 중요하게 생각하지 않으면 안 된다. 그래서 주일예배에 중점을 두고 모든 생활을 정리해 나아가야 한다. 예배자들은 다음의 열 가지 규칙을 잘 지켜야 한다.

- 예배에 지각하지 말고, "아멘"의 응답에 주저하지 말라.
- 오르간 전주가 아름답게 울려 퍼지는 동안 잡담을 금하고 조용히 명상하라.

- 회중찬송을 부를 때 목소리를 높여 힘차게 부르라.
- 성가대가 찬양을 할 때 가사의 뜻을 생각하며 음악을 경청하라.
- 교회의 좌석에 앉을 때 양쪽으로 다른 예배자들이 들어올 수 있도록 긴 의자의 중간에 앉으라.
- 헌금하기를 두려워하지 말고 기쁜 마음으로 바치라.
- 목사와 의견이 일치하지 않을지라도 비난하지 말고 조심성있게 행동하라.
- 이웃을 존경하고 낯선 사람을 친구로 삼으라.
- 모든 일에 친절하고 사랑을 베풀며 온유하라.
- 그리하여 성령의 모든 은사를 주시는 하나님께서 이곳에 임재하고 계심을 확증하라.

구약시대에는 안식일을 다음과 같이 지켰다.

- 일을 하지 않았다(출 34 : 21).
- 나무를 하지 않았다(민 15 : 32, 35).
- 음식을 만들지 않았다(출 16 : 23).
- 불을 피우지 않았다(출 35 : 3).
- 짐을 지지 않았다(렘 17 : 21).
- 상업을 하지 않았다(암 8 : 5).
- 하나님께 제물을 드리며 예배집회를 가졌다(민 28 : 9, 왕하 4 : 23).
- 안식일을 기쁘게 지켰다(사 58 : 13).

바리새인들은 율법주의적이었다. 영적 요소와 도덕적 요소가 전혀 없었다. 안식일 지키는 데는 세칙이 있었다. 즉, 1) 옷 만드는 직공이 안식일이 다가오는 저녁에는 바늘을 가지고 출타하지 못한다. 그 이유는 집으로 돌아오는 때는 벌써 안식일이 되었을 터인데 그 바늘을 안식일에 운반하게 되기 때문이다. 2) 안식일에는 서기관이 글 쓰는 펜을 가지고 가지 못한다. 3) 안식일에는 빈대가 있는 옷이라도 털지 못한다.

제 6 장
예배의 요소와 순서

1. 예배의 요소

　사도행전 2 : 42에 보면 예루살렘 교회에서 드린 예배의 요소가 언급되어 있다. "저희가 사도의 가르침을 받아 서로 교제하며 떡을 떼며 기도하기를 전혀 힘쓰니라"(행 2 : 46, 20 : 7). 사도의 가르침에는 성경읽기와 강해와 권면이 포함되었고, 떡을 떼는 일은 성찬식을 말한다. 이것이 기독교의 초창기부터 가진 예배의 요소이다. 초기의 예배에는 예언을 말하는 순서와 방언을 하는 순서가 있었으나, 이미 언급했듯이 교회와 사회에 폐단이 많았기 때문에 사도들이 폐지시키고 말았다. 그후 위의 세 가지 요소에 첨가하여 시편을 노래했고 찬송을 부르게 되었다. 여기에 신앙을 고백하는 요소가 포함되었다. 그 때의 신앙고백은 "사도신경"이 아니라 "예수를 주라 시인하는 것"이었다(롬 10 : 9-10, 빌 2 : 11). 일반적인 예배뿐만 아니라 성찬식에서도 신앙의 고백과 죄의 고백 순서가 있었다(12사도 교훈 14 : 1).
　또, '헌금' 순서가 있었다. 고린도 전서 16 : 2에 "매주일 첫 날에 너희 각 사람이 이(利)를 얻은 대로 저축하여 두어서 내가 갈 때에 연보를 하지 않게 하라."는 말씀이 있는데, 주일예배 때에 헌금(연보)하는 순서가 있었다는 것을 알 수 있다.

다음으로 '축도'와 '송영'이 있었다. 고린도 후서 13 : 13의 말씀이 축도에 가장 적합한 내용이다. 그 밖에도 고린도 전서 16 : 24과 갈라디아서 6 : 18과 요한 계시록 22 : 21 등에 축도의 내용이 있다. 송영은 오늘날 교회에서 폐회 때 사용하는 요소이지만, 신약성경의 송영은 축복을 위주로 한 내용으로서(롬 9 : 5, 11 : 36, 딤후 4 : 18, 빌 4 : 20), 당시의 송영은 하나님의 영광을 노래한 '영광송'이었다. 이 순서는 축도 전에 사용하기도 했다.

현대 교회의 예배의 요소는 더 다양하다. 그 구체적 내용을 언급하면 다음과 같다. 전주, 개회찬송, 예배의 말씀(Call to Worship), 기원기도, 주기도, 송영(성가대), 교독문 낭독, 목회기도, 구약성경 낭독, 찬양, 설교, 찬송, 신앙고백(사도신경), 헌금, 위탁의 말씀, 교회소식, 새교우 환영, 축도 등이다.

이상에서 말한 신약성경에 나오는 예배의 요소와 현대 교회가 사용하고 있는 요소들을 가지고 어떻게 예배순서를 작성할 것인가에 대해 생각해 보자.

2. 예배의 순서

공식적인 예배의 제 요소로 예배순서를 작성하는 일은 각 교파 교회에 위임되어 있다. 구체적으로 예를 든다면, 신앙고백인 사도신경을 예배의 앞부분에 넣어 암송을 하든지(현재 한국교회의 대부분이 앞부분에 넣고 있다.) 설교 후 또는 성경낭독 후에 암송하든지 자유다. 그리고 헌금순서를 설교 전에 넣거나 설교 후에 넣어 진행하는 것이나, 광고(교회소식)를 예배 개회하기 전에 하거나 설교 전 또는 설교 후에 하거나, 아니면 예배를 마친 후에 하거나 모두가 교회의 자유로 하게 되어 있다. 이것은 개신교의 장점이면서 또한 단점이라고 할 수 있다. 천주교회나 개신교회 중에서도 의식적인 교회인 성공회나 루터교회 등은 예배순서에 자유가 없다.

예배순서를 자유롭게 작성한다 하더라도 순서 작성원리에 위배되지 않는 범위 안에서 자유로워야 한다. 예배의 제 요소를 분산시키지 않고 유기적인 통일성을 가지고서 성경적으로나 논리적으로 잘 배열하여 "예수 그리스도를 통하여 하나님과 예배자와의 만남"을 구현해야 한다.

그러면 예배학적으로 맞는 주일예배의 순서란 어떤 것인가? 예배순서는 크게 개회(approach), 말씀의 선포(word of God), 감사의 응답(response)으로 구분할 수 있다.

개 회
전 주 ···반주자
개회찬송 ···다같이
    (성가대를 앞세우고 예배순서 담당자는 뒤를 따르면서 찬송을 부

르며 입장한다. 교인은 기립해서 찬송을 부른다. 성가대와 예배
위원은 각각 제자리로 간다.)
예배의 말씀 ·· 목 사
기 원 ··· 목 사
주기도 ·· 다같이
　　(주기도 대신 '고백기도'를 넣어야 원칙이다. 고백기도 후에 목
　　사의 '죄 용서의 확증기도'가 뒤따른다.)
송 영 ··· 성가대
교 독 ··· 다같이
찬송(영광송) ··· 다같이
목회기도 또는 기도 ·· 목회자 또는 장 로
응답송 ··· 성가대

말씀의 선포
구약성경 낭독 ·· 사회자
찬 송 ·························(설교에 부합되는 찬송) ···················· 다같이
신약성경 낭독 ·· 사회자
신앙고백 ························(사도신경) ···································· 다같이
찬 양 ··· 성가대
설 교 ··· 설교자
기 도 ··· 설교자
찬 송 ·····················(설교에 부합되는 결단의 찬송) ················ 다같이

감사의 응답
헌 금 ··························· 위원 ··· 다같이
찬 송 ····································(1장) ······························ 다같이(기립)
감사기도 및 중재기도 ··· 사회자
환영 및 소식 ··· 사회자

폐회찬송 ·· 다같이
위탁의 말씀 ·· 목 사
    목 사—성령의 능력을 힘입어 예수 그리스도의 군병과 종으로서
            사명을 다하기 위해 세계 속으로 나아갈지어다.
    회 중—주여! 우리와 함께하소서.
축 도 ·· 목 사
폐 회 ························· 성도의 교제 ······························· 안녕히

  전주는 예배 시작하기 5분 전에 반주자가 오르간이나 피아노 연주를 하는 것이다. 연주하는 동안 교인은 기도로 예배를 준비한다.
  개회찬송은 '예배의 부름'이며, 전체 예배의 분위기를 조성하는 순서이다. 이 찬송으로 예배자의 마음문을 열게 되며 예배 대상인 하나님을 찬양케 된다. 찬송은 강하고 기쁘고 개가적인 것이어야 하며, 위엄이 있어야 하고, 곡조는 활발하고 대담해야 한다. 한국 찬송가의 9장부터 57장 가운데서 선택하는 것이 좋을 것이다.
  예배의 말씀 순서는 영어의 'Call to Worship'의 순서로서 직역하면 '예배에의 부름'이고, 예장통합 총회에서는 '예배의 말씀'으로 정하여 사용하고 있다(예식서).
  성경낭독은 신약과 구약 모두를 순서에 넣어 낭독해야 한다. 신·구약 성경은 하나이기 때문이다. 설교 본문이 신약이면 구약에서 같은 내용의 성경을 찾아 낭독한다. 관주성경이나 용어사전을 이용하면 쉽게 같은 내용을 찾을 수 있다. 성경낭독 시간에 회중이 기립하는 교회도 있다. 하나님의 말씀을 평안히 앉아서 받을 수 없다는 생각에서 기립하는 것이다. 나는 몇 년 전에 캐나다 벤쿠버에서 성공회 주일예배에 참석한 일이 있는데, 그 교회에서는 복음서를 낭독할 때만 기립하는 것을 보았다. 복음서는 예수 그리스도에 대한 말씀이고 예수가 친히 하신 말씀이기 때문이다.
  설교자는 성경이 설교 본문을 위해 있다는 생각에 빠져서는 안 될 것

이다. 성경낭독 순서는 하나님의 말씀을 직접 받는 시간이다. 그러므로 설교 본문이 한 절이더라도 한 절만 읽지 말고 한 소절 전체를 읽어야 한다.

신앙고백(사도신경)의 순서를 성경낭독 후에 넣는 것은 사도신경이 성경내에 없으며, 사도들이 성경을 중심으로 고백했기 때문에 예배학적으로 옳은 일이다. 오늘의 한국교회는 거의 전부가 예배의 앞부분, 즉 기원기도 후에 신앙고백 순서를 넣고 있다. 이것은 고쳐야 될 점이다. 아마 '죄의 고백' 순서를 대신해서 넣지 않았나 생각된다. 그러나 사도신경은 죄의 고백을 대신할 수 없다. 차라리 주기도문을 암송하는 것이 어느 정도 타당하다. 그래서 나는 앞의 예배순서에서 죄의 고백 순서 대신 주기도 순서를 넣었다.

헌금 후의 찬송 순서에서는 찬송을 부르면서 기립하게 한다. 그것은 마음과 정성과 뜻을 다하여 물질을 바칠 뿐만 아니라 '몸'도 바친다는 뜻에서 기립하는 것이다. 또한 헌금 후에 특별헌금, 즉 감사헌금, 십일조, 건축헌금 등 헌금자를 호명하는 것은 비성경적이다.

중재기도는 다른 사람을 위한 기도이다. 헌금 후에 감사기도와 중재기도를 같이 해도 좋고 '환영 및 소식' 순서 다음에 목사 또는 회중 가운데서 두세 명이 조목별로 중재기도를 해도 좋다. 결혼한 새 가정, 군 입대자, 이민가는 가정, 교회와 국가, 평화와 정의 문제, 고난당하는 자와 소외된 자, 입원한 교우 등을 위한 내용의 중재기도를 한다.

위탁의 말씀은 예배당에서 예배를 통해 은혜를 받고 힘과 능력을 얻었으니 여기에 머물러 있지 말고, 또한 예배당에서의 경건된 예배로만 끝내지 말고 세계 속으로 나아가 선교적인 사명을 감당하라는 것이다. 그러나 현대 한국교회에서는 거의 하지 않고 있다.

축도는 여러 가지 형태와 내용으로 하고 있다. 앞부분에서 성부, 성자, 성령을 언급하고, 또 마지막 부분에서 "예수의 이름으로 축원하옵나이다."하고 중복하여 언급하는 것은 옳지 않다. 고린도 후서 13 : 13에 있는 대로 "주 예수 그리스도의 은혜와 하나님의 사랑과 성령의 교통하심이 너희 무리와 함께 있을지어다."로 하는 것이 가장 알맞다.

  이상의 예배순서의 시간은 첫 부분인 개회를 15~20분, 둘째 부분인 말씀의 선포를 30~35분, 셋째 부분인 감사의 응답을 15~20분으로 배정하여 진행하는 것이 좋다. 주일설교를 20~25분 정도로 설교의 내용을 요점만 간추려 하고, 기도시간은 3분을 넘지 않는 것이 좋겠다.

  이상의 예배순서는 목사 혼자서 담당할 것이 아니라 많은 회중이 참여할 수 있게 해야 한다. 성경낭독, 헌금기도, 중재기도 등에 참여케 함이 좋을 것이다. 그러나 복음서만은 사회자나 목사가 낭독해야 한다.

3. 주일 낮 예배순서
(한국 전통에 기초한 성례전 없는 예배)

1) 예배총론

예배란 본래 학문에서 출발한 것이 아니다. 예배가 먼저 있었고 이론은 나중에 생겨났다. 예배의 이론보다는 예배의 현장이 더 앞선다. 따라서 현장에서 얻어진 경험들을 토대로 이론을 체계화시켜 나가는 것이 바람직하다. 다시 말해서 어떤 특정한 이론을 고수하기 위하여 현장을 강요해서는 안 된다는 말이다. 더구나 외국에서 들여온 수입 이론을 기준으로 하여 우리 교회의 현장에서 행해지고 있는 예배의 모습을 바꾸려고 해서는 안 된다. 예배의 이론은 현장의 정서를 존중하여야 한다. 바로 '오늘'이라는 시간과 '이 자리'라는 장소로부터 우리의 예배신학은 다시 출발해야 한다.

지금까지 한국교회는 서양 사람들이 그들 교회의 정서와 문화에 맞게 만든 수입된 예배학 이론에 매달려 왔다. 그 결과 '오늘', '이 자리'에서 행해지고 있는 예배의 정서를 존중하지 못했고, 한국의 전통과 문화에 접목된 예배신학을 만들어 내지 못하였다. 교회의 전통과 우리 민족의 문화를 모두 수용하기 위해서는 다음과 같은 예배정신이 요청된다.

(1) 예배에 대한 이해
① 예배는 복음에 대한 응답이다.
예수의 십자가 사건으로 말미암은 구원과 은총에 대하여 감사하며 감격한 마음으로 응답하는 것이 예배이다. 그리고 이 응답은 각 나라 민족

들이 각각 고유한 문화와 전통을 바탕으로 다양하게 행할 수 있다. 복음은 하나이지만 복음에 대한 응답은 다양하다. 서양 교회의 복음에 대한 응답과 우리의 응답은 같을 수 없고, 또 같아서도 안 된다.

② 예배는 복음에 대한 축제이다.

예배란 본래 예수의 부활을 기념하는 축제에서 비롯되었다. 한자리에 모여서 떡을 떼며, 물건을 서로 공유하며, 너와 나의 신분, 지식, 빈부, 성별, 출신 등의 장벽을 허물고 부활의 주님 안에서 한 형제요 자매임을 확인하고, 하나님이 아버지되심을 확신하는 자리가 바로 예배였다. 그러므로 축제는 기독교 예배의 가장 중요한 요소이다. 또한 이 축제는 우리의 전통 종교예식의 중요한 요소이기도 하다.

③ 예배는 복음에 대한 삶이다.

예배는 의식으로 끝나서는 안 되며, 삶으로 연결되어 그 현장에서 열매를 맺어야 한다. 구원의 감격으로 살아가야 한다. 예배의 분위기가 삶으로 연결되어야 한다. 삶의 현장이 예배의 자리가 되어야 한다. '오늘', '이 자리'의 삶의 현장이 곧 예배의 자리가 되어야 한다. 예배와 삶을 혼동해서도 안 되지만 이원론적으로 구분해서도 안 된다. 예배의 정신이 삶에 구현되고, 하나님의 뜻과 정의가 예배하는 자들의 삶을 통하여 이 땅에 실현되어야 한다.

(2) 예배 악기

예배에 쓰이는 악기는 기존의 피아노나 오르간과 더불어 그 범위를 확대하는 것이 좋다. 지금 한국교회가 공식적으로 쓰고 있는 찬송가는 거의가 서양 찬송이므로 회중 찬송의 반주에는 오르간이나 피아노를 사용하는 것이 좋다. 이에 곁들여 회중이나 성가대가 한국풍의 찬송을 부를 때는 장고나 가야금 같은 한국 악기도 사용할 수 있다. 경우에 따라서는 서양의 현악합주나 오케스트라, 혹은 기타나 드럼 같은 악기들도 사용할 수 있다. 흑인영가를 부를 때는 아프리카 고유의 악기를 동원해 보는 아이디어도 생각해 볼 만하다.

(3) 예 복

교회의 예복은 보통 서양식 가운이다. 그러나 전세계적으로 개신교 예복이 통일되지 않는 한, 한국교회는 우리의 전통 한복을 개량한 예배용 예복을 만들려는 시도가 있어야 하겠다.

(4) 예전 색

예전에 대한 색은 현재 서양 교회에서 만들어진 것을 그대로 사용하고 있으나, 서양에서도 이 예전 색은 통일되지 못하고 있다. 더구나 한국교회가 이 서양의 예전 색을 도입하는 과정에서 우리 민족의 색에 대한 정서를 전혀 고려하지 않은 것은 반성해야 할 점이다. 예를 들어, 예전에서의 백색은 부활의 기쁨을 상징하고 있으나, 우리 민족의 정서로는 상(喪)을 당했을 때의 슬픔과 애도를 상징하는 색인 것이다. 우리 문화에 기초한 예전 색에 대한 연구가 시급하다.

(5) 실내 장식

한국교회의 건물은 거의 서양 교회의 모조품이다. 한 종교의 예배당이란 고유한 양식을 축적해 갈 때 독특한 건축문화를 만들어 갈 수 있다. 우리 식의 예배당 건물을 생각할 때이다. 기존의 교회건물을 바꾸기는 쉽지 않다. 그러나 예배당 안의 장식을 한국적인 요소로 바꾸는 시도는 얼마든지 가능하다. 예를 들어 창문 유리를 스테인드글래스 대신에 우리나라 격자 창살로 장식해 볼 수 있다.

2) 예배순서

인 도 : ○○○ 목사

(※표에서는 일어선다.)

전 주 ……………………………………………………………… 반주자
※ 찬 송 ……………………………………………………………… 다같이
※ 묵 도 ………………………… 송 영 ……………………………… 성가대

6. 예배의 요소와 순서 73

※ 예배의 말씀 ·· 인도자
　참회기도 ·· 다같이
　용서의 선언 ················ (용서의 확인) ················ 인도자
　경배찬송 ·· 다같이
　신앙고백 ·· 다같이
　성시교독 ··· 인도자와 회중
　예배를 위한 기도 ······································ 장로/집사
　기도송영 ·· 성가대
　성경낭독 ·· 인도자
　찬 양 ·· 성가대
　설 교 ·· 목사(목회자)
　설교 후 기도 ·· 설교자
　결단찬송 ·· 다같이
　헌 금 ·· 다같이
※ 봉헌찬송 ·· 다같이
※ 봉헌과 중재 ·· 인 도 자
　봉헌송영 ·· 성 가 대
　알림과 친교 ·· 인 도 자
　다짐말씀 ··· 인도자와 회중
　주기도문 ·· 다같이
※ 마침찬송 ·· 다같이
※ 축 도 ·· 목 사
※ 송 영 ·· 성가대
　후 주 ·· 반주자

3) 예배순서 해설

인도자/목사

예배에서 인도자의 역할은 아주 중요하다. 인도자는 예배 전체의 진행과 분위기를 책임지며, 하나님 앞에 흠없는 예배가 되도록 힘써야 한다. 이를 위해서는 인도자가 예배에 순서를 맡은 위원들과 함께 그 날의 예배에 관하여 상의하고 기도하는 시간을 갖는 것이 필요하다. 인도자의 역할이 중요하기 때문에 전통 예전에서는 사제(司祭) 이외에는 아무나 인도할 수 없었고, 인도자의 하는 일이 많았기 때문에 이를 돕는 부제(副祭)가 있었다. 그리고 인도자와 설교자의 구분이 없었다.

오늘날 인도를 부교역자에게 맡기는 경우도 있지만, 담임목사가 직접 하는 것이 더욱 좋다. 부득이한 경우를 제외한다면 인도자의 자격은 안수받은 사람으로 국한시키는 것이 좋다.

일어서는 순서/(※표에서는 일어선다.)

하나님께 예배드린다고 생각할 때 모든 순서를 일어서서 해야 마땅하다. 그러나 여러 이유들 때문에 현실적으로 이것은 어려우므로 상징적으로 몇 순서에만 일어선다. 특히 봉헌순서에서 일어서는 것은 물질만 아니라 우리의 삶을 드린다는 전인적(全人的) 헌신의 중요한 의미가 내포되어 있다.

    전 주···반주자
  (예배위원들이 입장한다.)
※ 찬 송···다같이
    (묵도로 예배를 열기 전에 찬송을 부른다. 하나님이 임재하여 동참하는 예배를 기원하며 예배를 드리는 우리가 마음이 하나되어 진정한 코이노니아의 시간이 되기를 바라는 순서이다. 영접 찬송은 하나님의 임재를 기원하는 짧은 찬송을 선택하며 자주 바꾸지

않는다. 단상의 예배위원들이 착석한 후 인도자가 단 위로 나오면 반주자는 즉시 해당 찬송의 전주를 시작한다.)

※ 묵 도 ·· 다같이
(묵도가 시작되면 반주자는 조용한 음악을 연주한다. 묵도는 우리 한국교회에서 자생한 전통적인 예배의 첫 순서로 그 의미를 계속 살려 나가는 것이 좋다. 묵도할 때 강단 위의 작은 종을 쳐서 예배 시작을 알리는 습관은 일제의 잔재라고 생각되어지므로 지양하는 것이 좋다. 대신 우리 타악기인 징을 치는 것을 고려해 볼 수 있다. 징을 세 번 치므로 삼위일체 하나님의 임재를 상징적으로 표현하는 것이 좋다. 한국교회가 예배용 징을 새롭게 고안해 낼 수도 있다.)

※ 예배에의 말씀 ·· 인도자
(조용한 반주 음악을 배경으로 인도자는 예배에 성삼위 하나님의 강복을 기원하는 성경구절을 낭독한다.)

참회기도 ·· 다같이
(예배의 앞부분에 참회의 기도를 하게 하므로 예배하는 자들의 마음과 생각을 바르게 하고, 죄를 고백하여 순전한 마음으로 하나님 아버지께 합당한 예배를 드리도록 한다. 다음과 같이할 수도 있고, 또 인도자가 혼자서 참회를 유도하는 짤막한 기도문을 낭독한 뒤에 각자 기도하는 시간을 가질 수도 있다.)

인　도 : 제사보다 순종을 원하시고, 예배 이전에 사랑과 화해를 명하신 주님! 이 시간 우리가 겸손히 우리의 허물과 죄를 고백하나이다.
회　중 : 주여 우리를 불쌍히 여기소서, 우리에게 자비를 베푸소서.
(각자 묵상하며 참회의 시간을 갖는다.)

용서선언 ·· 인도자

(인도자는 사죄선언에 적당한 성경구절을 찾아 낭독한다. 사죄선언이라는 말 대신 "용서의 확인"으로 바꾸어도 된다. 참회기도 후의 사죄선언은 합당한 예배를 위하여 죄를 고백한 회중에게 내리시는 하나님의 용서와 은총의 말씀으로 매우 중요하다. 이로써 회중은 예배에 대한 정당성을 확보하게 되며, 하나님과 인간 사이, 그리고 인간과 인간 사이에 죄로 인하여 막혔던 담이 무너지고 완전한 일체감을 형성하게 된다.)

용서의 선언
"죽음 가운데서 부활하시고 어둠 가운데서 빛으로 인도하시며, 죄 가운데서 구원을 약속하신 우리 주 예수 그리스도의 이름으로 여러분의 죄가 용서받았음을 선언합니다."
회 중-아멘.

경배찬송 ··· 다같이
(예배의 정당성을 확보한 회중이 사죄선언에 대한 응답으로 부르는 것이 경배찬송이다. 회중은 경배찬송을 통하여 다시 한번 예배를 위한 바른 자세를 가다듬고 하나님의 은총을 찬양하게 된다.)

신앙고백 ················· 사도신경 ······················· 다같이
(신앙고백은 기도가 아니므로 꼭 눈을 감고 할 필요는 없지만, 눈을 감고 하는 습관이 나쁘다고 말할 수도 없다.)

성시교독 ··· 인도자와 회중
(성시교독은 찬송가 뒤의 부록에서 고를 수도 있고, 다른 성경에서 발췌할 수도 있다.)

예배를 위한 기도 ····································· 장로/집사
(예배중의 기도는 내용적으로 공동기도가 되어야 한다. 일반적으로는 한 사람이 대표로 기도하는데, 이때도 나머지 회중은 그 기도를 듣는 자가 되어서는 안 되고, 오히려 기도에 동참하는 자로서 그 기도 내용을 마음속으로 같이 따라서 해야 한다. 그리고

한국교회에서는 기도를 외워서 하는 것이 습관화되어 있어서 논리적으로 맞지 않는 문장이 포함되고, 두서없이 반복적으로 중언부언하거나 듣는 사람들을 의식한 감정적인 기도나 '아멘!'을 유발시키기 위한 의도적인 강조 문구들이 기도에 포함되고 있어서, 올바른 기도의 정신을 해치고 하나님께 올리는 기도가 아닌 인간의 마음을 움직이려는 기도가 성행하고 있다. 여러 사람을 대표하는 기도라면 오히려 기도문을 형식과 내용면에서 바르게 작성하여 실수 없이 낭독하는 것이 더 바람직하다. 예배 중의 기도가 보다 바람직하게 되기 위해서는 그 날의 예전의 특색과 설교의 내용과 교회 안팎의 상황을 잘 살펴서, 담임목회자가 기도의 기본적인 골격을 요약하여 기도할 사람에게 주고, 그 사람은 완전한 기도문을 작성한 뒤 다시 한번 담임목회자와 상의하는 것이 좋다. 이 때 목회에 관한 기도는 후에 목회자의 몫이므로 평신도가 하지 않는 것이 좋다.)

기도송 ··· 성가대
성경낭독 ··· 인도자
(본래 기독교 예전에서는 성경낭독은 설교에 종속되지 않은 독립적인 예배 요소였다. 그러므로 성경낭독은 설교를 준비하는 심정으로 미리 준비하여 읽는다. 큰 글씨에 따로 써서 실수없이 읽는 것도 좋다.)

찬 양 ·· 성가대
(설교 전에는 보통 성가대가 찬양하므로 설교를 돕는다. 이때 성가대는 그 날의 설교 내용과 부합하는 찬양을 하는 것이 좋다. 그러나 우리 나라와 같이 찬양곡의 레퍼토리가 한정된 곳에서는 매주일 이렇게 하기가 어렵다.)

설 교 ·· 목사(목회자)
(말씀을 전하는 일은 설교자의 개인적인 설교철학과 역량에 관한 것이므로 어떤 법칙이 있을 수 없고, 있다 해도 실제적으로는 별

의미가 없다. 그러나 설교란 선택한 본문(Text)과 오늘의 상황 (Context)을 적절하게 연결시켜 하나님의 말씀을 통하여 인간이 죄사함의 확신과 새로운 희망과 자유를 체험할 수 있어야 한다. 올바른 설교란 설교자가 하나님에 대해 장황하게 설명하는 것이 아니라 하나님 자체를 보여 주는 것이다. 설교를 통하여 회중은 하나님의 현존과 능력과 뜻을 체험할 수 있어야 한다. 그러기 위해서 설교자는 자신이 하나님의 말씀을 대언(代言)하고 있는지, 아니면 설교라는 미명하에 자신이 자신의 말을 하고 있는지를 항상 검토하여야 한다. 오늘 한국 강단의 위기는 설교가 하나님 말씀을 대언(代言)하는 시간이 아닌 설교자 자신의 주장과 의견을 피력하는 시간으로 전락해 간다는 데 있다. 그러므로 '설교' 라는 때문은 용어보다는 '말씀' 이라는 용어로 바꾸어 봄으로써 순수한 하나님 말씀이 선포되는 시간이라는 인식을 새롭게 부각시키는 것도 좋다.)

설교 후 기도 ···설교자
  (설교 후에는 설교자가 기도할 수도 있고, 회중 각자가 주신 말씀을 묵상하며 침묵의 기도를 할 수도 있다.)

결단의 찬송 ···다같이
  (한국교회 중 대부분은 설교 후의 찬송에 대해 소홀히 하는 경향이 있는데 이는 고쳐져야 한다. 설교 후에 그 내용에 부합되는 찬송을 부르게 하는 것은 회중들에게 말씀을 통하여 받은 감동을 배가시킨다. 그러므로 음악이 인간에게 주는 감화력을 인정하는 목회자들은 설교 후의 찬송 순서를 중시해야 한다. 설교 후에 곧바로 광고를 한다든지 헌금과 찬송을 병행시키는 것은 좋지 못하다.)

헌 금···다같이
  (헌금위원들은 미리 잘 준비하고 훈련하여야 하며, 교회는 헌금 위원을 위한 명찰이나 가운을 준비한다. 헌금 순서 중 성가대나 독창자의 연주를 첨가할 수도 있다.)

※ 봉헌찬송 ·· 다같이
　　(봉헌찬송은 봉헌에 관계된 찬송을 짧게 1절만 부른다.)
※ 봉헌과 중재기도 ·· 인도자
　　(봉헌기도 시간에는 헌금에 관한 기도뿐만 아니라 목회자로서 회중을 위한 중재기도를 겸한다. 병자들이나 어려운 교인들을 위하여 특별히 공동으로 기도해야 할 제목들을 미리 생각했다가 이 시간에 인도자가 기도한다.)
　봉헌송영 ·· 성가대
　알림과 친교 ··· 인도자
　　(이 시간은 단순히 교회소식을 알리는 광고시간이 아니라 교인들의 경조사, 새신자 환영, 옆사람과의 문안인사, 간증, 찬양의 시간, 그 밖의 다채로운 친교행사가 동원되어 축제로서의 예배의 본질을 찾는 시간이 되어야 한다.)
　다짐말씀 ·· 인도자와 회중
　　(축도로 예배를 파하기 전에 다짐 말씀이라는 순서를 갖는다. 이 다짐말씀의 목적은 교회 안에서 행해진 회중예배를 교회 밖의 생활예배로 연결시켜 교회 안의 삶과 교회 밖의 삶의 일치를 강조하며, 주신 말씀과 감동이 생활 속에서 그대로 생명력을 발휘하게 만드는 데 있다. 교회 안의 회중(會衆)은 교회문을 나서는 순간부터 곧 민중(民衆)이요 대중(大衆)이다. 그러므로 교회 안의 회중에게 교회 밖의 삶 속에서 빛과 소금의 역할을 감당하도록 권면하는 말씀은 아무리 강조해도 부족하다. 다음과 같이할 수 있다.)
　　인도자 : 이제 여러분의 삶의 현장으로 가서 소금과 빛의 역할을 감당하며 사랑과 화해의 사도로 살아가십시오.
　　회　중 : 아멘, 주 예수여 우리와 함께하소서.
　　인도자 : 주님의 평화가 여러분과 함께하시기를 빕니다.
　　회　중 : 주님의 평화가 목사님에게도 함께하시기를 빕니다.

주기도문 ··· 다같이
(다짐말씀 후에 주기도문을 함으로써 이제 세상에 나가 살 동안
에 하나님의 이름을 드높이고 그 뜻을 이루며, 그 나라의 확장을
위하여 노력할 것을 다짐하며, 하나님의 보호와 인도, 죄용서와
일용할 양식을 구한다. 이 주기도문을 노래로 할 경우에는 아래
마침찬송을 생략한다.)

※ 마침찬송 ··· 다같이
(마침찬송은 회중예배의 감동이 생활예배로 이어지도록 하는 중
요한 역할을 한다. 따라서 그 내용은 세상에 나가 살 동안에 주
님 뜻을 이루며 빛과 소금으로 살아갈 것과, 하나님의 보호와 인
도하심을 요청하는 것이어야 한다.)

※ 축 도 ··· 목 사
(본래 기독교 전통 예전에서는 예배 마지막에 민수기 6 : 24 - 26
의 "아론의 축도"를 사용하였다. 그러나 한국교회에서는 대부분
고린도 후서 13 : 13의 축복의 내용을 축도로 사용하고 있다. 목
사가 없을 때는 축복의 기도라 하여 목회자가 일반 기도 형식으
로 할 수도 있다.)

※ 축도송영 ·· 성가대
(축도 후 마침가락으로 모든 회중 예배순서가 끝난다. 이때 단상
위의 종을 칠 수도 있지만 우리 전통악기인 징을 쳐서 끝낼 수도
있다.)

후 주 ··· 반주자
(예배위원들은 후주가 시작되면 교인들보다 먼저 퇴장한다.)

4. 주보의 작성

주보는 교회 전체의 사역과 복음 증거에 관한 정보를 보다 효과적으로 전달할 수 있도록 작성되어야 한다. 그리고 교회가 가지는 매주일의 예배가 높고 고상한 목표를 창조해 내도록 꾸며져야 한다. 주보의 균형이나 형태, 구성과 배열 등에 손색이 없는 훌륭한 주보가 되도록 주보 준비자는 최선의 노력을 다해야 할 것이다.

매주일 낮예배 순서나 저녁 찬양예배 순서 등 전체 순서가 짜임새있고 균형이 잡혀야 하며, 명확한 사상이 있어야 한다. 즉 믿음, 소망, 사랑, 인내, 용서 등에 관한 설교라면 찬송 등 모든 순서가 통일성이 있어야 하고 사상의 일관성이 있어야 한다. 주보에는 예배와 교회사역에 도움이 되는 것만 기재해야 한다. 광고 또는 교회소식은 종교적, 신앙적인 목적에 필요한 것만 기재하되 읽기 쉽고 이해하기 쉬워야 한다. 또한 교인들의 정보교환상 필요한 것만 기재해야 한다. 그리고 타교회와 노회나 총회의 정보도 교환하며, 국내외의 교회연합운동 소식도 기재하는 것이 좋다.

목사나 장로, 지휘자, 반주자 또는 기관장의 이름은 앞면 표지에 넣는 것보다는 뒷면에 넣는 것이 바람직하다. 목사에 대한 영문 칭호를 기재하려면 "The Reverend Bok Dong Kim"의 완전한 문장을 쓰도록 하고 만일 박사학위가 있으면 "The Reverend Bok Dong Kim, Th. D. 또는 D. D. 또는 D. Min."으로 함이 좋을 것이다.

표지는 교회건물을 배경으로 많이 사용하고 있는데 그것은 영적 의미가 없다. 차라리 교회건물 대신에 소속 교단을 상징하는 마크를 넣는 것이 더 낫다. 교회의 마크가 있으면 그것을 사용하는 것도 좋다. 제일 좋은 것은 성화를 싣는 것이다. 매주일마다 성화를 싣지 않더라도 교회력, 즉 부활절, 오순절, 추수감사절, 성탄절 등에 부합되는 성화를 실으면 더욱 의미가 있을 것이다.

5. 성찬식의 순서

아래에 소개하는 성찬식 순서는 1983년도 캐나다 밴쿠버에서 있었던 WCC 총회 때 사용했던 '에큐메니칼 성찬식' 순서를 요약한 것이다. 여기에서는 '에큐메니칼 성찬식'에서 부르던 성가를 넣지 않고 그 대신 찬송가로 대치했다. 이 성찬식 순서는 오늘날 세계적으로 널리 사용되고 있으며, 예배를 겸한 성찬식 순서이기 때문에 소개하는 것이다. 이 순서를 모범으로 해서 각 교회에서는 적절히 가감하여 사용해도 무방하리라고 본다.

기 립

개회찬송 ·····················21장····················· 다같이
예배의 말씀 ···············(요 4 : 24)················· 인도자
    하나님은 영적이신 분이십니다. 그러므로 예배하는 사람들은 영적으로 참되게 하나님께 예배드려야 합니다.
기원기도 ··· 인도자
고백기도 ··· 다같이
    하나님 아버지시여! 우리는 당신의 자녀로서 형제간에 서로 사랑하지 못하고 도와주지 못한 잘못을 고백합니다. 세상을 구원하신 하나님! 이미 선교 100주년을 지나면서 지난날에 온 교회가 뭉쳐 당신의 뜻을 이 땅에 전하지 못한 죄를 고백합니다. 더욱이 우리는 가정에서, 사회에서, 교회에서 말과 행동과 생각으로 지은 죄가 많습니다. 이 모든 죄를 고백하오니 십자가에 흘리신 보혈로

써 깨끗하게 씻어 주시고 용서하여 주시옵소서. 예수님의 이름으
로 기도하옵나이다. 아멘.

사죄의 기도 ·· 인도자와 회중
　　인도자 : 우리의 죄를 대속하시기 위해서 예수 그리스도를 이 세
　　　　　　상에 보내 주신 구원의 하나님! 예수 그리스도께서 위임
　　　　　　해 주신 권위와 교회를 섬기도록 부름받은 목자로서 여
　　　　　　러분이 고백한 모든 죄를 성부와 성자와 성령, 삼위의
　　　　　　하나님께서 예수 그리스도를 통해 분명히 용서해 주셨
　　　　　　음을 확실히 믿습니다.
　　회　중 : 아멘. 우리의 모든 죄가 주님을 통해 용서받은 줄로 확실
　　　　　　히 믿습니다.

속죄찬송 ·························· 183장(2절) ································ 다같이

착 석

영　광 ·· 다같이
　　목　사 : 지극히 높은 곳에서는 하나님께 영광이요, 땅에서는 그
　　　　　　의 백성에게 평화가 있으리로다.
　　회　중 : 하늘 보좌와 앉아 계시는 능력이 많으신 왕되신 아버지
　　　　　　하나님! 우리는 당신의 은혜를 감사하며 경배드립니다.
　　　　　　우리는 당신의 영광을 위해 찬양을 드립니다.

특별기도 ·· 인도자와 회중
　　인도자 : 우리는 굶주림과 싸움이 계속되고 있는 이 세계에서
　　회　중 : 풍부와 평화의 약속을 믿으며 당신께 경배드립니다.
　　인도자 : 우리는 억압과 억눌림 속에서
　　회　중 : 자유와 해방의 약속을 믿으며 당신께 경배드립니다.
　　인도자 : 우리는 의심과 절망 속에서
　　회　중 : 믿음과 희망의 약속을 믿으며 당신께 경배드립니다.
　　인도자 : 우리는 공포와 수치 속에서

회　중 : 기쁨과 영광의 약속을 믿으며 당신께 경배드립니다.
인도자 : 우리는 미움과 죽음 속에서
회　중 : 사랑과 생명의 약속을 믿으며 당신께 경배드립니다.
인도자 : 우리는 죄와 부정과 부패 속에서
회　중 : 구원과 갱신을 믿으며 당신께 경배드립니다.
인도자 : 우리는 죽음의 골짜기에서
회　중 : 살아 계시는 예수 그리스도의 약속을 믿으며 당신께 경배드립니다. 아멘.
　　　　(교인 중에 '인도자'를 선정하여 순서를 담당케 한다.)

구약성경·················(출 12 : 21-28)···················낭독자
신약성경·················(고전 11 : 23-29)················낭독자
　　　　(교인 중에 '성경낭독자'를 선정하여 신·구약성경을 읽게 한다.)
설　교···················'성찬의 참된 뜻'·················설교자
신앙고백·················사도신경·························다같이
찬　송···················284장···························다같이
중재기도···기도자
　　　　　('기도자'를 선정하여 담당시킨다.)
기도찬송·················487장(1, 2절)····················다같이
성　찬··집례 : 목사

(1) 준비기도
　　집례자 : 우주를 창조하신 하나님! 당신은 우리에게 빵과 땅의 열매와 인간의 노동을 허락해 주셨습니다. 이 모든 것이 인간을 살리는 생명의 빵이 되게 하시옵소서.
　　회　중 : 하나님 아버지시여! 지금부터 영원까지 축복이 되게 하시옵소서.
　　집례자 : 우주의 하나님! 당신은 우리가 노동함으로 포도열매를 따게 하시고, 포도에서 포도주를 허락해 주셨습니다. 이 포도주가 영원한 하늘나라의 음료가 되게 하시옵소서.

회　중 : 하나님 아버지시여! 지금부터 영원까지 축복이 되게 하
　　　　시옵소서.
집례자 : 들의 흩어진 곡식과 밭에 널려진 포도가 지금은 빵과 포
　　　　도주가 되어 주님의 성찬대에서 연합하여 하나가 된 것
　　　　같이 주여, 당신의 교회, 당신의 나라가 이 땅에 임하기
　　　　전에 하나로 연합하게 하시옵소서.
회　중 : 주여! 당신의 뜻이 이 땅에 속히 이루어지기를 간절히 기
　　　　원하나이다.

(2) 성찬기도
집례자 : 주께서 여러분과 함께하실 것입니다.
회　중 : 주께서 당신과도 함께하실 것입니다.
집례자 : 여러분의 마음을 드높이십시오.
회　중 : 우리 모두 주님께 마음을 향합니다.
집례자 : 우리는 우리의 주 하나님께 감사를 드립니다.
회　중 : 주님께 찬양과 감사를 드리는 것은 마땅한 일입니다.

(3) 거룩찬송··················9장(4절)························다같이

(4) 예문
집례자 : 전능하시고 영원하신 하나님! 당신은 말씀으로 천지만
　　　　물을 선하게 창조하셨습니다.
회　중 : 당신의 형상대로 사람을 지으시고 당신께 영광을 돌리게
　　　　하셨습니다. 당신은 세상을 구원하시기 위해 때가 차매
　　　　예수 그리스도를 이 땅에 보내 주셨습니다. 주님께서 마
　　　　지막 잡히시기 전날 밤에 제자들과 최후 만찬을 잡수시
　　　　면서 빵과 잔을 나누어 주시고, 주님의 십자가와 부활을
　　　　기념하고 기억하라고 하셨습니다. 우리는 이제 주께서
　　　　세우신 성찬에 참여하여 주의 십자가와 부활을 기념하
　　　　고 축하하게 하시고 주의 영광을 선포하게 하소서.
집례자 : 주께서 잡히시기 전날 밤에 빵을 가지사 축복하시고 떼

어 제자들에게 주시면서 "이것은 너희를 위하는 내 몸이니," 또 식후에 잔을 들어 감사의 기도를 올리고 그들에게 돌리시며 "이 잔은 내 피로 세운 새 언약이니 이것을 행하여 마실 때마다 나를 기념하라."고 말씀하셨습니다.

회　중 : 주여! 우리가 주의 십자가의 죽음을 선포합니다. 주님의 부활을 축하하고 찬양합니다. 당신께서 영광 가운데서 다시 오실 것을 고대합니다.

(집례자는 먼저 빵을 들고 "받아 먹으라."한 다음 빵을 뗀다. 또 식후 "너희는 받아 마시라."는 말을 하면서 잔을 들고 말한다.)

(5) 주의 기도

집례자 : 이제는 예수 그리스도의 한 몸과 한 성령과 하나의 세례로 연합한 우리가 다같이 주께서 가르치신 기도를 암송합시다.

회　중 : "하늘에 계신 우리 아버지……"

(6) 평화기원

집례자 : 주 예수께서 제자들에게 "너희에게 평화가 있을 것이다."라고 말씀하셨습니다. 주께서 우리의 죄를 보지 마시고 당신의 교회의 믿음을 보시고 당신의 뜻이 이 땅에 이루어지기를 바랍니다. 우리에게 주께서 제자들에게 주신 이 평화를 언제나 허락해 주셔서 당신의 평화의 나라가 임할 때까지 우리를 인도하여 주옵소서.

회　중 : 아멘.

집례자 : 주의 평화가 여러분과 함께하시기를 빕니다.

회　중 : 또한 당신에게도 평화가 임하시기를 빕니다.

집례자 : 서로 평화의 인사를 나누시기 바랍니다.

(회중은 옆사람과 평화의 인사를 나눈다. "평화가 함께하기를 빕니다." 또는 "평화를 빕니다.")

(7) 배찬

집례자 : 우리가 뗀 빵은 그리스도의 몸의 교제이며 우리가 감사 기도한 복된 잔은 그리스도의 피의 교제입니다. 모두 성찬대로 나와 떡과 잔을 받으시기 바랍니다.

(모든 회중을 빵과 잔을 받기 위해 성찬대 앞으로 나온다.)

(8) 감사기도 ··· 다같이

은혜로우신 하나님! 우리는 당신 앞에 감사를 드립니다. 바다와 육지에 아름다움을 주시고, 강과 들과 산에 풍요함을 주시고, 아름다운 꽃들과 새들의 노랫소리를 들을 수 있게 하심을 감사드립니다.

우리를 이 아름다운 세계에서 당신의 평화와 화해의 도구로 사용되게 하옵소서. 그리고 당신의 십자가와 부활을 온 인류에게, 억압당하고 눌린 민중에게 선포하는 당신의 사역자가 되게 하옵소서. 예수 그리스도의 이름으로 기도하옵니다. 아멘.

폐회찬송 ························· 400장 ···························· 다같이
선교사명의 말씀 ··· 인도자와 회중

인도자 : 예수께서 말씀하시기를 "나는 하늘에서 내려온 생명의 빵이다. 누구든지 이 빵을 먹는 자는 영원히 죽지 아니하리라."고 하셨습니다. 주님의 제자로서 봉사와 평화를 위해 세계 속으로 힘차게 행진해 나아가십시오.

회 중 : 주여! 감사드리며 함께하옵소서.

축 도 ··· 목 사
폐 회 ··· 안녕히

6. 주일 낮 예배순서
(세례식 있는 예배)

1) 예배총론
(1) 세례의 의미
　세례는 예수 그리스도와 함께 죽고 부활한다는 의미의 상징적 행위이다. 육적인 삶의 마감과 영적인 삶의 시작을 알리는 공개적 의식이다. 옛 사람은 죽고 그리스도를 통한 새 사람으로 다시 태어나는 의식이다. 죄인이 하나님의 자녀가 되었다는 표시이다. 세례는 세례받은 이의 신분을 공개적으로 밝히는 의식이다. 이로써 그리스도의 몸된 교회의 일원이 되며 성찬에 참여할 수 있다.
　세례받은 자에게 요구되는 것은 세례의 의식을 뛰어넘는 세례적 삶이다. 죄에 대하여는 죽고, 의에 대하여는 다시 산 자처럼 살아야 한다. 세례의 의식은 삶에서 열매를 맺어야 한다. 세례받은 사람은 그리스도로 옷을 입은 사람이다.

(2) 세례의 실제
　세례는 물로 한다. 세례에 해당하는 밥티스무스(Baptismus)라는 말은 '씻다' 혹은 '목욕하다'의 뜻이 있다. 세례는 이런 행위를 위한 하나의 상징적 의식이므로 인도자는 이를 주지시킬 필요가 있다. 우리 나라 교회당 안에는 세례식을 위한 고정된 기구가 없이 임시로 그릇에 물을 받아 사용하고 있는데, 우리 식의 세례식을 위한 단을 마련해 볼 필요가 있다. 또 세례용 예복을 만들어 세례받는 자들에게 입히고 세례증서와 기타 기념이 될 만한 여러 행사를 마련하여 세례일을 영원히 감동적인 날로 만드는 것이 좋다.

　세례는 상징적이기는 하지만 물에 대한 감각이 전혀 없을 정도의 소량의 물을 사용하여 행하는 것은 바람직하지 못하다. 감각을 통한 확인은 우리 민족의 종교적 의식에서 아주 중요하다. 그러므로 세례를 단순히 물로만 거행한다고 생각지 말고 시각적, 청각적, 감각적인 모든 요소를 함께 동원하여야 한다. 굳이 소량의 물을 사용하려 할 때는 머리에 하지 말고 이마와 같은 피부에 느껴질 정도로 손가락에 물을 적셔 십자가를 긋는 방법도 권장할 만하다.

2) 예배순서

인 도 : ○○○ 목사

(※ 표에서는 일어선다.)

전 주	반주자
※ 영접찬송	다같이
※ 묵 도	다같이
※ 예배에의 부름	인도자
묵도송영	성가대
참회기도	다같이
사죄선언(용서의 확인)	인도자
경배찬송	다같이
신앙고백	다같이
성시교독	인도자와 회중
예배를 위한 기도	장 로
기도송영	성가대
성경봉독	인도자
찬 양	성가대
설 교	목 사

설교 후 기도 ·································· 설교자
결단찬송 ······································ 다같이
헌 금 ·· 다같이
※ 봉헌찬송 ···································· 다같이
※ 봉헌과 중재기도 ······························ 인도자
　봉헌송영 ···································· 성가대
　세례식 ···································· 세례집례자
　　　호명입석 ································ 집례자
　　　예식사 ·································· 집례자
　　　성경봉독 ································ 집례자
　　　서 약 ···················· 집례자와 수세자(부모)
　　　세 례 ···································· 집례자
　　　기 도 ···································· 집례자
　　　선 포 ···································· 집례자
　알림과 친교 ································ 인도자
　다짐말씀 ·························· 인도자와 회중
　주기도문 ···································· 다같이
※ 마침찬송 ···································· 다같이
※ 축 도 ······································ 목 사
※ 송 영 ······································ 성가대
　후 주 ······································ 반주자

3) 예배순서 해설

(세례식 이외의 순서 해설은 성례전 없는 예배순서를 참조할 것.)
전 주 ·· 반주자
※ 영접찬송 ···································· 다같이
※ 묵 도 ······································ 다같이

※ 예배에의 부름··인도자
묵도송영··성가대
참회기도··다같이
사죄선언··인도자
경배찬송··다같이
신앙고백··다같이
성시교독··인도자와 회중
예배를 위한 기도···장 로
기도송영··성가대
성경봉독··인도자
찬 양··성가대
설 교··목 사
설교 후 기도···설교자
설교 후 찬송···다같이
헌 금··다같이
※ 봉헌찬송··다같이
※ 봉헌과 목회기도··인도자
봉헌송영··성가대
세례식··세례집례자
　호명입석··집례자
　(세례받는 이는 호명하면 일어선다.)
　예식사··집례자

　　　세례는 우리가 예수 그리스도와 연합하여 새 생명을 얻는 표로 받는 것입니다. 세례는 예수 그리스도의 명령이므로 누구든지 교회공동체의 일원이 되기 원하는 자들은 이 예식을 받아들여 참여해야 합니다. 오늘 이 거룩하고 기쁜 예식에 참여하는 분들을 진심으로 축하하며 우리 모두 엄숙하게 이 예식에 동참합시다.

성경봉독······로마서 6：3-6(요 3：1-8, 행 2：38-42)······집 례 자

　무릇 그리스도 예수와 합하여 세례를 받은 우리는 그의 죽으심과 합하여 세례를 받음으로 그와 함께 장사되었나니, 이는 아버지의 영광으로 말미암아 그리스도를 죽은 자 가운데서 살리심과 같이 우리로 또한 새 생명 가운데서 행하게 하려 함이니라. 만일 우리가 그의 죽으심을 본받아 연합한 자가 되었으면 또한 그 부활을 본받아 연합한 자가 되리라. 우리가 알거니와 우리 옛 사람이 예수와 함께 십자가에 못박힌 것은 죄의 몸이 멸하여 다시는 우리가 죄에게 종노릇하지 아니하려 함이니라(롬 6：3-6).

서　　약······························집례자와 수세자(부모)

　문 : 여러분은 하나님 앞에 죄인인 줄 알며 그 진노를 면치 못할 줄 알고, 그의 크신 자비하심에서 구원얻을 것 외에 소망이 없는 줄을 믿습니까?
　답 : 예.
　문 : 여러분은 그리스도께서 하나님의 아들되심과 죄인의 구주가 되신 줄 믿으며, 복음에 말한 바와 같이 구원하실 이는 오직 예수뿐이신 줄 알고 그를 믿으며, 그에게만 의지하기로 서약합니까?
　답 : 예.
　문 : 여러분은 지금 성령의 은혜만 의지하고 그리스도를 따르는 자가 되고, 모든 죄악을 버리고 그의 가르침과 본을 따라 살기로 서약합니까?
　답 : 예.
　문 : 여러분은 교회의 관할과 치리에 복종하고 교회에 덕을 세우는 일에 힘쓰며, 교인으로서의 의무와 권리를 바르게 행사하기로 서약합니까?

답 : 예.

세   례 ··· 집례자

예수 그리스도를 구주로 믿는 ○○○에게 내가 성부와 성자와 성령의 이름으로 세례를 주노라. 아멘.

기   도 ··· 집례자

거룩하신 하나님 아버지, 오늘 주님의 명령을 받들어 세례에 참여한 사랑하는 자녀들을 복 주시고, 오늘의 감격과 감사의 마음으로 일평생 하나님께 헌신하며, 교회의 지체로서 하늘 시민답게 살아가게 하옵소서. 예수님의 이름으로 기도합니다. 아멘.

선   포 ··· 집례자
(세례받은 이들을 호명한 후에)

이분들은 오늘 주님이 명하신 대로 세례를 받고 ○○교회의 세례교인이 된 것을 성부와 성자와 성령의 이름으로 선포하노라. 아멘.

알림과 친교 ··· 인도자
다짐말씀 ·· 인도자와 회중
주기도문 ··· 다같이
※ 마침찬송 ··· 다같이
※ 축 도 ·· 목 사
※ 축도송영 ··· 성가대
　후 주 ··· 반주자

7. 주일 낮 예배순서
(성찬 있는 예배)

1) 예배총론
(1) 예배에서의 성찬의 위치
기독교 예배에서 성만찬은 본래 빼놓을 수 없는 요소이다. 초대교회의 예배는 주후 3세기경에 기본적인 골격이 완성되었다. 예배는 두 개의 큰 부분으로 나뉘어 진행되었다. 첫째 부분은 설교 중심의 말씀예배가 있었고, 그후 성찬 중심의 다락방 예전이라고 불리는 성찬예배가 있었다. 그리고 예배 전체를 하나로 이어주는 음악이라는 제 3의 요소가 있었다. 시편 찬양, 알렐루야 찬양, 키리에 엘레이손(Kyrie Eleison), 상투스(Sanctus) 등의 음악 요소와 더불어 성경봉독이나 기도, 봉헌 등의 모든 순서가 낭송이나 낭창과 같은 음악적인 요소를 받아들임으로써 예배는 입체화되고, 축제적인 분위기로 거행되었다.

(2) 성찬의 전통
예배의 첫 부분인 말씀예배가 끝나면 세례받은 사람들은 계속 남아 성만찬 예배에 참여하고, 세례받지 못한 자(입교자)들은 집으로 돌아갔다. 이 관습은 처음부터 엄격하게 지켜지지는 않았던 것 같다. 주후 112년경의 문서인 플리니우스(Plinius)의 편지에는 이런 구분이 없다. 그러나 주후 130년경에 쓰여진 디다케(Didache : 12사도의 교훈)라는 문서에는 처음으로 성찬에 세례받은 이만 참여하도록 엄격한 제한을 두었다는 기록이 있다. 그후 터툴리안(Tertullian)에 의하여 이 관습은 교회의 불변의 교리로 확립되었다.

한편, 세례받은 자들은 다락방 예배라고 불리는 성찬예배에 참여했는데 이 예배의 끝에는 주님의 재림을 고대하는 "마라나타"(Maran Atha)의 고백이 있었다. 이 말은 "우리 주님이여, 오소서."(marana ta) 또는 "우리 주님이 오십니다."(maranata/maran ata)라는 뜻으로 세상에 나가 살 동안 주님의 다시 오심을 고대하는 믿음으로 환난과 시련을 이기고 주님의 뜻을 이루며, 그 나라의 확장을 위하여 살 것을 다짐하였다. 즉 삶으로 예배드릴 것을 고백하는 의식이었다.

(3) 성찬의 의미

예배의 원형에서 중요한 요소는 축제이다. 예배의 시작은 주님의 부활에 대한 축제였다. 성찬은 축제의 현장에 대한 재현이다. 부활의 즐거움에 참여한 하나님의 자녀들이 장차 오실 주님을 고대하며 벌이는 잔치이다. 떡을 나누고 잔을 돌리면서 너와 나의 연령, 신분, 남녀, 빈부, 지식, 지방색 등의 구분 없이 한 아버지 하나님의 자녀임을 확인하고, 그 즐거움을 만끽하는 삶과 축제의 현장이다. 음악은 축제를 위한 인간의 응답이다. 부활에 대한 기쁨과 하나님의 자녀된 것에 대한 감사, 장차 도래할 하나님 나라에 대한 소망이 우리가 드리는 찬양의 내용이 되어야 한다.

예배에서 성찬의 중요성은 개신교에서도 늘 강조되어 왔다. 그러나 실제로는 성찬 예배가 특수예배 취급을 받아 왔다. 성찬적 예배를 말할 때 우리는 두 가지를 생각해 볼 수 있다. 하나는 성찬이라는 축제의 실제 현장을 보다 자주 또는 언제나 빠짐없이 예배에 동반시키는 것이다. 여기서도 설교 때와 마찬가지로 성찬의 의미를 십자가와 고난으로 묶어 두지 말고, 오히려 부활과 재림의 의미가 강조된 축제 현장으로 보아야 한다. 초대교회 성도들에게 있어서 모여서 떡을 떼는 시간은 부활하신 주님에 대해 회상하며, 다시 오실 주님에 대해 고대하며 벌이는 잔치요 축제의 시간이었다. 그들은 이러한 강한 축제의 현장성을 자주 체험함으로써 세상에서의 환난과 핍박을 능히 견딜 수 있었다.

한편 우리는 예배가 곧 성찬이라는 말을 성찬의 순서가 없는 예배에까지 확대시켜 생각해 볼 수 있다. 즉, 예배 자체의 성찬화(化)를 말할 수 있으며, 성찬의 순서 없이도 예배 자체가 주님의 부활과 재림의 현장성을 생생하게 보여 줌으로써 성도들이 그 현장성의 감각과 축제의 분위기로 이 세상의 삶에서 오는 환난과 역경을 승리로 이끌 수 있게 만들어야 한다.

(4) 성찬의 실제

한국교회는 지금까지 빵과 포도주라는 서양식 음식을 성찬 재료로 사용하여 왔다. 게다가 무성의하게도 카스테라와 포도 넥타를 사용하여 성찬식을 하는 일이 일반화되어 있다. 이제는 성찬의 의미를 소중하게 생각할 때며, 한국적인 응답으로서의 성찬음식은 무엇인가를 생각해야 할 때다. 축제를 위한 우리 전통음식 중에는 떡과 수정과가 있는데 이는 한국식 성찬 재료로 권장해 볼 만하다. 최근에는 예수의 성찬에 쓰인 포도주는 적포도주가 아닌 백포도주라는 학설이 있다. 그렇다면 수정과와 더불어 식혜도 권장할 만한 음료이다.

2) 예배순서

인 도 : ○○○ 목사

(※표에서는 일어선다.)

(1) 말씀 예전

    전 주 ·· 반주자
※ 묵 도 ·· 다같이
※ 예배에의 부름 ·································· 인도자
    묵도송영 ·· 성가대

참회기도 …………………………………………………… 다같이
사죄선언 …………………………………………………… 인도자
경배찬송 …………………………………………………… 다같이
성시교독 …………………………………………… 인도자와 회중
예배를 위한 기도 …………………………………………… 장 로
기도송영 …………………………………………………… 성가대
성경봉독 …………………………………………………… 인도자
찬 양 ……………………………………………………… 성가대
설 교 ……………………………………………………… 목 사
설교 후 기도 ………………………………………………… 설교자
설교 후 찬송 ………………………………………………… 다같이
헌 금 ……………………………………………………… 다같이
※ 봉헌찬송 ………………………………………………… 다같이
※ 봉헌과 중재기도 ………………………………………… 인도자
봉헌송영 …………………………………………………… 성가대

(2) 성찬 예전

준비의 기원 ………………………………………… 집례자와 회중
성찬찬송 …………………………………………………… 다같이
식탁에의 초대 ……………………………………… 집례자와 회중
거룩송영 …………………………………………………… 다같이
성령임재의 기원 …………………………………… 집례자와 회중
주기도문 …………………………………………………… 다같이
성찬 제정사 ………………………………………………… 다같이
권면의 말씀 ………………………………………………… 집례자
신앙고백 …………………………………………………… 다같이
떡과 음료를 나눔 …………………………………… 집례자와 장로
성찬 후 감사기도 …………………………………………… 집례자

    알림과 친교 ·· 인도자
    친교의 노래 ·· 다같이
※ 다짐말씀 ··· 다같이
※ 다짐찬송 ··· 다같이
※ 축 도 ·· 목 사
※ 마침송영 ··· 성가대

3) 예배순서 해설

한국교회는 지금까지 성만찬의 의미를 주님의 고난과 연결시켜 왔다. 그러나 성찬의 기원은 주님의 부활의 의미를 포괄하는 축제였다. 그러므로 한국교회는 성만찬의 진정한 의미를 찾기 위하여 고난의 의미와 더불어 이를 뛰어넘는 부활과 재림의 의미를 포함하는 축제로서 거행해야 한다.

성찬이 있는 예배는 전통 예전의 구분에 따라 말씀 예전과 성찬 예전의 두 부분으로 나누어서 거행한다.

(1) 말씀 예전

말씀 예전 부분의 해설은 성찬 없는 예배의 해설 부분을 참조할 것.

    전 주 ·· 반주자
※ 영접찬송 ··· 다같이
※ 묵 도 ·· 다같이
※ 예배의 말씀 ··· 인도자
    묵도송영 ··· 성가대
    참회기도 ··· 다같이
    사죄선언 ··· 인도자
    경배찬송 ··· 다같이
    성시교독 ·· 인도자와 회중
    예배를 위한 기도 ··· 장 로

    기도송영 ··· 성가대
    성경봉독 ··· 인도자
    찬 양 ··· 성가대
    설 교 ··· 설교자
    설교 후 기도 ·· 설교자
    설교 후 찬송 ·· 다같이
    헌 금 ··· 다같이
※ 봉헌찬송 ··· 다같이
※ 봉헌과 중재기도 ·· 인도자
    봉헌송영 ··· 성가대

(2) 성찬 예전

(여기서 해설과 함께 예배의 실제 모범을 제시한다.)

    준비의 기원 ······································ 집례자와 회중

        집례자 : 우주 만물의 주인되시는 하나님, 우리가 주님의 위대하심을
                찬양하나이다. 주께서 이 땅의 인간에게 노동의 수고와 즐거
                움을 허락하사 그 열매로 이 떡을 주셨사오니, 이 떡이 곧
                생명의 떡이 되게 하옵소서.
        회 중 : 우리가 주님을 영원토록 찬양하나이다.
        집례자 : 우주 만물의 주인되시는 하나님, 우리가 주님의 위대하심을
                찬양하나이다. 주께서 이 땅의 인간에게 노동의 수고와 즐거
                움을 허락하사 그 열매로 이 음료를 주셨사오니, 이 음료가
                곧 생명의 피가 되게 하옵소서.
        회 중 : 우리가 주님을 영원토록 찬양하나이다.
        집례자 : 씨앗 하나가 썩어 많은 열매를 맺고, 그 열매들이 다시 모여
                이 상 위의 떡과 음료가 된 것같이, 우리도 주님을 위하여

썩어지게 하시고, 하나로 뭉쳐서 생명의 복음을 전하는 도구가 되게 하옵소서.

  회 중 : 마라나타! 주 예수여 오시옵소서.

성찬찬송 ················· 284장(1, 2절) ························· 다같이

  1. 주 예수 해변서 떡을 떼사/무리를 먹이어 주심같이/
    영생의 양식을 나에게도/풍족히 나누어 주옵소서.
  2. 생명의 말씀인 나의 주여/목말라 주님을 찾나이다/
    무리를 먹임같이/갈급한 내 심령 채우소서.

식탁에의 초대 ·· 집례자와 회중
 (전통 예전 중 마음을 들어올린다는 의미의 수르숨 꼬르다 〈Sursum corda〉에 해당함.)

  집례자 : 주님을 향하여 여러분의 마음을 드십시오.
  회 중 : 우리의 마음을 주님께 들어올리나이다.
  집례자 : 우리 모두 주님께 감사드립시다.
  회 중 : 주님께 감사와 찬양을 드리는 것이 마땅하나이다.

거룩송영 ················· 9장(4절) ···························· 다같이
 (전통 예전 중 성 삼위의 거룩하심을 노래하는 상투스〈Sanctus〉에 해당함.)

  거룩 거룩 거룩/전능하신 주여/천지 만물 모두 주를 찬송합니다/
  거룩 거룩 거룩/전능하신 주여/성삼위일체 우리 주로다. 아멘.

성령임재의 기원 ··· 집례자와 회중

(전통 예전 중 성만찬 예물에 성령의 임재를 기원하는 에피클레시스⟨Epiclesis⟩에 해당함.)

집례자 : 전능하시고 만물을 주관하시는 하나님! 영광을 세세 무궁토록 받으시기에 합당하신 주님! 우리가 주님을 찬양하나이다. 모세와 예언자들을 감동시키셨으며, 동정녀 마리아를 은혜로 순종케 하시고, 요단강에서 예수님 위에 강림하셨고, 오순절에 사도들에게 내리셨던 생명의 성령을 오늘 우리의 성만찬 위에 보내 주옵소서. 불 같은 성령께서 오셔서 이 식탁이 성별되게 하시고, 이 떡과 음료가 우리를 위하여 영원한 생명의 양식이 되게 하옵소서.
회 중 : 창조주 성령이여, 이 자리에 오시옵소서.

주기도문 ··· 다같이
성찬 제정사 ·· 다같이

집례자 : 주 예수께서 잡히시던 날 밤에 떡을 손에 드시고 감사의 기도를 드리신 후에 떡을 떼이어 그의 제자들에게 주시며 말씀하셨습니다. "이것은 너희를 위하는 내 몸이니 이것을 행하여 나를 기념하라." 또 식후에 잔을 드시고 감사의 기도를 드리신 다음 말씀하셨습니다. "이 잔은 내 피로 세운 새 언약이니 이것을 행하여 마실 때마다 나를 기념하라." 우리가 이 떡을 먹으며 이 잔을 마실 때마다, 주님의 죽으심을 오실 때까지 기억하고 전파해야 할 것입니다.
회 중 : 주 예수님! 우리가 주님의 죽으심을 기억하고 선포하며, 주님의 부활을 기뻐하나이다. 주님께서 영광 중에 다시 오심을 우리가 고대하나이다.

권면의 말씀·················· 성찬의 의미와 목적 ················· 집례자
신앙고백 ·· 다같이
떡과 음료를 나눔 ·· 집례자와 장로
  (교인들이 차례로 나와 먼저 떡을 받고 다음에 음료를 받게 한다.
  큰 교회에서는 부목사들을 보조 인도자로 세워 통로 여러 곳에서
  동시에 실시한다. 또는 목사에게서 떡과 음료를 받은 성찬위원들
  이 교인들에게 분배할 수도 있다.)
성찬 후 감사기도 ··· 집례자
알림과 친교 ·· 맡은이
친교의 노래 ·· 다같이
  (친교의 노래를 정하여 부른다. 옆사람과 손을 잡고 부르게 하면
  더욱 좋다.)
다짐말씀 ·· 다같이

  집　례 : 이제 여러분의 삶의 현장으로 가서 소금과 빛의 역할을 감당
          하며, 사랑과 화해의 사도로 살아가십시오.
  회　중 : 아멘. 주 예수여 우리와 함께하소서.
  집　례 : 주님의 평화가 여러분과 함께하기를 빕니다.
  회　중 : 주님의 평화가 목사님에게도 함께하기를 빕니다.

다짐찬송 ·· 다같이
  (다짐 찬송은 세상에 나가 예배하는 자세로 살아갈 것을 다짐하
  며 부른다.)
축　도 ··· 목 사
※ 마침송영 ··· 성가대

8. 주일 낮 예배순서
(성례전 종합 예배)

1) 예배총론
예배 총론은 앞의 예배순서들의 총론을 참조할 것.

2) 예배순서

인 도 : ○○○ 목사

(※ 표에서는 일어선다.)

(1) 말씀 예전
  전 주 ………………………………………………… 반주자
※ 묵 도 ………………………………………………… 다같이
※ 예배에의 부름 ……………………………………… 인도자
  묵도송영 ……………………………………………… 성가대
  참회기도 ……………………………………………… 다같이
  사죄선언 ……………………………………………… 인도자
  경배찬송 ……………………………………………… 다같이
  성시교독 …………………………………… 인도자와 회중
  예배를 위한 기도 ……………………………………… 장 로
  기도송영 ……………………………………………… 성가대
  성경봉독 ……………………………………………… 인도자

찬 양···성가대
  설 교···설교자
  설교 후 기도··설교자
  설교 후 찬송··다같이
  헌 금···다같이
※ 봉헌찬송··다같이
※ 봉헌과 중재기도··인도자
  봉헌송영···성가대

(2) 세례 예전
학습식···학습집례자
  호명입석···집례자
  예식사··집례자
  성경봉독··집례자
  서 약··집례자와 학습자
  기 도··집례자
  선 포··집례자
유아세례식···세례집례자
  호명입석··집례자
  성경봉독··집례자
  예식사와 권면··집례자
  서 약···집례자와 수세자 부모
  세 례··집례자
  기 도··집례자
  선 포··집례자
세례식···세례집례자
  호명입석··집례자
  예식사··집례자

성경봉독 ··· 집례자
서 약 ····························· 집례자와 수세자(부모)
세 례 ··· 집례자
기 도 ··· 집례자
선 포 ··· 집례자

(3) 성찬 예전
준비의 기원 ································· 집례자와 회중
성찬찬송 ··· 다같이
식탁에의 초대 ······························· 집례자와 회중
거룩송영 ··· 다같이
성령임재의 기원 ··························· 집례자와 회중
주기도문 ··· 다같이
성찬제정사 ··· 다같이
권면의 말씀 ··· 집례자
신앙고백 ··· 다같이
떡과 음료를 나눔 ························· 집례자와 장로
성찬 후 감사기도 ··································· 집례자
알림과 친교 ··· 인도자
친교의 노래 ··· 다같이
※ 다짐말씀 ··· 다같이
※ 다짐찬송 ··· 다같이
※ 축 도 ··· 목 사
※ 축도송영 ··· 성가대
후 주 ··· 반주자

3) 예배순서 해설

인도자/목사

예배에서 인도자의 역할은 아주 중요하다. 인도자는 예배 전체의 진행과 분위기를 책임지며, 하나님 앞에 흠없는 제사가 되도록 힘써야 한다. 이를 위해서는 인도자가 예배에 순서를 맡은 위원들과 함께 그 날의 예배에 관하여 상의하고 기도하는 시간을 갖는 것이 필요하다. 인도자의 역할이 중요하기 때문에 전통 예전에서는 사제(司祭) 이외에는 아무나 인도할 수 없었고, 인도자의 하는 일이 많았기 때문에 이를 돕는 부제(副祭)가 있었다. 그리고 인도자와 설교자의 구분이 없었다.

오늘날 인도를 부교역자에게 맡기는 경우도 있지만 담임목사가 직접 하는 것이 더욱 좋다. 부득이한 경우를 제외한다면 인도자의 자격은 안수받은 사람으로 국한시키는 것이 좋다.

일어서는 순서/(※표에서는 일어선다.)

하나님께 예배드린다고 생각할 때 모든 순서를 일어서서 해야 마땅하다. 그러나 여러 이유들 때문에 현실적으로 이것은 어려우므로 상징적으로 몇 순서에만 일어선다. 특히 봉헌 순서에서 일어서는 것은 물질만 아니라 우리의 삶을 드린다는 전인적(全人的) 헌신의 중요한 의미가 내포되어 있다.

(1) 말씀 예전
    전 주 ....반주자
  (예배위원들이 입장한다.)
  ※ 영접찬송 ....다같이
    (묵도로 예배를 열기 전에 영접 찬송을 부른다. 하나님이 임재하여 동참하는 예배를 기원하며, 예배를 드리는 우리가 마음이 하나되어 진정한 코이노니아의 시간이 되기를 바라는 순서이다. 영

접 찬송은 하나님의 임재를 기원하는 짧은 찬송을 선택하며 자주
바꾸지 않는다. 단상의 예배위원들이 착석한 후 집례자가 단 위
로 나오면 반주자는 즉시 해당 찬송의 전주를 시작한다.)
※ 묵 도 ···다같이
(묵도가 시작되면 반주자는 조용한 음악을 연주한다. 묵도는 우
리 한국교회에서 자생한 전통적인 예배의 첫 순서로 그 의미를
계속 살려 나가는 것이 좋다. 묵도할 때 강단 위의 작은 종을 쳐
서 예배 시작을 알리는 습관은 일제의 잔재라고 생각되어지므로
지양하는 것이 좋다. 대신 우리 타악기인 징을 치는 것을 고려해
볼 수 있다. 징은 세 번 침으로 삼위일체 하나님의 임재를 상징
적으로 표현하는 것이 좋다. 한국교회가 예배용 징을 새롭게 고
안해 낼 수도 있다.)
※ 예배의 말씀 ··인도자
(조용한 반주음악을 배경으로 인도자는 예배에 성 삼위 하나님의
초청과 강복을 기원하는 성경구절을 낭독한다.)
묵도송영 ··성가대
(묵도송영을 들으며 회중들은 자리에 앉는다.)
참회기도 ··다같이
(예배의 앞부분에 참회의 기도를 하게 함으로 예배하는 자들의
마음과 생각을 바르게 하고, 죄를 고백하여 순전한 마음으로 하
나님 아버지께 합당한 예배를 드리도록 한다. 다음과 같이할 수
도 있고, 또 인도자가 혼자서 참회를 유도하는 짤막한 기도문을
낭독한 뒤에 각자 기도하는 시간을 가질 수도 있다.)

집 례: 제사보다 순종을 원하시고, 예배 이전에 사랑과 화해를 명하신
주님! 이 시간 우리가 겸손히 우리의 허물과 죄를 고백하나이다.
회 중: 주여, 우리를 불쌍히 여기소서. 우리에게 자비를 베푸소서.
(각자 묵상하며 참회의 시간을 갖는다.)

사죄선언 ··· 인도자
(인도자는 사죄선언에 적당한 성경구절을 찾아 낭독한다. 사죄
선언이라는 말 대신 "용서의 확인"으로 바꾸어도 된다. 참회기도
후의 사죄선언은 합당한 예배를 위하여 죄를 고백한 회중에게 내
리시는 하나님의 용서와 은총의 말씀으로 매우 중요하다. 이로써
회중은 예배에 대한 정당성을 확보하게 되며, 하나님과 인간 사
이, 그리고 인간과 인간 사이에 죄로 인하여 막혔던 담이 무너지
고 완전한 일체감을 형성하게 된다.)

경배찬송 ·· 다같이
(예배의 정당성을 확보한 회중이 사죄선언에 대한 응답으로 부르
는 것이 경배찬송이다. 회중은 경배찬송을 통하여 다시 한번 예배
를 위한 바른 자세를 가다듬고 하나님의 은총을 찬양하게 된다.)

신앙고백 ··················· (사도신경) ······························ 다같이
(신앙고백은 기도가 아니므로 꼭 눈을 감고 할 필요는 없지만, 눈
을 감고 하는 습관이 나쁘다고 말할 수도 없다. 사도신경은 암송
대신 노래로도 할 수 있다.)

성시교독 ·· 인도자와 회중
(성시교독은 찬송가 뒤의 부록에서 고를 수도 있고, 다른 성경에
서 발췌할 수도 있다.)

예배를 위한 기도 ··· 장로/집사
(예배 중의 기도는 내용적으로 공동기도가 되어야 한다. 일반적
으로는 한 사람이 대표로 기도하는데, 이때도 나머지 회중은 그
기도를 듣는 자가 되어서는 안 되고, 오히려 기도에 동참하는 자
로서 그 기도 내용을 마음속으로 같이 따라서 해야 한다. 이때
목회에 관한 기도는 후에 목회자의 몫이므로 평신도가 하지 않는
것이 좋다.)

기도송영 ··· 성가대
성경봉독 ··· 인도자

(본래 기독교 예전에서는 성경낭독은 설교에 종속되지 않은 독립
적인 예배요소였다. 그러므로 성경봉독은 설교를 준비하는 심정
으로 미리 준비하여 읽는다. 큰 글씨에 따로 써서 실수없이 읽는
것도 좋다.)

찬 양 ·· 성가대
(설교 전에는 보통 성가대가 찬양함으로 설교를 돕는다. 이때 성
가대는 그 날의 설교 내용과 부합하는 찬양을 하는 것이 좋다.
그러나 우리 나라와 같이 찬양곡의 레퍼토리가 한정된 곳에서는
매주일 이렇게 하기가 어렵다.)

설 교 ·· 설교자
(말씀을 전하는 일은 설교자의 개인적인 설교철학과 역량에 관한
것이므로 어떤 법칙이 있을 수 없고, 있다 해도 실제적으로는 별
의미가 없다. 그러나 설교란 선택한 본문(Text)과 오늘의 상황
(Context)을 적절하게 연결시켜 하나님의 말씀을 통하여 인간이
죄사함의 확신과 새로운 희망과 자유를 체험할 수 있어야 한다.)

설교 후 기도 ·· 설교자
(설교 후에는 설교자가 기도할 수도 있고, 회중 각자가 주신 말씀
을 묵상하며 침묵의 기도를 할 수도 있다.)

결단의 찬송 ·· 다같이
(한국교회 중 대부분은 설교 후의 찬송에 대해 소홀히 하는 경향이
있는데 이는 고쳐져야 한다. 설교 후에 그 내용에 부합되는 찬송
을 부르게 하는 것은 회중들에게 말씀을 통하여 받은 감동을 배가
시킨다. 그러므로 음악이 인간에게 주는 감화력을 인정하는 목회
자들은 설교 후의 찬송 순서를 중시해야 한다. 설교 후에 곧바로
광고를 한다든가 헌금과 찬송을 병행시키는 것은 좋지 못하다.)

헌 금 ··· 다같이
(헌금위원들은 미리 잘 준비하고 훈련되어야 하며, 교회는 헌금
위원을 위한 명찰이나 가운을 준비한다. 헌금 순서 중 성가대나

독창자의 연주를 첨가할 수도 있다.)
※ 봉헌찬송 ··· 다같이
　　(봉헌찬송은 봉헌에 관계된 찬송을 짧게 1절만 부르든지, 복음성
　　가 중에서 적당한 것을 택할 수도 있다.)
※ 봉헌과 중재기도 ··· 인도자
　　(봉헌기도 시간에는 헌금에 관한 기도뿐만 아니라 목회자로서 회
　　중을 위한 중보기도를 겸한다. 병자들이나 어려운 교인들을 위하
　　여 특별히 공동으로 기도해야 할 제목들을 미리 생각했다가 이
　　시간에 담임목사가 기도한다.)
　봉헌송영 ··· 성가대
　　(봉헌송영을 들으며 회중은 자리에 앉는다.)

(2) 세례 예전

① 학습식 ··· 집례자
　호명입석 ··· 집례자
　　(세례받는 이는 호명하면 일어선다.)
　예식사 ··· 집례자

　　사랑하는 교우 여러분, 오늘 학습을 받는 이들은 교회가 그들의 신앙생활을 살핀 후에 적합하다고 판단되므로 학습식을 거행하고자 합니다. 모든 교우들은 이들이 믿음에 굳게 서기까지 기도와 권고와 교제로써 돕기 바랍니다.

　　서 약 ·· 집례자와 학습자

　　문 : 이제부터는 죄인된 생활을 버리고 참신이신 하나님만 믿고 섬기기로
　　　　서약합니까?
　　답 : 예.

문 : 예수님만이 우리를 죄악에서 구원할 구주이심을 확실히 믿습니까?
답 : 예.
문 : 성경을 하나님의 말씀으로 믿고 매일 공부하며, 그 말씀대로 순복하기로 서약합니까?
답 : 예.
문 : 주일을 거룩하게 지키고, 교회의 예법을 배우며, 어떠한 환경 중에서도 끝까지 주를 믿기로 서약합니까?
답 : 예.

기 도···집례자

죄인을 불러 의롭다 하시며 믿는 자들에게 영생을 주시는 하나님, 오늘 학습을 서약한 이들에게 끝까지 변치 않는 믿음을 허락하여 주시고, 하나님의 자녀답게 살아가게 하옵소서. 예수님의 이름으로 기도합니다. 아멘.

선 포···집례자

(호명 후에) 이분들은 오늘부터 본 ○○교회 학습교인이 된 것을 선포합니다. 성실히 배워서 세례교인이 되는 기쁨을 가지시기 바랍니다.

② 유아세례식 ···집례자
  호명입석 ···집례자
  (부모가 아이를 데리고 앞자리에 선다.)
  성경봉독 ············마가복음 10 : 14-16················집례자

예수께서 이르시되 어린아이들이 내게 오는 것을 용납하고 금하지 말라. 하나님의 나라가 이런 자의 것이니라. 내가 진실로 너희에게 이르노니 누구

든지 하나님의 나라를 어린아이와 같이 받들지 않는 자는 결단코 들어가지 못하리라 하시고, 그 어린아이들을 안고 저희 위에 안수하시고 축복하시니라.

예식사와 권면···집례자

이 예식은 그리스도께서 세우신 것입니다. 구약시대에 아브라함의 자손이 할례를 받을 특권이 있었던 것과 같이 복음의 은혜 아래 있는 성도의 자손에게도 이 예식에 참여할 특권이 있습니다.

주님께서 만국 백성에게 명하사 세례를 받으라 하셨고, 유아들에게 축복하사 천국의 백성은 이와 같아야 한다고 하셨습니다. 복음은 성도와 그 집안에 미친다 하셨고, 사도들도 이와 같이 한 집안의 모든 식구들에게 세례를 베풀었습니다.

오늘 유아세례를 받는 아이들의 부모들은 하나님의 말씀으로 자녀를 잘 양육하고 믿음의 본이 되는 생활을 하여, 자녀들이 장성하여 스스로 믿음을 고백할 때까지 그들을 위하여 기도해야 할 것입니다.

서 약·····································집례자와 수세자 부모

문 : 여러분은 이 자녀를 예수 그리스도의 피로 씻음과 성령의 새롭게 하는 은혜를 받아야 할 것을 믿습니까?
답 : 예.
문 : 여러분은 지금 완전히 이 자녀를 하나님께 바치고 겸손한 마음으로 하나님의 은혜를 의지하며, 친히 경건한 본을 보이기를 힘쓰며, 그리스도 안에서 믿음으로 양육하기로 서약합니까?
답 : 예.

세 례···집례자

예수 그리스도를 구주로 믿는 이의 자녀 ○○○에게 내가 성부와 성자와 성령의 이름으로 세례를 주노라. 아멘.

기 도···집례자

자비하신 하나님 아버지, 성도의 가정에 귀한 자녀를 주셨고 부모들로 하여금 그 자녀들의 신앙을 위하여 힘쓰게 하심을 감사드립니다. 오늘 세례받은 어린이들에게 복을 주시고, 이 땅에 사는 날까지 모든 위험에서 지키시고, 악의 세력으로부터 보호하셔서 이들을 통하여 하나님의 뜻이 이루어지는 귀한 역사가 있게 하옵소서. 예수님의 이름으로 기도합니다. 아멘.

선 포···집례자
(유아세례 받은 이들을 호명한 후에)

오늘 세례받은 어린이들은 본 ○○교회의 유아세례 교인이 된 것을 성부와 성자와 성령의 이름으로 선포하노라. 아멘.

③ 세례식 ···집례자
호명입석 ···집례자
(세례받는 이는 호명하면 일어선다.)
예식사 ···집례자

세례는 우리가 예수 그리스도와 연합하여 새 생명을 얻는 표로 받는 것입니다. 세례는 예수 그리스도의 명령이므로 누구든지 교회공동체의 일원이 되기 원하는 자들은 이 예식을 받아들여 참여해야 합니다. 오늘 이 거룩하고 기쁜 예식에 참여하는 분들을 진심으로 축하하며 우리 모두 엄숙하게 이 예식에 동참합시다.

성경봉독 ····················· 로마서 6 : 3-6 ······················ 집례자
            (요 3 : 1-8, 행 2 : 38-42)

무릇 그리스도 예수와 합하여 세례를 받은 우리는 그의 죽으심과 합하여 세례를 받음으로 그와 함께 장사되었나니, 이는 아버지의 영광으로 말미암아 그리스도를 죽은 자 가운데서 살리심과 같이, 우리로 또한 새 생명 가운데서 행하게 하려 함이니라. 만일 우리가 그의 죽으심을 본받아 연합한 자가 되었으면, 또한 그 부활을 본받아 연합한 자가 되리라. 우리가 알거니와 우리 옛 사람이 예수와 함께 십자가에 못박힌 것은 죄의 몸이 멸하여 다시는 우리가 죄에게 종노릇 하지 아니하려 함이니라(롬 6 : 3-6).

서 약 ································ 집례자와 수세자(부모)

문 : 여러분은 하나님 앞에 죄인인 줄 알며, 그 진노를 면치 못할 줄 알고, 그의 크신 자비하심에서 구원얻을 것 외에 소망이 없는 줄을 믿습니까?
답 : 예.
문 : 여러분은 그리스도께서 하나님의 아들되심과 죄인의 구주가 되신 줄 믿으며, 복음에 말한 바와 같이 구원하실 이는 오직 예수뿐이신 줄 알고 그를 믿으며, 그에게만 의지하기로 서약합니까?
답 : 예.
문 : 여러분은 지금 성령의 은혜만 의지하고 그리스도를 따르는 자가 되고, 모든 죄악을 버리고 그의 가르침과 본을 따라 살기로 서약합니까?
답 : 예.
문 : 여러분은 교회의 관할과 치리에 복종하고 교회에 덕을 세우는 일에 힘쓰며, 교인으로서의 의무와 권리를 바르게 행사하기로 서약합니까?

답 : 예.

세 례 ·· 집례자

예수 그리스도를 구주로 믿는 ○○○에게 내가 성부와 성자와 성령의 이름으로 세례를 주노라. 아멘.

기 도 ·· 집례자

거룩하신 하나님 아버지, 오늘 주님의 명령을 받들어 세례에 참여한 사랑하는 자녀들을 복 주시고, 오늘의 감격과 감사의 마음으로 일평생 하나님께 헌신하며, 교회의 지체로서 하늘 시민답게 살아가게 하옵소서. 예수님의 이름으로 기도합니다. 아멘.

선 포 ·· 집례자
(세례받은 이들을 호명한 후에)

이분들은 오늘 주님이 명하신 대로 세례를 받고 ○○교회의 세례교인이 된 것을 성부와 성자와 성령의 이름으로 선포하노라. 아멘.

(3) 성찬 예전

준비의 기원 ·· 집례자와 회중

집례자 : 우주만물의 주인되시는 하나님, 우리가 주님의 위대하심을 찬양하나이다. 주께서 이 땅의 인간에게 노동의 수고와 즐거움을 허락하사 그 열매로 이 떡을 주셨사오니, 이 떡이 곧 생명의 떡이 되게 하옵소서.
회 중 : 우리가 주님을 영원토록 찬양하나이다.
집례자 : 우주만물의 주인되시는 하나님, 우리가 주님의 위대하심을

찬양하나이다. 주께서 이 땅의 인간에게 노동의 수고와 즐거움을 허락하사 그 열매로 이 음료를 주셨사오니 이 음료가 곧 생명의 피가 되게 하옵소서.

회 중: 우리가 주님을 영원토록 찬양하나이다.

집례자: 씨앗 하나가 썩어 많은 열매를 맺고, 그 열매들이 다시 모여 이 상 위의 떡과 음료가 된 것같이, 우리도 주님을 위하여 썩어지게 하시고, 하나로 뭉쳐서 생명의 복음을 전하는 도구가 되게 하옵소서.

회 중: 마라나타! 주 예수여 오시옵소서.

성찬찬송 ················ 284장(1, 2절) ························· 다같이

1. 주 예수 해변서 떡을 떼사/무리를 먹이어 주심같이/
영생의 양식을 나에게도/풍족히 나누어 주옵소서.
2. 생명의 말씀인 나의 주여/목말라 주님을 찾나이다/
해변서 무리를 먹임같이/갈급한 내 심령 채우소서.

식탁에의 초대 ·· 집례자와 회중
(전통 예전 중 마음을 들어올린다는 의미의 수르슘 꼬르다
〈Sursum corda〉에 해당함.)

집례자: 주님을 향하여 여러분의 마음을 들어올리십시오.
회 중: 우리의 마음을 주님께 들어올리나이다.
집례자: 우리 모두 주님께 감사드립시다.
회 중: 주님께 감사와 찬양을 드리는 것이 마땅하나이다.

거룩송영 ··················· 9장(4절) ························· 다같이
(전통 예전 중 성 삼위의 거룩하심을 노래하는 상투스〈Sanctus〉

에 해당함.)

거룩 거룩 거룩/전능하신 주여/천지 만물 모두 주를 찬송합니다/
거룩 거룩 거룩/전능하신 주여/성삼위일체 우리 주로다. 아멘.
성령임재의 기원 ··집례자와 회중
(전통 예전 중 성만찬 예물에 성령의 임재를 기원하는 에피클레시스〈Epiclesis〉에 해당함.)

　　집례자 : 전능하시고 만물을 주관하시는 하나님! 영광을 세세 무궁토록 받으시기에 합당하신 주님! 우리가 주님을 찬양하나이다. 모세와 예언자들을 감동시키셨으며, 동정녀 마리아를 은혜로 순종케 하시고, 요단강에서 예수님 위에 강림하셨고, 오순절에 사도들에게 내리셨던 생명의 성령을 오늘 우리의 성만찬 위에 보내 주옵소서. 불 같은 성령께서 오셔서 이 식탁이 성별되게 하시고, 이 떡과 음료가 우리를 위하여 영원한 생명의 양식이 되게 하옵소서.
　　회　중 : 창조주 성령이여, 이 자리에 오시옵소서.

주기도 ··다같이
성찬 제정사 ··다같이

　　집례자 : 주 예수께서 잡히시던 날 밤에 떡을 손에 드시고 감사의 기도를 드리신 후에 떡을 떼시어 그의 제자들에게 주시며 말씀하셨습니다. "이것은 너희를 위하는 내 몸이니, 이것을 행하여 나를 기념하라." 또 식후에 잔을 드시고 감사의 기도를 드리신 다음 말씀하셨습니다. "이 잔은 내 피로 세운 새 언약이니 이것을 행하여 마실 때마다 나를 기념하라." 우리가 이 떡을 먹으며 이 잔을 마실 때마다 주님의 죽으심을 오실

때까지 기억하고 전파해야 할 것입니다.

회 중 : 주 예수님! 우리가 주님의 죽으심을 기억하고 선포하며, 주님의 부활을 기뻐하나이다. 주님께서 영광 중에 다시 오심을 우리가 고대하나이다.

권면의 말씀 ············ 성찬의 의미와 목적 ························ 집례자
신앙고백 ··· 다같이
떡과 음료를 나눔 ·· 집례자와 장로
(교인들이 차례로 나와 먼저 떡을 받고 다음에 음료를 받게 한다. 큰 교회에서는 부목사들을 보조 인도자로 세워 통로 여러 곳에서 동시에 실시한다. 또는 목사에게서 떡과 음료를 받은 성찬위원들이 교인들에게 분배할 수도 있다.)
성찬 후 감사기도 ··· 집례자
알림과 친교 ··· 인도자
(이 시간은 단순히 교회소식을 알리는 광고시간이 아니라 교회 식구들의 경조사, 새신자 환영, 옆사람과의 문안인사, 간증, 찬양의 시간, 그 밖의 다채로운 친교행사가 동원되어 축제로서의 예배의 본질을 찾는 시간이 되어야 한다.)
다짐말씀 ··· 인도자와 회중
(축도로 예배를 파하기 전에 다짐말씀이라는 순서를 갖는다. 이 다짐말씀의 목적은 교회 안에서 행해진 회중예배를 교회 밖의 생활예배로 연결시켜 교회 안의 삶과 교회 밖의 삶의 일치를 강조하며, 주신 말씀과 감동이 생활 속에서 그대로 생명력을 발휘하게 만드는 데 있다. 교회 안의 회중(會衆)은 교회문을 나서는 순간부터 곧 민중(民衆)이요 대중(大衆)이다. 그러므로 교회 안의 회중에게 교회 밖의 삶 속에서 빛과 소금의 역할을 감당하도록 권면하는 말씀은 아무리 강조해도 부족하다. 다음과 같이할 수 있다.)

인　도 : 이제 여러분의 삶의 현장으로 가서 소금과 빛의 역할을 감당
　　　　하며, 사랑과 화해의 사도로 살아가십시오.
회　중 : 아멘, 주 예수여 우리와 함께하소서.
인　도 : 주님의 평화가 여러분과 함께하시기를 빕니다.
회　중 : 주님의 평화가 목사님에게도 함께하시기를 빕니다.

주기도문 ·· 다같이
(다짐말씀 후에 주기도문을 함으로써 이제 세상에 나가 살 동안
에 하나님의 이름을 드높이고, 그 뜻을 이루며, 그 나라의 확장을
위하여 노력할 것을 다짐하며, 하나님의 보호와 인도, 죄용서와
일용할 양식을 구한다. 이 주기도문을 노래로 할 경우에는 아래
마침 찬송을 생략한다.)

※ 마침찬송 ·· 다같이
(마침찬송은 회중예배의 감동이 생활예배로 이어지도록 하는 중
요한 역할을 한다. 따라서 그 내용은 세상에 나가 살 동안에 주
님 뜻을 이루며 빛과 소금으로 살아갈 것과, 하나님의 보호와 인
도하심을 요청하는 것이어야 한다.)

※ 축　도 ·· 목　사
(본래 기독교 전통 예전에서는 예배 마지막에 민수기 6 : 24 - 26
의 "아론의 축도"를 사용하였다. 그러나 한국 교회에서는 대부분
고린도 후서 13 : 13의 축복의 내용을 축도로 사용하고 있다.)

※ 축도송영 ·· 성가대
(축도 후 마침가락으로 모든 회중 예배순서가 끝난다. 이때도 단
상 위의 종을 치기보다는 우리 전통악기인 징을 쳐서 끝내는 것
이 더 바람직하다.)

후　주 ·· 반주자
(예배위원들은 후주가 시작되면 교인들에 앞서 퇴장한다.)

9. 연 도

연도(Litany)는 답창하는 기도로서 감사, 찬양, 기원을 표현하는 내용을 담고 있다. 예배순서 가운데 들어갈 연도의 실례를 다음과 같이 몇 가지 소개하고자 한다. 주일예배 순서에 사용할 수도 있고, 성찬식 순서에도 사용할 수 있다. 실례를 든 것과 같이 형식에 맞추어 각자가 만들어 사용하되 교회력에 알맞는 연도가 되도록 작성해서 쓸 수 있다.

1) 고백기도

목 사 : 전능하신 하나님, 당신은 거룩하고 선하시어 우리의 생활을 정하게 하시며, 우리로 하여금 용감한 제자가 되게 하셔서 모든 세상으로부터 오는 유혹과 시험을 이기고 주님만 섬기게 하옵소서.

회 중 : 아멘.

목 사 : 우리로 하여금 진리와 아름다움을 멸시하는 것으로부터, 타산적이고 감정적인 마음으로부터, 비천하고 흉악한 것들과 상종하는 것으로부터,

회 중 : 오! 하나님, 우리를 구원하여 주시옵소서.

목 사 : 우리의 비겁함과 게으름, 오만한 생각, 거짓된 삶, 불성실함, 우둔함과 무례한 것과 이웃을 멸시한 것과 관용하지 못한 것과 형제들을 멸시한 것으로부터,

회 중 : 오! 주여, 우리를 구원하여 주시옵소서.

목 사 : 우리의 이기심과 방종과 사랑받기를 원하는 자들을 돌보

지 않은 것, 빛보다 어두움을 좋아한 우리의 모든 잘못을,

회 중 : 오! 자비로우신 하나님, 생명의 빛이 되시는 주님, 우리를 용서하여 주옵소서.

2) 중재의 연도

목 사 : 전능하신 우리의 아버지 하나님, 우리가 구하기 전에 우리의 소원을 아시며, 우리의 요구를 간구하기 전에 응답해 주시는 주님이심을 아나이다. 우리의 마음을 성령을 통하여 우리의 이웃으로 향하게 하시옵소서.

회 중 : 아멘.

목 사 : 이 세상 모든 만물이 선을 위하여 협동하게 하옵소서.

회 중 : 모든 만물이 당신을 찬양케 하옵소서.

목 사 : 당신의 몸된 교회가 이 땅 위에 당신의 뜻을 성취시키는 복의 기관이 되게 하옵소서.

회 중 : 오! 주님이시여, 교회가 항상 당신만을 섬기게 하옵소서.

목 사 : 우리는 당신을 믿지 않는 이들과 당신에게 등을 돌린 자들을 위하여 기도합니다.

회 중 : 오! 하나님 아버지시여, 믿음으로 모든 의심을 정복하게 하옵소서.

목 사 : 우리는 세계 평화를 위하여 기도합니다. 이 땅 위에 무장을 해제시키며, 총소리를 잠잠케 하옵소서. 모든 민족과 국가의 지도자들의 마음속에 선을 이루게 하옵소서.

회 중 : 오! 하나님, 이땅 위에 참된 평화를 주시옵소서.

목 사 : 우리는 굶주리고 헐벗은 자들을 위해 기도합니다. 우리로 하여금 진정 그들의 이웃이 되어 같이 고통을 나누는 자가 되게 하옵소서.

회 중 : 오! 주님이시여, 가난하고 불쌍한 이들을 보살펴 주시옵소서.

목 사 : 우리는 버림을 당하여 쓸쓸하고 고독한 이들을 위하여 기도합니다. 그들을 기억해 주시고 친구가 되어 주셔서 당신께서 그들을 돌보시고 계시다는 것을 알게 하옵소서.

회 중 : 오! 하나님, 외로운 이들을 찾아 위로하여 주시옵소서.

목 사 : 우리는 우리의 가족과 양친과 어린이들을 위해 기도합니다. 서로가 존경하고 자유를 누리게 하옵시고, 서로가 이해하고 동정하면서 아름다운 가정이 되어 이웃에게 주의 뜻을 전하는 도구가 되게 하옵소서.

회 중 : 오! 하나님 아버지시여, 당신의 사랑으로 가족들을 지켜 주옵소서.

목 사 : 우리는 젊은이와 노인들을 위해 기도합니다. 성급한 젊은이들에게는 진실된 이상을, 노인들에게는 새로운 것에 대한 개방성을 주셔서 두 세대가 다 당신의 이름을 찬양케 하옵소서.

회 중 : 오! 하나님, 젊은이와 노인의 몸과 마음이 연합하게 하소서.

목 사 : 우리는 이 세계의 모든 인류를 위하여 기도합니다. 그들이 모두 하나님의 자녀가 되어 만유의 주시며, 세계의 구주가 되시는 예수 그리스도 안에서 예비된 기업을 누리게 하옵소서.

회 중 : 전능하신 하나님, 우리와 함께 기도하시며 우리를 위해서 기도하시고 영원한 찬양을 받으실 예수 그리스도의 이름으로 기도하나이다.

일 동 : 아멘.

3) 감사절의 연도

목 사 : 주는 선하시며 인자하시니 감사와 찬양을 돌릴지어다.

회 중 : 그의 사랑은 영원하시도다.
목 사 : 오라, 우리가 즐겁고 기쁜 마음으로 찬양하자.
회 중 : 우리는 아름다운 세계와 보이는 것과 보이지 않는 작고 큰 모든 아름답고 기이한 것에 대하여,
회 중 : 하나님 아버지, 당신께 감사를 돌리나이다.
목 사 : 우리는 하나님께서 아름답게 지으신 이 세계에서 먹고 마시며, 어려우나 즐거우나 항상 당신과 같이 살게 해 주심을,
회 중 : 오! 하나님 아버지, 감사를 돌리나이다.
목 사 : 우리는 당신이 아름다운 가정을 허락하셔서 함께 먹고, 함께 잠자리에 들 수 있도록 해주신 것을,
회 중 : 오! 하나님, 당신의 은혜를 감사하지 않을 수 없나이다.
목 사 : 우리가 의심이 생기고, 애통할 때에 당신께서 도와주신 것을, 우리의 질병을 고쳐 주시고, 유혹과 시험의 올무에서 우리를 보호해 주시고 건져 주심을,
회 중 : 하나님 아버지, 감사를 돌리나이다.
목 사 : 우리는 교회에서 신앙을 유지하며 주 안에서 성도들과 함께 교제할 수 있게 된 것을,
회 중 : 오 하나님, 당신께 찬양을 돌리옵니다.
일 동 : 아멘.

4) 교회를 위한 연도

목 사 : 전능하신 하나님, 당신은 믿음의 터 위에 교회를 세워 주셨음을 감사드립니다. 우리가 믿는 모든 것의 토대가 되어 주시고 모퉁이 돌이 되어 주신 당신께 찬양을 드립니다.
회 중 : 하나님 아버지, 당신께 찬양을 돌리옵니다.
목 사 : 아브라함과 이삭과 야곱의 신앙을 계승하며, 당신의 백

성을 노예의 생활에서 출애굽시키고 그들의 마음속에
법을 세워 주신 모세에 대하여,
회 중 : 하나님 아버지시여, 당신께 찬양을 돌리나이다.
목 사 : 당신의 말씀을 선포하며 우상의 예배에서 당신의 백성
을 불러낸 예언자들에 대하여,
회 중 : 하나님 아버지, 당신께 찬양을 돌리나이다.
목 사 : 당신의 아들, 예수 그리스도의 오심을 예언하고 그의 탄
생의 길을 예비한 이들에 대하여,
회 중 : 하나님 아버지시여, 당신께 찬양을 돌리나이다.
목 사 : 우리의 죄를 대속하기 위해 말구유에 탄생하시고, 온갖
수모와 고난을 받다가 십자가에 못박혀 죽으시고, 사흘
만에 죽은 자 가운데서 다시 사신 우리의 구주 예수님,
회 중 : 오! 사랑의 하나님, 당신께 참으로 찬양을 돌리나이다.
목 사 : 오늘날 우리가 복된 기쁜 소식을 받을 수 있도록 생명을
바치신 사도들과 순교자들에 대하여,
회 중 : 오! 전능의 하나님, 당신께 찬양을 돌리나이다.
목 사 : 우리를 많은 사람들 중에 당신의 백성으로 택하여 주시
고 구원받은 백성으로 인쳐 주심을,
회 중 : 오! 사랑과 자비가 많으신 살아 계신 하나님, 당신께 진
심으로 감사와 찬양을 돌리나이다.
목 사 : 당신의 피로 값주고 사신 몸된 교회를 세우시고, 당신의
뜻을 이 땅 위에 선포하는 도구로 우리를 사용해 주심에
대하여,
회 중 : 오! 반석이 되시는 하나님, 당신께 감사와 찬양을 돌리
나이다.
목 사 : 우리는 예수 그리스도로부터 부름을 받아 택함을 입고
세워졌으며, 축복을 받아 연합한 당신의 교회입니다. 우
리를 도우사 우리가 모든 것에서 당신의 유익한 종이 되

게 하여 주소서.
회 중 : 우리는 당신의 선택된 백성이요, 왕 같은 제사장이요, 거룩한 나라요, 그의 소유된 백성이며, 성령이 거하시는 성전이며, 그리스도의 몸이옵니다.
목 사 : 전능하신 하나님께 감사를 돌릴지어다.
회 중 : 아멘. 할렐루야!

5) 세계 평화를 위한 연도
목 사 : 하나님 아버지, 전세계의 국가, 민족이 한 언어와 사상과 피부를 갖고 있지 못한 것을 기억하소서. 당신의 구원에 장애가 되는 모든 악으로부터 우리를 구원하소서. 예수 그리스도를 통하여 이 땅 위에 참된 평화를 약속대로 성취시켜 주시옵소서.
회 중 : 아멘. 할렐루야!
목 사 : 전쟁을 유발시키는 모든 악과 당신을 배반하는 자만심으로부터, 당신을 주로 받아들이지 않는 불신앙으로부터,
회 중 : 오! 방패가 되시는 하나님, 우리를 구원해 주시옵소서.
목 사 : 애국심으로 가장하는 국가적인 허영과 자기 숭배와 타협을 거부하는 독선과 남을 억누르고 자기 이익을 구하는 이기심으로부터,
회 중 : 오! 사랑의 하나님, 우리를 구하여 주시옵소서.
목 사 : 전쟁의 무기를 믿고 평화적 회의를 불신하며, 불화와 편견과 증오를 조장하는 언행과 평화에 대한 당신의 약속을 성취하지 못하게 방해하는 모든 것으로부터,
회 중 : 오! 하나님, 우리를 구하여 주시옵소서.
목 사 : 상한 자를 싸매어 주고, 굶주린 자를 먹이며, 평화를 위하여 애쓰며 수고하는 모든 이들을 위하여,

회 중 : 오! 하나님 아버지, 우리 시대에 평화를 주시옵소서.
목 사 : 영원하신 하나님, 우리를 사용하셔서 당신의 거룩한 뜻을 성취하게 하소서. 능력과 영광이 영원히 당신의 것이오니 모든 민족이 당신의 사랑의 지배 밑에서 살 날이 어서 임하게 하시옵소서.
회 중 : 아멘. 할렐루야!

제 7 장
예배행위의 제 요소

한국교회는 예배의 행위는 있으나 그 행위에 대해서는 구체적으로 알지 못한 채 예배를 진행하고 있다. 예배학적인 이론을 모르고 예배를 진행하기 때문에 통일성이 없고, 목회자 마음대로 예배가 이루어지고 있다. 그래서 예배의 제 요소에 대해 알아야 할 필요성이 있는 것이다.

1. 전 주

전주는 예배가 시작되기 전에 갖는 오르간이나 피아노 연주자의 연주 순서이다. 이 전주는 예배에서 부수적인 것이 아니며, 또 교인들이 자리를 잡는 동안이나 교인들이 모여들 때까지의 순서를 메우기 위한 것도 아니다. 이것은 예배행위의 한 부분으로서 예배를 준비하기 위한 시간 여유이다.

전주에 대해 도날드 케트링(Donald D. Kettring)은 "전주는 10시 45분에 시작하고 연주자는 조용히 연주해야 하며 끝나기 4분 전에도 조용한 음악으로 연주해야 한다. 연주자는 적어도 예배시각 2분 전에는 전주를 끝내야 한다."라고 말했다.

전주는 아무리 늦어도 예배시각 10분 전에는 시작되어야 하며, 사회자의 '개회' 선언이 있기 전에 끝내야 한다. 사회자와 연주자는 서로 시간 조절을 잘해야 한다.

그러면 전주가 계속되는 동안 예배자는 무엇을 해야 하는가? 예배당 안에 들어온 교인들, 즉 예배자들은 조용히 묵상기도를 하면서 마음으로 예배를 준비해야 한다. 예배는 '기다림'에서 시작된다. 이 기다림은 예배를 시작하는 시간을 기다리거나 사회자의 어떤 지시나 선언을 기다리는 기다림이 아니라, 하나님의 부르심과 하나님의 말씀을 기다리는 것을 말한다.

한국교회는 예배당 안에 들어와서 잠깐 하나님 앞에 '안녕'(?)하는 기도를 하고는 옆사람들과 이야기하기가 바쁘기 때문에 사회자가 "묵도함으로 예배를 시작한다."는 말을 할 수밖에 없는 것은 아닐까?

2. 묵도

한국교회는 묵도함으로 예배가 시작되나 이 묵도는 이미 전주에서 시작되었기 때문에 다시 "묵도로 예배를 시작한다."는 선언은 있을 수 없다.

묵도는 원래 기독교 예배의 순서에 없었다. 아마 일본의 신도(神道)나 혹은 무속종교에서 유래한 것이 아닌가 추측될 뿐이다. 이 묵도는 전주가 계속되는 동안 묵상으로 기도하는 순서이다.

반면 성경을 낭독한 후 또는 설교 후에 말씀을 묵상하면서 기도하는 순서는 예배에 있었다.

3. 개회찬송

예배는 개회찬송으로써 시작된다. 이 순서는 예배의 부름이며 전체 예배의 분위기를 조성한다. 찬송으로 예배자의 마음문을 열게 되며 예배의 대상인 하나님을 찬양케 되는데, 이 찬송은 강하고 기쁘고 힘이 넘쳐야 하며 위엄이 있어야 한다. 이 개회찬송은 하나님의 속성, 즉 거룩함이나 전능하심 등에 초점을 두고 예배자에게 강조되어야 한다.

개회찬송은 현재 한국 찬송가의 앞부분에 있는 '예배찬송'에서 선택되어야 한다. 어떤 교회는 이 찬송을 헌신찬송이나 선교, 봉사 등의 찬송 중에서 선택하는 교회도 있다.

개회찬송시에는 전체 예배자가 기립하여 찬송을 하고, 예배담당자는 성가대를 앞세워 찬송을 부르면서 입장을 한다. 성가대는 성가대석으로 가고 순서 담당자는 등단한다. 찬송이 끝나면 회중은 서 있고 사회자는 '예배의 말씀'의 순서로 넘어가게 되는 것이다.

4. 예배의 말씀

'예배의 말씀'(Call to Worship)이란 하나님이 예배자를 부르신다는 의미이다. 이 순서는 하나님과 예배자 사이의 대화로써 상호 교환이 이루어지는 예배가 되게 한다. 그러므로 예배자는 하나님의 말씀, 하나님의 부르심의 말씀을 기다려야 한다. 로마 가톨릭교회에서는 종을 침으로써 예배에의 부름이 시작되었다.

이 순서에서 예배 인도자는 적절한 음성으로 말씀을 낭독하여 하나님이 하나님이심을 알게 하고, 그의 백성인 예배자와 속삭임이 되게 해야 한다. 예배의 말씀은 너무 길어도 안 된다. 성경의 한 절에서 세 절 이상 넘어가지 않게 하되, 시간적으로 예배의 말씀과 기원기도가 합해서 1분 이내로 끝나야 한다. 또 이것은 교회력에 맞추어 성경에서 선택되어야 한다.

성경에서 선택될 예배의 말씀은 다음과 같다.

- 개회에 필요한 성구(일반적인 것) : 시편 19 : 1, 이사야 55 : 6-7, 요한복음 4 : 23-24, 시편 24 : 1-2, 미가 6 : 6-8, 시편 24 : 3-4,

46 : 1-3, 100 : 1, 118 : 24, 121 : 1-2.
　- 찬양에 대한 성구 : 유다서 1 : 24-25, 에베소서 3 : 20-21, 요한계시록 1 : 5-6, 시편 57 : 11, 베드로 전서 1 : 3-4.
　- 대림절과 성탄절에 대한 성구 : 누가복음 2 : 10-11, 14, 요한복음 1 : 14, 요한 일서 4 : 9, 3 : 16, 이사야 9 : 6, 60 : 1-3.
　- 부활절에 대한 성구 : 요한복음 11 : 25-26, 베드로 전서 1 : 3-4, 고린도 전서 15 : 20-22, 골로새서 3 : 1-3.
　- 고백과 회개에 대한 성구 : 시편 51 : 1-4, 79 : 9, 139 : 23-24, 143 : 1-2, 요한 일서 1 : 8-9.

5. 기원기도

　기원기도는 예배의 말씀 순서에 이어지는 순서로서, 예배에서 성령의 임재와 능력을 내용으로 하는 기도이다. 앞서 말한 바와 같이 예배의 말씀의 순서와 기원기도는 모두 1분 이내로 끝나야 한다.
　기원기도의 내용을 소개하면 "전능하신 하나님 아버지! 복된 안식일, 성일을 허락해 주셔서 사방으로 흩어졌던 성도들이 한자리에 모여 예배 드리게 하시니 감사합니다. 마음과 정성과 뜻을 다하여 하나님이 기뻐하시는 예배를 드리게 하옵소서. 이시간 성령께서 우리의 마음에 임재하시고 무리 가운데 임재하셔서 주님께 예배를 드리도록 인도하여 주시옵소서. 예수의 이름으로 기원하옵나이다. 아멘." 하고 간단히 기원기도를 한다. 이 기원기도에 이어 '주기도문'을 암송하는 순서로 넘어갈 수 있다.
　현재 한국교회는 이 기원기도가 제대로 시행되지 않고 있다 사회자가 기원기도를 할 때 거의 다 일반 기도를 한다. 기원기도에 순서 담당자를 위한 기도나 죄의 고백기도 등을 내용으로 해서는 안 된다. 특히 헌신예배를 드릴 때 '예배의 말씀'을 길게 낭독하고, 또 '기원기도'를 일반 기도와 같이 하는 예가 많이 있는데, 이것은 시정되어야 할 점이다.

6. 성경낭독

"예수께서 그 자라나신 곳 나사렛에 이르사 안식일에 자기 규례대로 회당에 들어가서 성경을 읽으려고 서시매"(눅 4 : 16, 그 외에 느 8 : 1-12, 행 13 : 15, 15 : 31, 골 4 : 16, 딤전 4 : 13, 계 1 : 3 등 참조).

성경낭독은 공예배에 없어서는 안 될 중요한 요소로서 하나님께서 직접적으로 그의 백성에게 말씀하시는 것이다. 따라서 하나님의 말씀을 직접 듣는다는 마음으로 이 순서에 참여해야 한다. 어떤 교파나 교회는 이 시간에 예배자들을 기립시키기도 한다. 왜냐하면 하나님의 말씀을 편안히 앉아서 받을 수 없다는 생각에서이다.

성경낭독은 설교의 본문을 읽되, 설교와 관련하여 예배의 통일성을 가지게 하는 데는 유익하지만, 단순히 설교 본문을 소개하는 것으로 끝나서는 안 된다. 그러므로 성경낭독 순서 그 자체가 예배의 독립된 요소라고 이해해야 한다. 그래서 설교 본문이 한 절 또는 두 절일지라도 성경낭독시에는 한 문단 모두를 읽어야 한다.

성경낭독을 성서일과에 따라 낭독하는 교회가 많다. 특히 성공회, 루터교회, 독일 교회 전체가 그러하다.

이 성서일과는 4세기경에 확립되어 예배 때 사용한 것이 그대로 전해진 것이다. 성서일과에 보면 대체적으로 구약성경 한 곳과 신약성경 두 곳, 즉 복음서와 서신에서 취하여 교회력에 맞추어 낭독하고 있다. 이렇게 성경을 낭독하면 삼년이면 성경의 중요 부분을 다 읽게 되는 유익이 있다. 옛날에는 성경을 개인이 소유하는 데 어려웠고, 또 글을 읽는 사람이 적었기 때문에 성경낭독 순서가 오늘날보다도 훨씬 중요시되었던 것이다.

성경낭독은 형식적으로, 마지못해 습관적으로 낭독해서는 안 된다. 주의깊게, 의미있고 분명하게, 모든 회중에게 살아 있는 하나님의 말씀이 되게 낭독하여 듣는 자에게 영감을 줄 수 있어야 한다.

이 순서를 반드시 목사가 담당할 필요는 없다. 회중 가운데서 낭독에 소질이 있고 신앙생활에 모범이 될 만한 직분을 가진 사람이 낭독하면 좋을 것이다.

성경낭독은 구약성경과 신약성경의 말씀을 다 읽어야 한다. 설교 본문이 구약이면 그에 부합되는 신약을 찾아 읽는다. 신약이면 구약에서 찾아 각각 읽는다. 이것은 신·구약성경이 둘이 아니고 하나이기 때문이다.

7. 신앙고백(사도신경)

신앙고백인 사도신경을 예배순서에 넣어 암송하는 것은 유익한 일이다. 사도신경을 암송하는 것은 하나님의 말씀의 계시에 대한 교회의 신앙고백일 뿐 아니라 심리적으로나 논리적으로나 신앙적인 면에서 볼 때 적합한 것으로 생각된다. 이 암송은 회중에게 신앙의 귀중한 전통을 생각하게 하고 신앙과 성경의 교리체계를 자각시킴과 동시에 불신자에게 신앙을 증거하는 계기가 되기 때문이다.

한국교회에서는 개회 또는 설교 전에 이 순서를 넣어 암송하고 있는데 예배학적, 성서적인 면에서 볼 때 성경낭독 후 또는 설교 후에 넣어야 올바르다. 왜냐하면 사도신경은 사도들이 성경에 근거하여 고백한 것이기 때문이다. 사도신경이 성경에 없기 때문에 인정하지 않는 교파도 있고, 제도적으로 인정하지 않기 때문에 예배순서에 넣지 않는 교회도 있다. 그러므로 이 순서는 성경낭독 후 또는 설교 후에 넣어 진행하는 것이 타당하다.

사도신경은 헨리 7세(Henry Ⅶ)에 의해 승인된 것으로서, 베네딕트 8세가 보급시킬 때인 1014년까지 로마 교회의 미사에 들어가지 못했다. 5세기 전 성찬식 때도 사도신경은 없었으나 473년 안디옥에서 성찬식에 들어가 사용되었다. 칼케돈 공의회를 반대하여 니케아 공의회를 지지하는 그리스도 단성론자들의 신앙을 강조하기 위해 성찬식 때 최초로 사용하게 된 것이다.

제자들의 사도신경 고백을 보자.

전능하사 천지를 만드신 - 요한
하나님 아버지를 내가 믿사오며 - 베드로
그 외아들 우리 주 예수 그리스도를 믿사오니 - 야고보
이는 성령으로 잉태하사 동정녀 마리아에게 나시고 - 안드레
본디오 빌라도 십자가에 못박혀 죽으시고 - 빌립
장사한 지 다시 살아나시며 - 도마
하늘에 오르사…… 앉아 계시다가 - 바돌로매
저리로서…… 심판하러 오시리라 - 마태
성령을 믿사오며 거룩한 공회와 - 알패오의 아들 야고보
성도가 서로 교통하는 것과 죄를 사하여 주시는 것과 - 시몬
몸이 다시 사는 것과 - 유다
영원히 사는 것을 믿사옵나이다 - 맛디아

제자들의 사도신경을 희롱하기 위해 쓴 불트만(Bultmann)의 사도신경을 보자.

예수 그리스도를 믿사오며, 하나님의 외아들은 아니오나, 우리 주를 믿사오니 이는 성신으로 잉태하지 않으사 동정녀 마리아에게 나시지 않고, 본디오 빌라도에게 고난을 받으사 십자가에 못박혀 죽으시고, 장사한 지 삼일 만에 죽은 자 가운데서 다시 살아나셨다고 생각되며, 하늘에 오르지 않으사, 전능하신 하나님 우편에 앉아 계시다가 거기서부터 산 자와 죽은 자를 심판하러 오시지 않으리라.

－"실존주의신학 : G. W. Davis," p.23(사도신경의 희롱文)

8. 기 도

"아무것도 염려하지 말고 오직 모든 일에 기도와 간구로 너희 구할 것

을 감사함으로 하나님께 아뢰라"(빌 4 : 6, 그 외에 마 6 : 5-13, 눅 11 : 1-13, 약 1 : 5-8 참조).

공예배의 기도에는 기원기도, 목회기도, 설교 후 기도, 중재기도, 대표기도 등이 있다.

기원기도는 예배에 성령의 임재와 능력을 내용으로 하는 기도이다. 기원기도는 목회기도나 일반기도가 되어서는 안 된다.

설교 후 기도는 설교의 내용과 관계되어 주로 설교의 메시지에 응답하는 기도이다.

목회기도는 설교 전에 목회자만이 할 수 있는 것이 원칙이다. 목회자가 양들을 위해 골고루 기원하는 내용을 담는다. 이 목회기도를 장로가 담당하고 있는 것이 한국교회의 현실이다. 장로가 순서를 담당할 때는 '대표기도' 또는 '기도' 라고 해야 한다. 장로는 목회자가 아니기 때문이다.

대표기도 또는 기도를 할 때 기도자는 회중 전체를 포괄하는 기도가 되게 하고 개인적인 기도가 되게 해서는 안 된다. 기도를 하는 것은 회중 전체이다. 개인적 사정에 좌우됨이 없이 교회 전체의 기도가 되어야 하기 때문에 준비가 필요하다. 그래서 기도에는 영광, 감사, 자복, 간구의 제 요소가 포괄적으로 내포되어야 한다.

중재기도는 설교 후 타자를 위한 기도이다. 목회기도 순서를 장로가 담당하기 때문에 목회자는 이 중재기도 순서에서 병 중에 있는 자, 군 입대자, 해외근로자, 소외된 자, 눌린 자 등을 위해 기도하면 좋을 것이다.

완전하고 참된 예배가 되려면 아래의 다섯 가지 요소를 다 포함하는 기도를 드려야 한다.

첫째는 감사이다. 하나님으로부터 받은 바 은혜를 감사해야 한다.

둘째로 고백을 빼놓을 수 없다. 부지불식간에 하나님과 사람 앞에 실수하고 잘못한 것을 고백해야 한다.

셋째는 간구이다. 감사는 영어로 'Thank you' 이고, 고백은 'Sorry' 이며, 간구는 'Please' 이다. "Thank you" 한 다음 "I am sorry" 하고,

다음에는 "Please give me"라고 요청하는 것이다. 감사를 드리고 다음에 죄를 고백한 후에 간구가 따라야 한다.

넷째로 중재이다. 우리는 우리 자신만을 위해서 기도해서는 안 된다. 오늘날 기독교인은 극단의 이기주의자라는 평을 듣고 있다. 그것은 모두가 자기 개인, 자기 가정만을 위해 간구하기 때문이다. 우리는 우리 자신과 다름없이 타인을 위해서도 기도해야 한다. 그것이 중재기도이다.

다섯째는 헌신 또는 봉사이다. 우리의 몸과 마음, 정성을 바쳐 주님께 헌신하고 봉사하는 기도가 있어야 하고, 뿐만 아니라 받은 은혜와 사랑의 힘으로 세계 속에서 주의 종으로 헌신하는 일이 있게 기도해야 한다.

기도의 형태에는 세 가지가 있다. 이 세 가지 기도의 형태는 전통적인 예배에서 찾을 수가 있다.

첫째, 식문기도(liturgical prayer)이다. 이것은 희랍 정교회나 로마 가톨릭교회, 루터교회, 성공회 등에서 사용하는 기도 형태이다. 이 기도는 기도 내용이 모두 문장화되어 있어 그대로 보고 낭독하면 된다.

둘째, 즉흥기도(즉석기도)이다. 이 기도는 식문 또는 의식기도의 내용에 구애됨이 없이 그때그때의 상황에 따라 즉석에서 하는 기도이다. 이 기도는 로마서 28 : 26 "성령이 우리를 위하여 친히 간구하시느니라."에 근거해 있다.

셋째, 묵상기도이다. 이 기도는 미국의 퀘이커(Quaker) 교도에 의해 발전된 기도로서 자신의 죄를 조용히 하나님께 고백하는 것이다. 이 기도는 설교 후에 설교의 말씀을 확증하기 위해서도 사용된다.

예배에 주님이 가르치신 기도, 즉 주기도문을 암송한 것을 성경에서 찾아볼 수 있다. 로마서 8 : 15, 갈라디아서 4 : 6 등. 또한 "12사도의 교훈"에서는 '주님의 기도'를 하루 세 번은 암송해야 한다고 가르치고 있다. 그런데 한 가지 유의할 것은 주기도문을 하루에 세 번이 아니라 열 번씩 암송한다 하더라도, 그 기도의 참된 뜻을 이해하지 못하고 또 뜻을 생각하지 않고 암송한다면 아무런 의미가 없고 효과가 없다는 것이다. 오늘날 성도들은 주기도문을 무당이 '주문'을 외우듯이 형식적으로 암송하는 경우가 많이 있다.
　주님의 기도에 명시된 대로 "우리가 우리에게 죄 지은 자를 사하여 준 것 같이 우리 죄를 사하여 주옵시고"라고 암송했으면 이웃이나 형제의 잘못을 용서해 주는 교인이 되어야 한다. 그런데도 불구하고 용서하는 행위는 하지 않고 이웃과 형제와 담을 쌓고 있으니 그 기도문은 하나의 염불이요 주문에 지나지 않는 것이다. 주의 기도를 의미있게 암송하는 교회가 될 때 사회 속에서 소금과 빛의 사명을 다하게 될 것으로 믿는다.
　초대교회 당시 주님의 기도는 성도의 기도로서, 세례를 희망하는 자는 수세 전에 그 본뜻에 대해 배우고 암송을 해야 했다. 특히 성만찬 때에 주의 기도를 암송했는데, 그것은 제 4의 기원인 "우리에게 일용할 양식을 주옵시고"라는 내용이 있기 때문에 그것을 영적으로 성찬과 결부해서 암송했다. 희랍 정교회에서는 회중 전체가 예배 중에 주의 기도를 암송했으나, 라틴 교회에서는 사제만 암송했고, 스페인 교회에서는 주의 기도의 각 기원마다에 회중이 '아멘'이라고 응답했다.
　오늘날 한국교회에서는 주로 예배의 개회 때 이 주기도를 많이 암송하고 있다. 또한 축도를 못하는 예배에서는 주기도로 예배를 폐회하고 있다. 예배를 주기도로 폐회하는 것은 예배적인 면에서는 옳지 않다. 주기도의 순서는 예배 폐회용으로 사용해서는 안 되며 예배 시작 부분에 사용하는 것이 더 맞다. 한국교회는 '고백의 기도' 순서가 없는데 그 순서 대신에 '주기도'를 예배 시작 부분에 넣어 암송하면 좋을 것이다.
　주님은 제자들에게 "그러므로 너희는 이같이 기도하라."(마 6 : 9)고 하시면서 기도의 지침과 기준을 가르쳐 주셨다. 그러므로 주님이 가르치신 기도를 따라 기도하는 법을 배우는 한국교회가 되어야 한다. 그것이 가장 올바른 기도가 되고, 하나님이 기뻐하며 응답하시는 기도가 될 것이다.
　이미 언급을 했으나 식문기도는 기도문을 가지고 하는 기도이다. 이 식문기도는 기도자의 개인적인 요소나 성품, 감정에 좌우되지 아니하고 객관성이 있으며, 또한 그 기도의 용어를 선택하고 정신을 표현할 때 교회생활에서 얻은 경험과 지식과 신앙과 지혜를 아름답게 조직적으로 표현하는 이점이 있다. 그러나 장점이 있음과 동시에 단점이 있으니, 그것은 반복에서 오는 형식화이며 성령의 인도에 의한 자유가 억압을 받게 된다는 것이다.

자유기도는 식문기도에 비해서 성령의 인도를 받아 전적인 자유를 가지는 장점이 있으나 기도자의 인간적 죄성, 연약에 의해 좌우되는 결점이 있다.

그러면 어떤 기도가 가장 적합하고 좋은 것인가? 그것은 식문기도와 자유기도의 장단점을 잘 고려하여 보완하는 기도라고 할 수 있다. 즉, 자유기도의 장단점을 고려하여 보완하는 기도라고 할 수 있다. 즉 자유기도를 할 경우에는 기도를 생각나는 대로 즉흥적으로 할 것이 아니라 마음의 준비를 하고 기록도 해보고 난 다음 기도를 하면 좋을 것이다. 성령의 인도로 자유롭게 기도를 한다는 것이 결코 준비 없이 하라는 뜻은 아닐 것이다.

기도자는 성경에 정통하고 기도에 관한 좋은 서적을 가지고 연구하고 명상하며, 하나님과 항상 교제하는 생활을 통하여 기도의 정신과 은혜를 터득하도록 노력해야 한다. 기도는 신앙의 훈련이다. 기도는 역시 영적 생활의 산소가 되는 것이므로 정규적으로 행해야 하며 그 안에 사상이 있어야 한다.

기도는 길지 않아도 되고, 성구를 인용하지 않아도 되지만, 깊은 생각과 명상을 통해 감사하는 마음으로 해야 한다. 기도의 자세는 무릎을 꿇고 함이 좋을 것이다. 왜냐하면 왕 앞에서 취하는 태도로 해야 하기 때문이다.

기도는 주님이 하신 것과 같이 하면 가장 좋은 기도가 된다. 주님은 말하면서, 일하면서, 시험받았을 때, 재판 중에, 골고다로 가시면서, 십자가 위에서, 부활 후 승천하실 때까지 기도로 일관한 생애였다. 주님은 그의 전생애를 통해 우리에게 기도의 본을 보여 주셨고 제자들에게 "이같이 기도하라."고 기도의 형까지 보여 주셨다.

예배 때의 기도는 하나님이 더욱 기뻐 받으신다. 그것은 예배에 행동으로 참여하는 것이고, 하나님의 말씀을 열심히 듣는 것이며, 설교와 기도를 통해 영적으로 하나님과 만나는 것이기 때문이다.

9. 설 교

설교는 예수 그리스도 안에서 하나님의 구속하시는 역사를 사람들에게 알리는 가장 활력 있는 방법이다. 진정한 설교는 성경해석을 통해 살아 계시는 하나님의 말씀인 그리스도를 사람들에게 알리는 것이다.

어떤 사람이 성경을 통하여 하나님께서 그리스도 안에서 행하신 바를 믿고 이것을 다른 사람에게 선포할 때, 그 선포는 곧 하나님 자신이 친히 말씀하시는 것이 되며, 하나님의 구원을 사람에게 주시는 것이 된다. 이는 "그러므로 믿음은 들음에서 나며 들음은 그리스도의 말씀으로 말미암았느니라."(롬 10 : 17)고 바울 사도가 로마 교회를 향해 주신 말씀과 부합된다. 따라서 설교는 예배순서를 위한 부속물이 되거나 싫증나는 연설이 되어서는 안 된다. 설교는 예배의 핵심이요, 클라이맥스가 되어야 한다.

인간과 하나님과의 관계를 말할 때 성경은 언제나 '본다' 라는 말보다 오히려 '듣는다' 라는 말을 사용한다. 우리는 신비주의자의 환상을 통하여 하나님께서 말씀하시는 바를 들어야 하고, 말씀 속에서 하나님을 찾아야 한다.

설교자들이 성경대로 그리스도를 전할 때에 우리는 하나님의 음성을 듣게 된다. 그러나 설교를 통해 사람들이 하나님의 음성을 들을 수 있게 되는 것은 오로지 성령께서 설교자의 선포하는 말을 하나님의 말씀으로 만들 때에 이루어진다. 성경의 말씀이 전파되고 성령께서 설교자의 말을 통하여 자유로이 역사할 수 있을 때, 그 설교는 하나님께서 친히 인간과 교제하는 가장 효과적인 방편이 되는 것이다.

참된 설교는 단순한 인간의 행위가 아니라 그것이 하나님의 행위일 때

가능하다. 그러므로 예배를 하나님과 그가 행하신 일에 관한 것이라고 생각하는 개혁교회에서 설교는 항상 그 중심이 되어 왔다. 설교를 통해 하나님께서는 그의 구속의 역사를 먼저 시작하시고, 인간으로 하여금 감사와 순종으로 응답하게 하신다.

설교는 하나님의 말씀을 현재 여기에 있는 회중에게 분명하게 해석해 주고 설명하고 적용한다. 하나님은 설교를 통해 죄인의 마음에 활동하시고 그 신앙에 의해 회중은 구원받게 되는 것이다(롬1 : 17). 하나님은 설교를 통해 하나님 자신의 은혜의 말씀을, 그의 뜻을 백성에게 전하신다. 그의 말씀과 성령으로 그의 백성 가운데 임재하시고 말씀하시는 것이다.

하나님의 말씀인 설교는 물론 예배의 중심이요, 클라이맥스이지만 그렇다고 다른 예배 요소로부터 고립되어서는 안 된다. 설교는 예배의 다른 요소와 유기적인 통일을 가지면서 예배의 본질을 구현해 나가야 한다.

종교개혁자들은 예배 때에 낭독할 성경의 한 부분을 선택하여 그것을 해석하는 일을 함으로 설교를 대신했다. 개혁시대에는 대체적으로 연속하여 성경을 낭독했으며 설교도 연속적인 강해 형식을 취했다. 이것은 성경 지식이 부족하고 성경을 개인적으로 소유하기 어려웠던 시대에는 아주 유익하고 좋은 방법이었다. 그후 차츰 발전하여 주제를 정하고 설교를 하는 형태가 생기게 된 것이다.

설교는 단순히 종교적 강의가 아니며 성경 강의도 아니다. 설교는 또한 연설이나 수필도 아니다. 설교를 하고 듣는 것에서 교회는 그리스도의 은혜의 임재와 축복을 생각하여 신앙을 가지고 응답한다는 예배의 본질에 근거해야 한다.

이러한 설교의 역할은 어떠해야 하는가.

첫째, 설교는 예배에 만족할 수 있는 내용이어야 한다. 그 내용의 중심은 하나님, 그리스도이시다.

둘째, 설교는 예배에서의 산 증거가 되어야 하며, 형식적인 라디오의 프로그램과 같아서는 안 된다. 살아 있는 말씀으로서의 설교를 들은 회중은 세계 속에서 하나님의 은혜, 사랑, 소망, 용서, 이해의 산 증인이 되어야 한다.

셋째, 설교를 통해 회중이 결단하는 시간이 되게 해야 한다. 혼자말로 회중을 향해 선포하지 말고 대화의 형식으로 설교하여 세계 속에서 전투적인 교인이 되게 해야 한다.

넷째, 설교는 하나님의 은혜의 도구인 것을 깨닫게 해야 한다. 설교가 회중의 심령에 폭발하여 옛 사람은 죽고 그리스도의 은혜로 무장한 새 사람이 되게 해야 한다. 그리스도와 더불어 연합하여 믿음의 열매, 성령의 열매를 많이 맺게 해야 한다.

설교에는 2대 요소가 있다. 그것은 성경의 메시지와 설교자의 인격과 감화력이다. 설교란 하나님의 메시지가 설교자라는 인간을 통하여 전달되는 것이기 때문에 설교자의 감화의 힘이 메시지의 옷이 되어 나타나야 한다. 또한 메시지는 내용과 형태라는 요소를 갖고 있다. 아무리 내용이 좋다고 해도 설교의 형태를 벗어나면 설교가 아니다. 더욱이 내용에는 복음(kerygma)과 교훈(didake)이 갖추어져야 한다. 설교의 내용은 항상 그리스도의 역사적인 사건, 즉 케리그마와 그 사건에 대한 인간의 반응과 그 은총에 대한 감사와 순종과 윤리적 의무 등을 교훈하는 디다케가 결여되어서는 안 된다.

그러면 설교의 형태를 갖추기 위해 유의할 점은 무엇인가.

- 설교는 신학강의가 되어서는 안 된다.
- 설교는 성경공부 형태가 되어서는 안 된다.
- 설교는 문학적 수필이 되어서는 안 된다.
- 설교에는 너무 많은 인용을 해서는 안 된다.
- 설교에는 지나친 이론적 방법이나 학적 방법을 삼가해야 한다.
- 지나친 준비로 설교의 형태와 내용이 복잡해서 통일성을 잃어서는 안 된다.

설교는 예화와 유머 사용에 대해 다음과 같은 주의가 있어야 한다.

- 청중은 설교의 중심 진리보다 예화를 선호하기 때문에 조심해야 한다.
- 예화를 말하기 위해서 본문을 찾지 말아야 한다.
- 설교의 중심이 예화가 되지 않도록 해야 한다.
- 설교를 예화에 종속시키는 일이 없도록 해야 한다.
- 유머가 때로는 필요하지만 강단에 알맞는 품위있는 것이어야 한다.

10. 헌금

헌금은 감사와 헌신의 표로서 예배의 한 요소이다. 헌금 순서는 설교 후에 하나님으로부터 받은 은혜에 대한 응답으로 행하는 것이 가장 바람직하다.

헌금으로 바쳐지는 돈에는 나의 시간, 노동, 땀, 기술, 노력, 생활이 내포되어 있다. 단순하게 '돈'으로만 생각해서는 안 된다. 돈과 더불어 내 생활 전체를 바친다고 생각해야 한다. 그러므로 헌금은 하나님으로부터 받은 바 은혜에 대한 감사의 응답이다.

헌금은 계획적으로 해야 하고, 수입에 따라서 해야 하고(신 16 : 17), 희생적이면서 기쁨으로 (고후 11 : 7-9), 하나님의 선물에 대한 관리자, 즉 청지기로(신 8 : 17-18), 각자가(고전 16 : 2, 눅 21 : 1-4), 풍성하게(고후 9 : 6), 가장 좋은 것, 즉 최상의 것(레 22 : 2, 21, 말 1 : 7-20)으로 드려야 한다.

헌금을 할 때 주의할 것은 하나님의 말씀에 의해 가르쳐진 것이기 때문에 정중한 자세로 하나님께 드려야 한다는 것이다. 하나님께 뇌물(?)을 바치는 식으로 드려서는 절대로 안 되고, 또한 이교적인 방법으로 드려서도 안 된다. 이교적 방법의 헌금은 조건부적인 헌금이다. 신에게 헌금을 바침으로써 개인 또는 가정, 사업이 번창하고 행복이 온다고 믿는 것이다. 내가 헌금을 드리기 때문에 복이 온다고 믿는 사상이 이교적인 생각이다.

　우리 기독교의 헌금관은 일상생활 속에서 하나님으로부터 받은 바 은혜에 대한 감사의 응답으로 드리는 것이다. 우리는 한 순간도 하나님의 도우심과 보호하심과 인도하심과 복이 아니면 살 수가 없다. 이 순간까지 하나님의 도우심으로 살게 되었으니 그 은혜에 대해 감사한 마음으로, 기쁜 마음으로 하나님께 헌금을 드리는 것이 기독교의 헌금관이다.

　구약의 제사는 사람이 하나님께 그 무엇을 드리는 것이 아니었다. 도리어 하나님께서 그들에게 처음 주신 것을 하나님께 도로 드리는 것이었다. 그것은 하나님의 은혜에 대한 신앙의 응답이었고 하나님의 뜻에 순종하는 행위요 형식이었다. 구약시대에 제사를 드리는 사람들은 하나님의 환심을 사기 위해서 제물을 바치지 않았다(레 17 : 11). 이것은 두 가지 암시를 나타낸다. 즉, 하나님은 그의 속죄의 방도를 이스라엘에게 주신 자비하신 분임을 그들이 믿었다는 것, 또 하나는 하나님께서 규정하신 구원의 방도를 받아들임으로써 하나님의 뜻에 순종했다는 것이다. 요약하면 신앙과 순종이라고 할 수 있으며, 신앙과 순종은 실제로 동전의 양면과 같다. 순종은 행위로써 그 자체를 표현하는 신앙이다.

　그러므로 성경적인 예배에는 인간이 하나님께 무엇을 드린다는 의미는 전연 내포되지 않는다. 도리어 하나님께서 인간에게 주신 바를 그의 뜻에 순종하여 제물로, 헌금으로 바치는 것이며, 이것은 하나님을 향한 인간의 순종의 응답이었던 것이다. 그러므로 헌금은 돈을 벌려고 애쓰는 수고, 공들인 물건, 그리고 우리의 시간, 재능 등 전체 생활의 헌신을 상징하는 것이라고 할 수 있다.

11. 찬송과 시편

　"시와 찬미와 신령한 노래들로 서로 화답하며 너희의 마음으로 주께 노래하며 찬송하며"(엡 5 : 19, 그 외에 출 15장, 신 32장, 마 26 : 30, 행 16 : 25, 고전 14 : 15, 엡 5 : 14, 골 3 : 16, 딤전 3 : 16 등 참조).

예배의 요소 중 중요한 위치를 차지하는 것이 찬송이다. 찬송과 시편을 노래하는 것은 인간의 찬양과 경배로써 하나님의 은혜에 응답하는 방도이다. 찬송의 가치는 성가대의 찬양이나 회중이 부르는 찬송, 또한 그 찬송의 음악적 질이나 회중의 음악에 대한 지식수준에 있지 않고 찬송을 부르는 자의 성실성과 신앙과 지식에 있다.

공예배에서 시편을 노래하는 것은 시편이 하나님의 영감으로 기록된 하나님의 말씀이며, 보통 찬송가보다도 하나님이 중심이 되어 있다는 이유로 인해 적극 장려되어 왔다. 보수교회인 계약교회(Covenant Church)는 청교도 전통의 입장에 서서, 공예배에서는 시편만 사용하여 하나님께 찬송해야 한다고 강력히 주장하고 있다. 칼빈도 공예배에서 시편의 사용을 찬성했으나 시편만 사용해야 한다는 것에는 찬성하지 않았다.

예배시에 시편과 찬송가를 사용했다는 근거를 다음과 같이 말할 수 있다.

첫째, 공예배에 기도 순서를 넣는 것과 비교해서 찬송가를 부를 수가 있다. 공적 예배시의 기도는 하나님의 말씀인 성경에만 제한되어 있지 않다. 기도를 담당하는 자는 기도를 할 때 그 내용이 기도자의 말로 하나님께 기도한다. 때문에 예배시에 반드시 시편만 넣어 노래하지 않아도 된다는 이론이다. 찬송가의 가사에 기도의 내용이 있는 찬송가도 있다. 그래서 찬송에 기도의 근본적인 요소가 있으며 성경에서도 종종 동의어로 사용하기도 한다. 그것을 시편 72 : 18~19을 살펴보면 알 수가 있다. "홀로 기사를 행하시는 여호와 하나님 곧 이스라엘의 하나님을 찬송하며 그 영화로운 이름을 영원히 찬송할지어다. 온 땅에 그 영광이 충만할지어다 아멘 아멘 이새의 아들 다윗의 기도가 필하다." 그러므로 예배에서 찬송을 시편만으로 제한한다는 것은 타당하지 않다.

둘째, 계시의 진전성(進展性) 면에서 볼 때 찬송가를 예배시에 사용할 수 있다. 구약의 찬송인 시편을 신약시대의 교회가 사용한다는 것은 자연스러운 일이 아니다. 은혜의 시대인 신약 교회가 새로운 형식과 내용을 가지고 찬송을 하는 것은 적합한 일이요, 유익한 일이다.

셋째, 역사적 논증에서 살펴보면, 디모데 전서 3 : 16에 "크도다. 경건의 비밀이여, 그렇지 않다 하는 이 없도다. 그는 육신으로 나타난 바 되시고 영으로 의롭다 하심을 입으시고 천사들에게 보이시고 만국에서 전파되시고 세상에서 믿은 바 되시고 영광 가운데서 올리우셨음이니라."와 에베소서 5 : 14에 "그러므로 이르시기를 잠자는 자여 깨어서 죽은 자들 가운데서 일어나라. 그리스도께서 네게 비춰시리라 하셨느니라."고 한 것은 기독교의 찬송가를 생각케 한다.

사도시대의 기독교인들은 독자적인 찬송가를 가지고 하나님께 찬송하지 않은 것 같다.

계약교회가 예배시에 시편만을 찬송가로 사용해야 한다는 근거는 에베소서 5 : 19과 골로새서 3 : 16의 "시와 찬미와 신령한 노래"는 모두 시편을 의미한다고 주장하는 데 있다. 즉 "시, 찬미, 신령한 노래"는 영적 노래를 의미하는 것이 아니라 전부 시편을 가리킨다는 것이다. '시'는 히브리어로 '미즈몰'(mizmol)이란 단어로서 신약에서는 시편을 의미하고, '찬미'는 하나님을 찬미하는 노래를 말하는데 히브리어로 '테힐림'(tehilim)이란 단어로서 시편 전체의 이름이다. 곧 이것도 시편을 의미한다고 말한다. 마태복음 26 : 30에 " 찬미하고 감람산으로 나아가니라."고 한 말씀도 테힐림, 즉 유월절에 부르는 시편 113~118편까지를 말하고 있다. '신령한 노래'는 히브리어의 '실'(sil)이란 단어로서 일반적인 시편을 의미하는 용어라고 주장하고 있다.

이상과 같이 살펴볼 때 "시와 찬미와 신령한 노래"는 '시편'이라고도 할 수 있을 것 같다. 그러나 신약시대에서 시편이든 찬송가이든 간에 예배의 정신과 본질에 일치해서 복음의 진리에 부합되는 것이면 아무런 관계가 없다고 본다.

성가대의 찬양이나 독창 순서를 예배순서에 넣는 것은 찬송이나 찬양은 예배에서 회중 전체의 신앙에 의한 자각적 표현이라는 기본적인 원리 하에 이루어진다. 구약시대의 성전예배는 성가대가 있어서 전적으로 찬양만 담당했다(대상 9 : 33). 성가대를 맡은 이들은 레위 족속이었다. 오늘날의 교회도 성가대를 두어 예배시에 찬양을 담당케 하는 것은 성경적으로 볼 때 타당하다.

그런데 이 성가대의 지위문제를 어떻게 해야 할지 잘 모르는 교회가 많이 있다. 성가대는 다만 하나님의 은혜의 응답으로서 노래로 하나님께 영광돌리고 찬미할 뿐이다. 성가대는 하나님을 향해 찬양하는 것이지 사람을 향해 찬양하는 것은 아니다. 성가대의 주된 목적은 하나님을 향한 회중의 찬송을 도와주고, 회중과 함께 노래하며 회중의 찬송을 인도하고 강화하는 것이다. 성가대는 말씀이나 성례전과 동등하게 하나님의 은혜를 회중에게 전하는 역할을 한다고 생각해서는 안 된다. 성가대는 수도원의 경우와는 달리 일반 교회에서는 성직자가 아니고 회중의 일부이다.

성가대원이나 예배시 특별순서를 담당하는 독창자나 지휘자, 반주자들은 자신의 신앙과 인격 면에 대해 깊이 성찰해야 한다. 이들이 하나님께 찬송하고 영광돌리고 교회에 봉사한다는 것보다도 인간의 명성과 목적과 인기를 위해서 순서를 맡는다든가 성가대원이 된다는 것은 있을 수가 없다. 지휘자나 반주자는 낮예배에만 참석하여 지휘하고 반주하는 것으로써 자기의 책임을 다했다고 생각해서는 안 된다. 저녁예배에도 참석하여 찬송을 지도하고 인도하는 일을 감당해야 할 것이다. 오늘날 지휘자나 반주자가 직업화되어 가고 있음을 본다.

보수적인 교회인 계약교회에서는 오르간이나 피아노 등의 악기를 사용하는 것은 성경적이 아니라고 하여 금지하고 있다. 구약시대의 성전예배에서 악기가 사용된 것은 역대상 16 : 4~6에 나오는 "비파와 수금, 제금, 나팔" 등이다. 계약교회는 성전예배에서 악기를 사용하는 것은 구약의 의식적 예배의 요소이기 때문에 그 당시에는 필요했으나 신약시대, 즉 성령강림절 이후의 영적 예배에는 악기 사용이 적용되지 않는다고 주장하고 있다.

그러나 개혁파 교회의 대부분은 18세기 이래로 공예배에서 악기 사용을 인정하고 있다. 개혁교회에서는 예배의 본질적인 면이나 정신적인 면에 악기 사용이 아무런 문제가 되지 않는다고 믿으며, 이를 외적인 사항으로 생각하고 있다. 또한 회당에서도 공예배에서 악기를 널리 사용했음이 나타나고 있다. 예배에 악기를 사용하는 것은 예배의 분위기를 조성하고 또한 예배를 풍부하게, 아름답게, 경건하게 만들어 주는 역할을 하기 때문에 반드시 필요한 것이다.

12. 축 도

"축도는 공예배의 끝에 하나님의 백성을 향해 행하는 축복의 선언이다."라고 정의를 내릴 수 있다. 축도에는 세 가지 견해가 있다.

첫째, 가톨릭교회나 희랍 정교회의 입장으로서, 사제가 하나님의 이름으로 제사적 축복을 부여하는 것이 축도라고 하는 견해이다.

둘째, 축도는 복을 기원한다는 견해이다. 즉 "주 예수 그리스도의 은혜와 하나님의 사랑과 성령의 교통하심이 너희 무리와 함께 있을지어다."(고후 13 : 13)라는 표현이다. 축도자가 회중과 함께 회중을 대표해서 축복을 기원한다는 견해이다.

셋째, 그리스도와 계약적 교제에 있는 하나님의 백성에 대해 성령이 전하는 영적 복의 선언이 축도의 형식을 띤 것이라는 견해이다.

이상의 세 가지 견해에 대해 설명을 한다면 첫째는 이 선언에 의해 축복이 임한다는 것이고, 둘째는 하나님의 백성을 향한 축복의 선언으로서 하나님 편에서의 행위가 된다는 것이다. 셋째는 성령이 축복을 주시고 있다는 사실을 선언한다는 것이다. 결론적으로 축도자는 하나님 편에 서서 회중을 향하여 축복을 선언한다는 것이다. 현재 개신교회의 축도는 두 번째의 견해를 취하고 있다.

축도에는 대제사적 축도가 있는데, 이는 민수기 6 : 24~26의 말씀에 잘 나타나 있다. 그 밖에 갈라디아서 6 : 18, 고린도 전서 16 : 23~24, 빌립보서 4 : 7, 23, 요한 계시록 22 : 21, 데살로니가 전서 5 : 23에 나타난다.

고린도 후서 13 : 13의 축도에서 '성자' 예수 그리스도가 '성부' 하나님 앞에 오는 이유는 무엇인가? 그 이유는 "하나님의 사랑"을 "예수 그리스도의 은혜"(고후 8 : 9)를 통해서 바울이 배웠기 때문이다. 그리고 하나님 아버지에게로 나아감은 예수 그리스도를 통해서 이루어지기 때문이다(요 14 : 6). 또한 손을 들어 축도하는 근거는 누가복음 24 : 50의 말씀에 근거하고 있다.

축도문의 마지막 부분의 말씀(용어)에 대해 여러 가지 논의가 있다. 축도는 성경(고후 13 : 13)에 있는 대로 하는 것이 타당하다. 그러나 현재 축도문의 끝부분에 "함께 있을지어다."를 "축원하나이다."라고 하는 것은 총회의 결의이기 때문에 그대로 따르는 것이 좋겠다.

축도는 대제사와 사도에 의해 행하여졌기 때문에 목사로 안수받은 사람이 하는 것이 합법적이다. 초대교회에서는 임직자가 아니라도 축도를 했으나, 오늘날에는 교회의 질서와 교회의 권위를 위해 목사로 임직받은 사람이 축도를 하도록 되어 있다.

13. 예 전

설교와 같이 예배에 있어서 중요시되는 것은 예전이다. 예전은 오랜 세월을 통하여 교회에 많은 문제를 제기했다. 그러나 예전은 "하나님의 말씀을 보이게 만드는 것"이라고 묘사된다. 그것은 신자의 마음속에 성령의 내적 행위를 확증시키는 외적인 표징이기 때문이다. 예전은 하나님의 말씀의 보이는 표징이기 때문에 말씀을 떠나서는 아무런 의미를 갖지 못한다. 이 성례가 가치있다는 것은 오로지 그것이 말씀의 설교를 확실하게 할 때뿐이다. 만일 이것으로부터 분리되었다면 그것은 마술이나 미신이 되고 말 것이다.

그러므로 예전은 교회예배의 한 부분이며, 말씀의 설교에 속한다. 또 그것은 회중의 의식이기 때문에 이는 마땅히 개인적인 회합에서보다도 하나님의 백성이 함께 모인 곳에서 행해져야 한다.

1) 세례식

'세례' 라는 말은 '적신다' 또는 '잠근다' 라는 뜻의 헬라어 '밥티스마' (baptisma)에서 온 말이다. 이 세례를 언제 종교적 의식으로 쓰기 시작했는지는 분명하지 않으나 기독교에서 처음 시작한 것이 아님은 확실하다. 기독교 이전에도 요한의 세례가 있었으며 또 그 이전에 이교도의 세례가 있었다.

세례는 옛날부터 같은 형식으로 여러 종교에서 행해졌다. 페르샤교, 인도교, 애굽 종교, 희랍 종교 등에서 찾아볼 수 있으며, 일본 신도, 불교, 천도교 등의 자연종교의 의식에서도 이와 비슷한 것을 찾아볼 수 있다. 이 같은 예는 인간이 죄를 씻기 원하는 천심의 반영으로 예배의 자연적 요건을 보여 주는 것이라고 할 수 있겠다.

유대인들은 그들의 종교 가운데서 일찍이 세례의식을 가졌다. 결례(潔禮)의 의식으로 부정한 인간에게 물을 뿌리거나 붓기도 했다. 산모가 깨끗함을 입기 위해, 또 문둥병자가 깨끗함을 입는 데 있어서, 그리고 불결한 물체나 동물을 만질 때에 이러한 예식이 필요했다(왕하 5 : 14, 민 19 : 2-10, 신 23 : 10-11). 물론 이 예식에 성례의 의미는 없었다. 그리스도 당시에는 이 씻는 예식이 더 생활화되어 습관적으로, 형식적으로 행해졌기 때문에 예수로부터 책망을 받았다.

요한 이전에 이미 세례가 있었음은 사실이지만, 사실상 세례의 역사나 기원은 요한에게서 시작되었다고 해도 좋을 것이다. 요한의 세례는 사람들을 천국으로 인도하는 준비였음이 분명하지만, 그가 이 의식을 쓰게 된 것은 율법에 정한 레위의 결례가 개종자의 세례를 답습했음에 틀림없다.

그러나 요한의 세례는 위에서 말한 것과 같지 않다. 율법상의 결례는 사람을 정상 상태로 회복시키려고 몸을 정결케 하는 예식이지만, 요한의 세례는 회개한 자에게 베푸는 것이었다. 다시 말하면 율법상의 결례는 부정한 몸을 깨끗하게 하려는 뜻에서 행하였지만, 요한의 세례는 도덕적 성결의 뜻에서 행한 것이다. 요한의 세례가 도덕적 준비가 필요했다고 한 것은 그의 세례는 분명히 회개의 세례라고 한 것을 보아서 알 수 있다

(막 1 : 4, 눅 3 : 3).

이 요한의 세례가 기독교의 세례와도 다른 것은 요한 자신이 "나는 너희로 회개케 하기 위하여 물로 세례를 주거니와 내 뒤에 오시는 이는 나보다 능력이 많으시니 그는 성령과 불로 너희에게 세례를 주실 것이요."(마 3 : 11, 그 외에 요 1 : 26-27, 행 1 : 5, 11 : 16 참조)라고 말한 것을 보아서도 알 수 있다. 그리고 요한의 세례는 종말론적이다. 즉 "회개하라 천국이 가까웠느니라."고 하나님 나라의 오심에 대해 선포하는 것과 관련되어 있다. 요한의 세례는 어디까지나 '주의 날'의 오심에 대한 준비 작업이었음을 알 수 있다.

기독교의 세례는 예수가 세상을 떠나실 즈음에 "너희는 가서 모든 족속으로 제자를 삼아 아버지와 아들과 성령의 이름으로 세례를 주고"(마 28 : 19)라고 명령하신 때부터 시작된다. 성령강림절 날 성령이 임하신 후 사도들은 능력을 받아 이 명령을 실행했다. 베드로는 사람들에게 회개를 권하고 죄사함을 받게 하기 위하여 예수 그리스도의 이름으로 세례를 주었다(행 2 : 38). 이 날에 세례를 받은 자가 3,000명이나 되었는데(행 2 : 41) 이것이 기독교에서 세례를 주고받은 것의 시작이다.

기원 753년 로마 교회의 신부 아돌프스는 교황 스티븐 2세에게 문의해서 '영아와 병자에게 물 붓는 것(뿌리는 것)'을 부득이한 경우 외에는 불가하다는 대답을 받게 되었다. 1311년 라베나 종교회의에서는 '밥티조'(baptizo)와 '란티조'(rantizo)가 동일하다고 선언되었다. 1541년에 장로교에서는 란티조가 결정되었다. 그래서 머리 위에 뿌리면서 약례를 거행하는 것이다. 1643년 웨스트민스터 종교회의에서 투표 결과 24대 24로 동수가 되었으나, 당시 의장인 라이트프트 박사가 란티조 편에 찬성하여 공식적으로 시행하게 되었다.

신약성경은 회개와 신앙에 의해 정당한 절차를 밟아서 받은 세례는 여러 가지로 효과가 있으며 의미가 있다고 가르치고 있다. 예수가 "사람이 물과 성령으로 나지 아니하면 하나님 나라에 들어갈 수 없느니라."(요 3 : 5)고 하신 것은 물로 세례를 받음으로써 외부가 정결케 되는, 즉 내부의 은사로써 중생을 얻게 됨을 가르친 것이다. 중생의 결과로 인간은 하나님과 새로운 관계를 갖게 되는데, 즉 세례를 받은 자는 하나님의 아들이 되는 것이다(갈 3 : 26). 또 세례는 죄 씻음을 받고(행 22 : 16, 고전 6 : 11, 엡 5 : 26), 그리스도와 하나가 되고(고전 12 : 27, 갈 3 : 27), 구원을 얻게 된다는 것이다(막 16 : 16, 행 2 : 47, 요 5 : 24).

세례를 통해 우리의 신앙은 다음과 같은 특전을 얻게 된다.

첫째, 세례는 깨끗하게 씻음을 받았다는 상징의 증거품으로 주님이 주신 것이다. 세례의 어의에서 말한 대로 세례는 '씻는다'(막 7 : 4, 눅 11 : 38, 행 9 : 37, 히 10 : 22, 벧후 2 : 22, 계 1 : 5)의 뜻을 포함하고 있다. 세례는 하나님께서 우리 인간의 모든 죄를 소멸시키고 삭제시키고 잊으셨다는 것을 우리에게 확증하는 것으로서, 다시는 그 죄가 우리에게 전가되지 않는다는 것이다. 세례를 통해 우리가 믿고, 세례받은 자는 구원을 얻을 것이라(막 16 : 16)는 약속을 받은 것이다. 그러므로 하나님께서 그리스도를 통해 도움과 위로를 주시며, 인간이 혼란과 절망에 빠지지 않도록 보호해 주시는 은혜를 입기 위해 세례를 받는 것이다.

둘째, 세례는 예수 그리스도 안에서 우리의 죽음과 새 생명을 보여 주는 것이다(롬 6 : 3-4). 바울 사도는 우리가 그리스도를 본받아 세례를 통해 견책을 받았으며, 그의 죽음을 본받아서 우리가 죄에서 죽고, 그의 부활을 본받아서 우리가 의롭게 되었을 뿐만 아니라 그리스도에게 접붙임을 받는 것이라고 말했다. 그러므로 세례를 통해 우리는 죄의 용서와 새 생명을 공급받는다는 두 가지 약속을 얻는다.

셋째, 세례를 통해 그리스도의 모든 은사에 동참할 수 있다는 확실한 증거를 얻게 된다(갈 3 : 26, 27). 세례 안에 포함된 하나님의 모든 은사는 그리스도 안에서만 발견된다. 우리의 성결과 중생에 관해서 그 원인을 성부 하나님 안에서, 그 근거를 성자 예수 그리스도 안에서, 그 결과를 성령 안에서 얻게 되기 때문에 세례는 성부, 성자, 성령의 이름으로 해야 하는 것이다.

넷째, 바울 사도는 고린도 전서 12 : 12~13에서 세례는 그리스도의 몸인 교회의 공동체 속에 일치의 뜻을 가진다고 가르쳤다. 또한 세례는 예수 그리스도에게 접붙임을 받는 것이라고 설명한다(갈 3 : 26-29).

다섯째, 골로새서 2 : 9~13에서 바울은 죄에 대해 죽고 도덕적으로 새 생명으로 다시 사는 것이 세례라고 그 의미를 말했다. 죽었다가 다시 살아나신 예수 그리스도는 세례받은 자들을 구원하실 충분한 능력을 가졌다고 가르치고 있다. 그러므로 세례에 대한 견해를 종합적으로 말한다면 "그리스도와 같이 죽었다가 다시 사는 것"이다.

여섯째, 요한복음과 요한서신에서 사도 요한의 세례관을 볼 수 있다. 사도 요한은 요한복음(3 : 5)에서 '위로부터의 거듭남'에 대해 말했고, 그의 서신에서는(요일 5 : 6) 역사적으로 실제하는 요단강의 세례와 십자가상에서의 죽음의 양면을 강조하고 있다. 즉 물과 피를 말하고 있다.

일곱째, 베드로 사도는 베드로 전서 3 : 21에서 세례는 죽었다가 부활하신 그리스도가 주신 능력에 의하여 새로운 도덕적 생명으로 형성함을 받는 것이라고 주장한다. " 곧 세례라 육체의 더러운 것을 제하여 버림이 아니요 오직 선한 양심이 하나님을 향하여 찾아가는 것이라."

여덟째, 디도서 3 : 5에서 바울은 세례가 중생과 관계된다고 말한다. "중생의 씻음과 성령의 새롭게 하심으로……."라고 말하여 세례를 중생과 관련지었다.

성경에 기록된 대로 세례를 받을 조건은 회개와 신앙이다. 이것은 예수가 명령하신 말씀(마 28 : 19)에서와 오순절날 베드로의 설교말씀(행 2 : 38)과 또한 고넬료와 그의 친구들(행10 : 43-48)과 빌립보의 옥사장과 그 가족(행 16 : 31-33)의 예를 보아 알 수 있다. 초대교회에서는 신앙을 고백하고 회개를 하면 누구나 세례를 받았다. 세례를 받으려면 예수 그리스도를 하나님의 아들, 구주로 믿고 고백해야 한다. 그러므로 교회는 수세 지원자가 참된 믿음을 가지고 있는가를 시험해 보고 확실하게 해야 한다. 그리고 성경관, 신관, 속죄관에 대해 이해하고 있는가를 알아볼 필요가 있다. 구원의 신앙이라는 것은 기독교 교리의 지적 승인에만 그칠 것이 아니라, 그리스도를 인격적으로 신뢰하고 생활에서 진실성이 있는

지 증명되지 않으면 세례를 받을 자격이 없으며 조건이 완비되지 못했다고 할 수 있다.

세례의식에 대해서는 성경 어디에도 기록되어 있지 않다. 그 형식에는 세 가지 종류가 있는데 침례, 관례(灌禮), 적례(滴禮)이다. 침례는 전신을 물 속에 잠그는 방법인데 침례교회는 이것이 성경적인 유일한 형식이라고 주장하고 있다. 침례교회에서 주장하는 근거의 하나는 헬라의 원어 '밥티조'라는 말인데, 이 원어의 뜻은 '잠그다'이다. 그러나 성경학자들은 이 밥티조라는 말은 반드시 '물 속에 잠금'이라는 행위를 표현하는 것이 아니라 '어떤 것이 물 속에 있는 상태'를 의미하는 것이라고 주장한다. 개혁교회나 장로교회의 입장은 결코 침례를 부정하는 것은 아니다. 그러나 침례만이 유일한 세례의 형식이라고 말하지도 않는다. 사도시대에 침례만 행하여졌다고는 할 수 없다. 그 예로 예루살렘에서 3,000명씩 세례를 거행한 것이라든지, 고넬료 가정에서의 세례(행 10 : 47-48)와 간수의 가정에서의 세례(행 16 : 33) 등은 침례라고 생각되지 않는다.

세례를 베푸는 사람의 자격에 대해서는 아무런 증거를 찾아볼 수 없다. 예수의 말씀은(마 28 : 16-20) 열한 사도에게 전한 것 같지만 그때에 다른 사람들도 있었는지 알 수 없고, 성령강림절 때 3,000명씩이나 세례를 주었는데 그 사람들을 다 사도들이 세례를 주었다고 생각할 수 없으며, 바울에게 세례를 준 사람은 아나니아였는데(행 22 : 16) 그는 평신도에 지나지 않는다. 베드로가 고넬료와 그 친구들에게 세례를 받으라고 명령했으나(행 10 : 48) 실제로 세례를 준 사람은 욥바에서 온 형제였다. 이것을 보아 사도시대에 안수를 받은 교역자만이 세례를 줄 수 있었던 것이 아님을 알 수 있다. 그러나 터툴리안(155-222)은 "추상적으로는 평신도도 세례를 베풀 권리를 주었지만 교회의 일치와 질서 유지를 위하여 감독의 권한 밑에 두는 것이 합당하다. 그러므로 교회의 일치와 질서를 위해서 세례는 임직받은 목사가 말씀의 가르침에 기초하여 행해야 한다. 그리고 세례는 교회에서 공적 예배 중에 행함이 타당한 줄 안다."라고 말했다.

　세례에 대하여 신학적인 면에서 토의한 후 얻은 결론은, 세례는 교인에게 교회생활과 교회연합의 연대와 성장을 위해 활기를 불러일으킨다는 것이다. 교인으로 하여금 선교의 사명을 위해 부름을 받았다는 것과 동시에 그리스도와의 연합을 분명하게 한다는 의미가 있음을 이해시킨다.

　세례에 대한 가장 심원한 의미는 예수 그리스도와 교인을 결속시킨다는 것이다. 예수 그리스도의 세례는 그의 십자가의 죽음과 부활과 불가분의 관계를 가지고 있다. 세례에는 세례를 받음으로 우리가 그리스도의 사역에 참여한다는 뜻이 내포되어 있다. 그리스도의 사역에 참여한다는 것은 새 생활을 향한 인간생활의 재건을 뜻한다. 그리고 세례를 통해서 우리가 예수 그리스도와 함께 이 세계를 정복하는 자가 된다는 것이다. 그러므로 세례는 우리에게 일어나는 하나의 사건이라고 할 수 있다. 이 사건은 인간의 행위가 아니며, 하나님께서 예수 그리스도를 통해 행하시는 놀라운 행위라고 할 수 있다.

　세례는 받는 자가 생명을 예수 그리스도에게 바친다는 부름의 표이다. 그의 생명뿐만 아니라 그의 생활, 시간, 재물, 기술까지도 주를 위해 바치고 섬기는 자가 되겠다는 약속이다. 예수 그리스도는 자신을 위해 살지 않고 많은 사람을 위해 하나님의 고난의 종으로서 이 땅에 오셨다. 그러므로 예수 그리스도와 연합한다는 뜻을 가진 세례를 받는 자는 그와 함께 고난의 종이 되어야 한다.

　세례를 받는다는 것에는 세 가지 뜻이 내포되어 있다. 첫째로 그리스도 안에서 살고 그리스도를 위하여 산다는 뜻이 포함되어 있으며, 둘째로 그리스도의 몸된 교회 안에서 책임과 의무를 감당하면서 교회를 위하여 산다는 뜻과, 셋째로 세계 속에서 책임있게 살며 세계를 위하여 산다는 뜻이 포함되어 있다.

　오늘날 유아세례에 대한 이론(異論)이 많다. 신앙에 대한 개인고백을 하지 못하는 어린이에게 세례를 줄 수 있는가라는 이론을 제기하여 반대하는 교회도 있다. 그래서 유아세례를 인정하지 않는 교회가 많은 것이다.

그러나 유아세례를 긍정적으로 인정하고 받아들이는 교회도 많이 있다. 유아세례를 인정하는 교회의 주장을 보면 양친 또는 편친(고전 7 : 14)이 그리스도인으로서 그의 자녀이면 누구나 다 세례를 받을 수 있다는 것이다. 그것이 성경의 가르침이며 정신이라고 주장한다.

신약성경에는 가족 전체의 세례에 대해 종종 기록하고 있는데 이는 사도행전 2 : 39, 16 : 15, 33과 고린도 전서 1 : 16 등에서 찾아볼 수 있다. "…스데바나 집 사람에게 세례를 주었고…"(고전 1 : 16), 또는 두아디라라는 여자의 집 가족에 대해 "저와 그 집이 다 세례를 받고…"(행 16 : 15)라고 했으니, 거기에는 분명하게 언급하지는 않았지만 당연히 어린이가 포함되어 있음을 알 수가 있다.

어린이에게 세례를 주어야 한다는 것에 대한 성경의 기록은 없지만, 성경 전체를 통해서 볼 때 하나님의 은혜로 인한 계약으로의 입회의 예전은 할례였다. 이 할례는 출생한 지 8일 만에 어린이에게 시행하는 것으로, 구약의 할례가 신약의 세례로 대치되었다고 한다면, 유아세례는 성경에서 가르친 분명한 교리라고 할 수가 있다. 골로새서 2 : 11에서 바울이 "또 그 안에서 너희가 손으로 하지 아니한 할례를 받았으니 곧 육적 몸을 벗는 것이요 그리스도의 할례니라."고 말한 것을 보아도 세례와 할례는 연관성이 있음을 분명히 알 수 있다(고전 12 : 13, 롬 4 : 11 참조).

유아세례를 베푸는 시기, 즉 연령에 대해 가톨릭교회에서는 세례는 재생이라는 것을 주장하고 있기 때문에 출생 후 즉시 세례(영세)를 행하고 있으나, 개신교에서는 부모가 어린이를 교회에 데리고 나올 수 있는 연령이 가장 적절하다고 생각한다. 인간은 원죄를 가지고 태어나기 때문에 그의 생애의 시초부터 구주 예수 그리스도가 필요한 것이다. 그러므로 어린이의 전인격적인 구원(전인구원)을 위해 교회와 부모는 하나님 앞에서 어린이에 대한 의무와 책임을 자각하여 그들 자신이 신앙을 갖고 구원에 이르도록 기도하는 마음으로 엄숙히 서약해야 한다.

이제 세례와 침례에 대해 비교해 보자. 세례는 구원과는 직접적인 관련이 없으나 그리스도와의 연합과 죄로부터의 해방, 그리스도인의 공식적인 표로서, 그리고 신앙고백의 차원에서 그 중요성과 의미가 있다. 예수는 친히 세례를 받으셨고(마 3 : 16), 또 제자들에게 세례를 베풀 것을 명하셨다(마 28 : 19). 그런데 이 세례는 그 형식상의 문제를 놓고 침례교파와 비침례교파간에 오랜 세월을 거쳐 논쟁이 계속되고 있다. 그래서 여기서는 침례를 주장하는 침례교파의 주장을 먼저 살펴본 후에 거기에 상응하는 반대론을 전개함으로써 세례에 관한 우리의 이해를 확실히 하고자 한다.

침례교파가 굳이 침례의식을 고수하는 것은 이 의식이 여기에 나타난 주님의 가르침을 충실하게 나타낼 뿐 아니라 이것이 예수가 명하신 의식의 원형이라고 굳게 믿고 있기 때문이다. 아래에서 그들의 주장을 살펴보자.

이 의식을 표현하는 말로는 세례, 영세, 침례 등이 사용되고 있으나 이런 낱말은 모두 의식의 한 가지 형태를 말할 뿐, 모든 형태의 의식을 의미하지는 못한다. 즉 이런 것들이 의식을 가리키는 공통어가 되지는 못한다는 의미이다. 이 의식의 집행방법을 가리키는 말로는 침례 혹은 침수례, 깨끗하게 한다는 의미의 세례, 뿌린다는 의미의 산수례(散水禮), 물을 붓는다는 뜻의 관수례(灌水禮) 등이 있다. 그러나 세례의 집행방법은 오직 하나여야 한다. 주님이 명하시고 친히 시행하심으로 본을 보인 형식은 하나일 뿐이다. 침례는 주님이 몸소 행하며 분부하신 이 의식의 집행 방법으로서 침례가 정당하다는 이유는 대략 다음과 같다.

첫째, 이 의식을 지적하는 말로 사용된 헬라어 '밥티조'라는 말은 배가 침몰한다는 의미를 가진 말이다. 헬라어에는 '씻는다'는 의미의 다른 낱말이 여러 가지 있지만, 성경을 기록한 이들이 굳이 '밥티조'를 선택한 것은, '밥티조'가 이 의식의 깊은 뜻을 가장 잘 나타낸다고 보았기 때문이다.

둘째, 신약성경에 기록된 이 의식이 모두 침례를 의미하기 때문이다.

마가복음 1 : 9에는 예수가 물에 들어갔다가 나왔다고 기록되었고, 마태복음 3 : 16에는 "예수께서 세례를 받으시고 곧 물에서 올라오실새…"라고 기록되어 있고, 사도행전 8 : 38~39에서는 빌립이 구스 내시에게 이 의식을 베푸는 과정을 설명하면서 "……둘 다 물에 내려가 빌립이 세례를 주고 둘이 물에서 올라갈새……."라고 기록하고 있다.

셋째, 성경에는 침례 이외의 방법으로 이 의식을 베풀었다는 기록이 없다. 단지 125년경에 나온 "12사도의 교훈"이란 작자 미상의 책에 "물이 없을 경우 머리에 세 번 부으라."는 기록이 있을 뿐이다(7 : 1-3).

4세기에 로마 교구에서 살던 노비션(Novitian)이란 사람이 임종이 가까워 회개하고 침례받기를 원하였으나, 건강상의 이유로 부득이 그에게 관수례를 행했다는 기록이 있다. 이때를 전후해서 성직자들은 의식과 구원을 결부시켜서 교구민들에게 권위를 가지고 군림하기 시작했다. 즉, 그들은 의식에 참여하는 것은 구원의 요건이 되며, 그런 의식은 감독과 신부들만이 집행할 수 있다고 주장하기 시작했다. 이때부터 경우에 따라서 약식으로 의식을 집행하는 관례가 생기기 시작했던 것 같다. 그러나 13세기까지는 로마 가톨릭교회까지도 대부분의 성당에서 침수례를 베풀었거나 침수례가 공인된 의식이었던 것 같다. 13세기 이전에 건축된 로마 가톨릭교회의 성당 벽화에는 예수가 침례받으시는 모습이 선명하게 새겨져 있다.

넷째, 이 의식의 상징적 의미가 침례를 입증해 준다. 침수례야말로 예수 그리스도의 구속의 행위를 가장 선명하게 나타낸다. 로마서 6 : 1~11에 기록된 이 의식의 상징적 의미를 요약하면 대략 다음과 같다. 물에 잠기는 것은 죽음을 의미하고 물 속에 들어가 있는 것은 묻힘, 혹은 옛 사람의 죽음을 의미하며, 물 위로 올라오는 것은 부활, 즉 새 사람이 되는 것이다. 침례교인들은 예수 그리스도의 죽음과 묻힘과 부활을 가장 잘 나타낼 수 있으며, 또 그것을 가장 잘 기억나게 해주는 의식은 침수례뿐이라고 생각한다.

지금까지는 침례교파의 주장이었으나 다음으로 여기에 대한 반론을 살펴보자.

'밥티조'는 히브리어 '타발'(p. 147 참고)을 번역한 것이다. 타발이라는 말의 뜻은 '잠그다' 또 '젖는다' 이다. 그러므로 타발은 '잠그다'를 뜻하고 그것의 헬라어역인 '밥토'(βάπτω)도 그것을 의미하고 있다는 점에서 아무런 문제가 되지 않는다.

그러나 '타발'과 '밥토'에 있어서 '잠그다' 라는 것이 '침몰'과 같은 뜻이 아니라는 사실을 먼저 강조할 필요가 있다. 레위기 14 : 6, 51에 나오는 문둥병 환자와 문둥병이 생긴 집에 대해 정결케 하는 의식이 나오는데, 이것은 '밥토'가 침몰이라고 생각할 수 없는 행위를 나타내는 데 사용된 하나의 예이다. 왜냐하면 한 마리 새의 피로 다른 한 마리 새를 적실 수는 있으나 피의 양이 적기 때문에 침몰하게 할 수는 없는 것이다. 따라서 이 밥토는 '잠그다' 라는 의미가 아니고 어떤 행위에 대해서 언급하고 있는 것이다(룻2 : 14을 살펴보라).

다시 정리하면, '밥토 에이스'(βάπτω εἰs)도 침몰을 의미하지 않으며 또한 의미할 수 없는 하나의 예(레 14 : 6, 51)가 있다는 것, 또 잠기는 것이 요구되며 행해졌다고 생각하는 것이 무리라는 다른 예(레 14 : 16)가 있다는 것, 잠그는 것이 아니고 찍는다는 것이 합리적이고 당연한 생각이라는 것(룻 2 : 14)이 구약성경에 나타나 있는 것이다. 히브리어에 사용되었거나 또한 문맥상 해당하는 성구에도 잠그는 것을 요구하는 용어는 없다. 또 지금까지 살펴본 것과 같이 헬라어의 '밥토'는 반드시 잠그는 것이라고 말하지 않아도 된다. 열왕기하 5 : 14의 나아만의 경우나, 여호수아 3 : 15에서의 제사장들의 발이 요단강에 잠겼다고 하는 경우에 대한 것을 증명할 만한 인용구가 없다. 그리고 출애굽기 12 : 22, 레위기 4 : 6, 17, 9 : 9, 민수기 19 : 18, 신명기 33 : 24, 열왕기하 8 : 15에 있어서 잠그는 것이 여러 가지의 경우에 언급된 행위의 형식이라고 할 만한 근거가 없다. 그러나 '밥토'가 물에 잠그는 것을 의미하는 행위로 분명히 언급한 것이 한 곳 있는데 레위기 11 : 32의 경우이다. 또 욥기 9 : 31에도 의미가 상통한다. 적어도 이 경우의 의미는 단지 잠근다는 것보다 더 강하게 '빠지게' 라는 의미에 가까운 것이다.

다니엘 4 : 30, 5 : 21에 느브갓네살 왕이 하늘의 이슬에 몸이 젖는다고 할 때 '밥토' 로 되어 있다. 이것은 그의 몸이 이슬에 흠뻑 젖었거나 또는 약한 뜻일 수는 있으나 축축할 정도의 이슬에 잠겼다고 말할 수는 없는 것이다.

누가복음 11 : 38에서 씻음 또는 깨끗하게 하는 행위에 관하여 '밥티조' 가 쓰여 있는데 마태복음 15 : 2과 마가복음 7 : 3에도 같은 행위로 손을 씻었다는 것을 기억해야 한다. 따라서 마가복음 7 : 4의 상반절에서 '밥티조' 라는 용어가 물에 잠긴다는 의미로 쓰인 증거는 없다.

히브리서 9 : 10~23을 살펴보면, 10절에는 "여러 가지 씻는 것"이라는 표현이 나온다. 여기에서 구약성경의 여러 상징적 정결의식은 레위적 제도의 의식 규정이 본질적으로 무능력함과 그리스도의 정결과 속죄의 일이 얼마나 탁월한가를 비교하고 있다. 13절에서 이 정결의식 규정의 하나가 뿌림으로 수행되었다고, 즉 "염소와 부정한 자에게 뿌려 그 육체를 정결케 하여…"라고 명백하게 기록하고 있다. 여기서 구약의 제도의 하나인 정결의식이 그 효력적인 면에서 그리스도의 피의 종국성과 완전성에 비교된 것을 유의하여 '여러 가지 세례' 라는 언급을 촉진한 것은 그 상대적인 것이 효력이 없으며, 13절의 의식 또는 이런 의식을 '여러 가지 세례' 의 범위에서 제외하는 것은 해석학적으로 불가능한 것이다. 따라서 이것은 뿌림으로 인한 정결의식이 세례라고 부를 수 있다는 것을 의미한다.

다시 19절에서는 책과 온 백성에게 뿌림, 또 21절에서는 장막과 모든 의식용 기구 등을 뿌렸다고 했다(출 24 : 6-8 참조). 이 규정은 정결케 하기 위해서라고 23절에 확실히 나타나 있다. 우리는 이것을 10절의 여러 가지의 세례 범위에서 제외할 수 없다. 따라서 '세례' 라는 말은 다른 방식에 의한 것과 같이 뿌림에 의하여 행해지는 행위에 대해서도 언급하는 것이라고 결론지을 수가 있다. 그러므로 그것은 잠긴다고 하는 의미는 아니다. 세례는 다른 방식에 의한 행위를 지적하는 것이라고 할 수 있다.

2) 성찬식

성만찬은 예수가 십자가에 돌아가시기 전날 밤에 제자들과 함께 만찬을 드심으로 시작되었다. 예수가 친히 세우신 성찬에 대해 살펴보기로 한다.

첫째, 성찬은 그리스도 안에서 하나님의 구원의 역사를 기념하는 뜻을 가지고 있다. 예수가 잡히기 전날 밤에 제자들과 함께 다락방에서 최후의 만찬을 준비하고는 제자들에게 떡을 떼어 주면서 "받으라, 이것이 내 몸이니라."고 말씀하셨고, 또 식후에 잔을 가지사 축사하시고 저희에게 주면서 "이것은 많은 사람을 위하여 흘리는바 나의 피 곧 언약의 피니라."(막 14 : 22-24)고 말씀하신 것을 보면 성찬은 예수의 살과 피, 즉 죽음을 기념한다는 뜻을 내포한다.

성찬을 한마디로 표현하면 예수의 십자가 죽으심에 대한 기념이라고 할 수 있다. 여기에는 십자가의 죽으심을 기념하는 것으로 끝나는 것이 아니라 죽으신 후 삼일 만에 부활하신 것을 기념하는 뜻도 포함되어 있다.

둘째, 성찬은 단순히 하나의 기념만이 아니라 그리스도와의 현재적인 거룩한 영교 혹은 동참의 뜻을 가지고 있다. "우리가 축복하는바 축복의 잔은 그리스도의 피에 참예함이 아니며, 우리가 떼는 떡은 그리스도의 몸에 참예함이 아니냐"(고전 10 : 16)라고 사도 바울은 말했다. 성찬을 행하는 중에 인간을 위하여 십자가에서 몸을 내어주신 예수가 성찬에 임재해 계셔서 참여자와 영적으로 교제하고 있다는 것이다. 떡과 포도즙의 가시적인 요소를 통해 성찬의 참여자가 믿음으로 그리스도와 만나고 접하고 있다는 것이다. 그로 인해 그리스도의 생명은 곧 우리의 생명이 될 수 있다. 성찬을 통하여 바울이 체험하고 고백한 것 같이 우리도 같은 체험과 고백을 하게 되는 것이다. 즉 "내가 그리스도와 함께 십자가에 못 박혔나니 그런즉 이제는 내가 산 것이 아니요 오직 내 안에 그리스도께서 사신 것이라……"(갈 2 : 20)와 같은 고백을 하는 것이다.

셋째, 성찬은 소망의 선포라는 뜻이 있다. 성찬예식을 통하여 우리는

"······주의 죽으심을 오실 때까지 전하는 것이니라."(고전 11 : 26)는 말씀과 같이 모든 참여자가 주님의 재림의 소망을 가지고 참여한다는 뜻이다. 하나님의 모든 백성이 장차 오게 될 왕국에서 주님의 식탁에 둘러앉아 그리스도가 주시는 떡과 잔을 받을 날이 올 것이라는 사실을 고대하면서 소망으로 성찬에 참여하는 것이다. 성찬은 이 소망을 밝게 하며 그 사실을 위하여 늘 새롭게 증거하는 사명을 가진다.

이상과 같이 세 가지 의미를 가진 성찬은 예배의 본질적인 요소로서 처음부터 중요시되어 왔다. 초대교회에서는 매일 저녁집회 때마다 성찬식을 행했으며, 그 후에는 매주일 예배 때마다 거행하였다. 오늘날은 교회, 교파마다 차이는 있으나 매주일 혹은 연 4회 또는 연 2회 또는 매월 성찬식을 거행하고 있다.

성찬의 역사는 기독교가 생기기 오래 전부터 그 발자취를 더듬어 보아야 한다. 이스라엘 민족은 가나안 땅에 들어가기 전부터 광야에서 함께 종교적인 식사를 나누는 관습이 있었다. 그들이 식사를 나눌 때는 하나님께 감사했으며, 서로 의지하기 위해 연합의 필요성을 강조하는 일을 행했다. 이러한 종교적인 식사가 발전되어 한 편으로는 제사(祭司)에 의한 성전의 희생제사(祭祀)가 되었고, 또 한 편으로는 유대인 가정에서 가족들 간의 희생적 교제를 이루는 의식으로 발전되었다. 유월절은 이 가운데 연례적인 절기의 하나로 '세더'(Seder)라고 불리기도 했는데, 이 날에 세더는 회당에서 거행되기보다는 가정에서 거행되었다.

그리고 '키두쉬'(Kiddush)는 모든 안식일과 축제일의 저녁에 거행되는 식사였다. 이 키두쉬 때 모든 유대인 가족이 식탁에 둘러앉은 후에 아버지가 손에 잔을 들고 "너희에게 축복이 있을지어다. 포도의 열매를 만드신 온 우주의 왕이신 우리 주 하나님이 너희에게 복을 내리실 것이다."라고 말하고, 아버지가 먼저 잔을 들어 마시고는 둘러앉은 모든 가족에게 잔을 돌린다. 잔을 다 나눈 다음에는 축복의 떡을 나눈다. "땅에서 떡을 주시는 우주의 왕 하나님의 축복이 너희에게 함께 있을지어다."라고 아버지가 선언하고 난 다음 떡을 나누는 것이다.

최후 만찬은 예수가 잡히기 전날 밤에 제자들과 같이 유대인의 절기인 유월절을 기념하기 위한 식사라고 보통 생각하고 있다. 그러나 최후 만찬이 유대인의 키두쉬를 준비한 것이라는 데 대한 믿을 만한 증거와 이유를 다음과 같이 밝히고 있다. 요한복음 18 : 28에 의하면 최후 만찬 때에는 유월절 양에 대해 언급한 바가 없다는 것이다. 이 말씀에 근거하여 사도 요한은 예수가 잡히신 것은 유월절 잔치를 먹기 전이라는 견해이다. 그리고 사도 바울도 "……우리의 유월절 양 곧 예수 그리스도께서 희생이 되셨느니라."(고전 5 : 7)는 말씀으로 사도 요한의 견해에 동의한다. 이 의견은 다락방에서 잡히기 전날 밤에 다만 떡과 잔을 나눈 것뿐이지 유월절을 기념한 것은 아니라고 하는 것이다.

예수는 한 가정의 아버지 격으로서 식탁에 둘러앉아 있는 제자들에게 "…떡을 가지사 축복하시고 떼어 제자들에게 주시며, 또 잔을 가지사 사례하시고 저희에게 주시니 다 이를 마시매"(막 14 : 22-23)의 말씀을 들어 떡과 잔을 나누어 주신 이 예식이 곧 그때의 키두쉬였다는 것이다. 그러나 이스라엘 백성의 가정에서 행하던 키두쉬와 다른 점은 이날 밤에 예수가 제자들에게 베푸신 만찬에는 전에 없었던 새로운 것이 첨가되었다는 것이다. 그것은 곧 "…받으라 이는 내 몸이니라."고 한 말씀과 또 "이는 많은 사람을 위하여 흘리는바 나의 피 곧 언약의 피니라."고 예수가 친히 하신 말씀이다(막 14 : 22-24). 그리하여 예수가 제자들과 함께 잡수신 성만찬이 유대인의 키두쉬에서 유래되었다고 주장한다. 바꾸어 말하면 유대인의 키두쉬가 기독교의 성만찬이 되었다는 것이다.

성찬의 임재문제는 오늘날에도 논쟁이 되고 있다. 성찬에서 16세기 종교개혁 시대에 크게 논쟁을 벌인 문제는 예수 그리스도가 성찬식에 어떤 방법과 형태로 임재하시는가 하는 것이었다. 여기에 대한 견해를 다음과 같이 생각해 보고자 한다.

가톨릭교회는 성찬에 그리스도가 직접 육체적으로 임재하신다고 믿고 있다. 사제(신부)가 "이것이 내 몸이라."고 식사(式辭)를 할 때 떡과 포도즙은 그리스도의 몸과 피로 변한다는 것이다. 이것이 곧 '화체설'인데,

이 화체설은 "이것이 내 몸이라."는 식사 후 떡과 포도즙이 그리스도의 몸으로 변한다고 주장하나 선언한 후에도 여전히 떡이나 포도즙의 맛은 변하지 않고 그대로 있지 않느냐는 반박에 대해 떡과 포도즙의 물체는 변화되지만 그 속성은 그대로 남아 있다고 주장한다.

가톨릭교회가 주장하는 이 견해에 반대하는 몇 가지 주장은 다음과 같다. 예수가 제자들 앞에 육체 그대로 계셨다(성만찬 때). 그러므로 예수가 자신의 몸을 자기 손에 소유하면서 떡이라고 말하지 않았을 것이다. 다음은 떡이 화체(化體)될 만한 때에도 그것을 떡이라고 예수가 호칭했다(고전 10 : 17, 11 : 26-28). 물체의 변화는 그 속성이 상응하는 변화가 없이는 불가능한 것이다. 떡이나 포도즙과 같이 형상과 취각과 맛을 가진 물체를 살과 피로 믿는 것은 참으로 상식 이하라고 할 수 있다.

종교개혁자 마틴 루터는 로마 가톨릭교회의 화체설을 배척하고 공재설(共在說)을 주장했다. 그에 의하면 떡과 포도즙은 여전히 그 자체로 존재하지만 그리스도의 전인격적인 몸과 피는 떡과 포도즙 속에 함께 임재하신다는 것이다. 그리스도께서 떡을 그의 손에 집었을 때 그의 몸도 떡과 함께 있었기 때문에 그는 "이것은 내 살이니라."고 말씀할 수가 있다는 것이다. 이 견해에 의하면 떡을 받는 사람은 누구든지 신자이든 신자가 아니든 간에 그리스도의 몸을 받게 된다는 것이다. 이 견해는 가톨릭교회의 견해와 별 차이가 없다는 비난을 듣는다. 이것은 예수의 말씀으로 '이것은 내 몸을 수반한다'는 뜻이 내포되어 있기 때문에 부당하다는 것이다. 더욱이 이 견해는 예수의 영화(榮化)한 인성의 편재(偏在)라고 하는 불가능한 견해를 만들어 놓게 되었다. 왜냐하면 이것은 주님의 만찬이 시행되는 곳은 어디든지 그리스도가 임재해 계신다고 가르치고 있기 때문이다.

쯔빙글리는 예수의 성찬에서 그리스도의 신체적 임재는 부인했으나 그리스도가 신자를 향하여 영적 방식으로 거기에 임재해 계신다고 주장했다. 그는 그리스도가 죄인을 위하여 행하신 것에 대한 기념으로써 또는 그 참여자의 신앙고백의 행위로써 예수의 만찬에 대한 의미를 강조했다. 성찬은 하나님께서 그리스도 안에서 성도를 위하여 행하신 것의 인치심의 표 혹은 보증으로 보았다. 그가 주장한 예수의 만찬은 주로 그리스도의 죽음을 기념하는 단순한 표 혹은 상징이며, 또한 성도의 신앙고백의 하나의 행위에 지나지 않는다는 인상을 받게 한다. 그의 견해는 예수의 만찬의 교리로부터 모든 신비적 요소를 제거하려는 분명한 경향이 있음을 보여 준다.

반면 칼빈은 가톨릭교회, 루터, 쯔빙글리 각각의 견해에 이의를 가지고 루터와 쯔빙글리의 중간적 견해를 주장했다. 칼빈은 예수의 만찬에서 육체적 또는 장소적인 현존을 대신하여 그리스도의 영적 임재를 주장했다. 떡과 포도즙이 눈에 보이는 모양으로 존재하고 있는 것 같은 실재로서, 그것을 상징하는 그리스도는 영적으로 임재해 계신다고 주장했다. 그러므로 눈으로 보는 형식의 깊이에 영의 실재를 보지 않으면 안 된다는 것이다. 그것은 말씀, 즉 신언(神言)에 따른 신앙의 눈이라는 것이다. 하나님의 말씀을 중심으로 한 신앙의 눈을 가지고 실재를 보아야 한다는 것이다. 따라서 성찬식에 참여하는 데는 신앙이 요구된다. 성도는 성찬식에 참여하기 위해 마음의 준비를 해야 한다고 했으며, 성찬에 참여하여 신비적 교통으로 인한 기쁨이 있어야 한다고 강조했다.

그러면 성찬의 요소를 살펴보자. 먼저 성찬식에 사용하는 떡은 누룩 없는 떡이 아니면 안 된다고 하는 의견에 대해서 희랍 정교회와 로마 가톨릭교회가 각각 다른 견해를 가지고 있다. 예수가 다락방에서 가진 성만찬 때 사용한 떡은 누룩 없는 떡이다. 그러나 신약의 교회가 성찬식에서 구약시대에 사용했던 누룩 없는 떡을 반드시 사용해야 될 필요는 없다고 본다. 누룩 없는 떡은 분명히 구약시대에 속해 있었다. "너희는 누룩 없는 자인데 새 덩어리가 되기 위하여 묵은 누룩을 내어버리라. 이러므로 우리가 명절을 지키되 묵은 누룩도 말고 괴악하고 악독한 누룩도 말고 오직 순전함과 진실함의 누룩 없는 떡으로 하자"(고전 5:7-8). 예수가 성찬을 제자들과 함께 잡수실 때 그때는 누룩 없는 떡밖에 없었다. 그러므로 그 당시에는 누룩 없는 떡으로 성찬식을 거행할 수밖에 없었다.

앞서 말한 바와 같이 동서 교회, 즉 로마 가톨릭교회와 희랍 정교회가 분열된 큰 원인 중의 하나가 바로 누룩 없는 떡 사용으로 인한 것이었다 (1054년 분열). 동방 교회(희랍 정교회)는 서방 교회(가톨릭교회)가 성찬식 때 누룩 없는 떡을 사용하는 것은 유대교 이단이라고 지적했다. 희랍 정교회는 누룩 없는 떡을 사용하지 않으면서 정통교리를 역설하고 주장하는 교회이다.

한국의 개신교회는 주로 제과점에서 팔고 있는 카스테라나 식빵을 종종 사용한다. 그러나 중요한 것은 예수가 십자가에 돌아가신 몸을 기념하고, 그 정신과 의미를 잘 살려 사용하면 되는 것이다.

포도주와 포도즙 사용문제에 대해서는 이론이 많고 교파마다 차이가 있다. 예수가 다락방에서 사용하신 것은 포도주였다. 성경에도 포도주로 되어 있다. 성찬식 때 어느 것을 사용해야 하느냐 하는 문제는 교회(교파)의 결정에 따름이 옳을 것이다. 포도주를 사용하든 포도쥬스, 즉 포도즙을 사용하든 간에 예수의 피를 기념하고 상징하는 것이라면 어느 것을 사용해도 무방하다. 단 붉은 색깔이 있는 것을 사용하는 것이 원칙이다. 그것은 피가 붉기 때문이다.

성찬식에 어떤 사람이 초청되는가 하는 문제에 대해서도 이론이 많다. 성찬식에 초청되는 범위(범주)는 세 가지가 있다.

첫째, 비공개적 초청이다. 이것은 자기 교회의 성도만 참여할 수 있게 제한하는 것을 말한다. 그러나 교회 모두가 그리스도의 몸의 지체라는 진리를 생각할 때 자기 교회의 성도만으로 초청 범위를 제한하는 것은 문제가 있다. 자기 교회만이 교회가 아니라 온 세계의 교회가 그리스도의 몸이요 한 지체인 것이다.

둘째, 공개적 초청이다. 이것은 자기 자신이 그리스도인이라고 생각하는 자는 세례를 받았거나 안 받았거나 모두가 성찬에 참여할 수 있게 허락하고 개방한다는 것이다. 반면 이 초청은 이단적 신앙이나 속된 생활을 한 사람들까지 함께 성찬에 참여시켜 그리스도의 몸을 더럽히게 할 염려가 있다는 것이 단점이다.

셋째, 제한적 초청이다. 이 초청은 세례교인에게만 제한해서 성찬에 참여시키는 것이다. 이것은 위의 두 가지 형태의 중간을 취한 초청 범위이다.

어쨌든 성찬은 모든 사람을 위하여 제정된 것이 아니라 오직 신앙을 적극적으로 실천할 수 있는 사람과 주의 성찬의 영적 의미를 공정하게 평가할 수 있는 사람만을 위하여 제정되었다. 아직 분별력이 없는 어린이들을 이 성찬에 참여시키는 것은 부당하다고 본다. 성도라 할지라도, 즉 세례를 받아야 성찬에 참여할 수가 있다. 그래서 바울은 고린도 전서 11 : 28~32에서 '자기 반성'의 필요성을 강조했다.

위의 초청 범위의 세 번째 '제한적 초청'을 많은 교회가 이용하고 있다. 세례교인이면 어느 교회의 교인이든 다 성찬에 참여시키고 있다. 세례교인에게만 제한해서 참여시키는 것은 교회의 법을 세우고 질서를 유지하기 위해서 반드시 필요한 것이기 때문이다.

성찬은 거룩한 교제가 되어야 한다. 이것을 다른 말로 바꾸면 성 교제(sacred Fellowship)라고 할 수 있다. 이것은 예수 그리스도와의 영적인 친교를 말하며, 주께서 예배하는 자들과 함께 계시면서 교제를 이루고 있음을 말하고, 또 한 편으로는 예배자 스스로를 주께 드림이 되고 우리 예배자들이 주를 받아들임을 뜻한다. 거룩함에는 그리스도에 대한 헌신과 사랑이 병행되어야 한다. 따라서 성찬에는 아무나 참여할 수 없었고 이단자 또는 극단적인 죄인, 이름난 죄인은 제외되었다. 교리의 권위를 거절하거나 손상시킨 자에게는 로마 가톨릭교회에서 성찬 집행을 못 하게 했다. 교제의 성스러운 상징은 예배자 서로가 제단을 향해 마음문을 여는 길이 되며, 서로의 마음을 연합시키는 요소가 되는 것이다. 1548년에 나타난 성찬의 초청에서는 그 자격을 다음과 같이 말하고 있다. "너희는 진실하고 정직하게 너희의 죄를 회개하고 이웃과 더불어 사랑과 기쁨으로 살며, 하나님의 계명을 따라 새 생활을 하고 거룩한 길로 걸어가며, 믿음을 더하게 하고 위로를 위해 이 성찬에 참여하라."

성찬에는 다음과 같은 몇 가지 의미가 있다. 첫째로 성찬은 주님의 죽음에 대한 상징적 계시요(고전 11 : 26), 둘째로 그리스도인이 십자가에 못 박히신 그리스도의 고난에 참여하는 것을 상징하며, 셋째로 영혼에 생명과 능력과 희열을 주는 영적 음료의 효과를 제시하며, 넷째로 예수 그리스도의 신비적 신체의 지체로서의 상호 연합을 상징한다. 다섯째, 그리스도인이 감사로 참여하는 것을 의미한다. 성찬은 영어로 '유카리스트'(eucharist)란 단어인데, 이는 '유카리스타'(eucharista)라는 헬라어에서 유래된 것으로 '감사'의 뜻을 가지고 있다. 성찬에 참여하는 것은 죄인을 위해 십자가에 돌아가신 주님의 은혜에 대해 감사하는 것이다.

성찬에는 또한 몇 가지 교훈이 포함되어 있다. 첫째, 성찬은 가장 고통스럽고 수치스러운 십자가의 죽음에 자신을 내어주심으로 계시된 그리스도의 위대한 '사랑'을 그 참여자에게 인식시킨다. 둘째, 신앙으로 성찬에 참여하는 자들에게 언약의 모든 약속과 또 복음이 제시하는 모든 풍부한 것이 다 자신의 것이라는 확증을 준다. 셋째, 구원의 복음이 그의 현실적 소유로 되어 있다는 사실을 신앙으로써 참여하는 자에게 확증시킨다. 넷째, 성찬은 성례의 신앙으로 참여하는 자들의 신앙고백의 휘장(徽章)이다. 그들은 주의 식탁에 참여할 때 그리스도를 그들의 구세주로 고백하며 왕이신 주께 충성을 다하며, 또한 그의 명령에 대하여 순종의 생활을 할 것을 엄숙히 서약하는 것이다.

성찬식은 원칙적으로 교회에서 집행되는 것이지만 교회 안의 성찬대를 가정, 직장 등 교인이 있는 곳에는 어디든지 가지고 갈 수 있다. 가족과 더불어 식사 때마다 식탁에서 주님의 십자가와 부활을 기념하는 성찬이 행하여지는 것도 의미가 있다.

예수가 마가의 다락방에서 잡히기 전 제자들과 같이 잡수신 성만찬에 네 가지 동작이 있었다.

첫 번째 동작은 예수가 떡과 잔을 '취하심'이다. 떡은 세계 속에서의 생활을 뜻하고, 잔은 기쁨과 즐거움을 뜻한다. 예수가 제자들에게 나누어 주시기 위해서 떡과 잔을 취하시는 행위(동작)를 하셨다.

두 번째 동작은 예수가 떡과 잔을 제자들에게 나누어 주기 전에 떡과 잔을 '축복하신' 행위이다. 이것은 하나님과의 참된 관계성을 뜻한다.

세 번째 동작은 예수가 제자들에게 나누어 주기 전에 축복하신 후 떡을 '떼는' 행위이다. 이것은 그리스도의 참된 죽음의 의미를 나타내고 있다. 곧 예수가 십자가 위에서 살이 찢기시고 피를 흘리신 것을 뜻한다.

네 번째 동작은 예수가 떡을 취하시고 축사하신 후 떼어 제자들에게 '나누어 주심'을 말한다. 잔도 마찬가지이다. 이것은 떡과 잔을 함께 나눔을 말하고 예수 그리스도의 생애에 동참한다는 뜻이다. 곧 그리스도의 십자가의 죽음과 부활에 참여한다는 뜻이다.

이상의 단어는 동사로 표현되며, 동사는 행동을 의미한다. 성찬에 네 개의 단어가 동사로 되어 있는 것같이 모든 성찬에 참여하는 자들도 예배당 안에서 엄숙하고 거룩하게 참여하는 것만으로 끝나지 말고 세계 속으로 나아가 예수의 십자가의 죽으심과 부활을 증거하는 행위가 있어야 한다. 십자가는 고난이며 죽음이 따르지만, 부활은 기쁨과 소망을 주는 것이므로 고난의 십자가를 달게 받아 지고 나갈 때 부활의 기쁨과 소망이 따르게 되는 것이다. 나아가 세계 속에 들어가 전하는 사명을 감당해야 한다.

예수는 다락방에서 엄숙히 성만찬을 잡수신 후에 그 다락방에만 머물러 계시지 않았다. 곧 고난과 죽음이 있는 겟세마네, 원수가 잡기 위해 대기하고 있는 감람산으로 발길을 옮기신 것이다. 우리도 성찬에서 체험한 것을 예배당 밖, 죽음과 분쟁과 미움이 우글거리는 세계 속으로 발을 옮겨야 한다. 거기에서 주를 위해 십자가의 고난에 동참할 때 부활의 기쁨과 소망을 맛보게 되는 것이다.

3) 리마 성찬 예식서

개회의 예전
입장 찬송(응답송이나 송영, 또는 시편송)
인 사

집례자 : 우리 주 예수 그리스도의 은혜와 하나님의 사랑과 성령의 친교가 여러분과 함께.

회　중 : 또한 목사님과 함께.

죄의 고백

회　중 : 자비로우신 하나님, 우리가 죄의 사슬에 묶여서 우리 스스로를 구원할 수 없음을 고백하나이다. 우리는 자신이 이미 행동으로 옮겼거나 미처 그러하지 못했던 우리의 생각과 행동과 말로 주님께 죄를 지었나이다. 우리는 우리의 온 마음을 다하여 주님을 사랑하지도 못하였나이다. 하나님의 아들 예수 그리스도를 보시고 우리에게 자비를 베풀어 주시옵소서. 우리를 용서해 주옵시고, 새 사람이 되게 하옵시며, 우리의 길을 인도해 주셔서 하나님의 뜻 안에서 기뻐하고, 하나님의 길을 걸음으로 하나님께 영광을 돌리게 하옵소서. 아멘.

용서의 선언

집례자 : 전능하신 하나님께서는 예수 그리스도를 보내사 우리를 위해 죽게 하시고, 이 그리스도를 보시어 우리의 모든 죄를 용서해 주십니다. 나는 교회의 부름을 받고 안수를 받은 목사로서 예수 그리스도의 권위를 힘입어, 성부와 성자와 성령의 이름으로 여러분의 모든 죄가 완전히 용서받은 것을 선언합니다.

회　중 : 아멘.

자비의 연도

보조자 : 성령께서 평화의 줄로 여러분을 묶어 하나가 되게 하여 주신 것을 그대로 보존하고, 몸도 하나요 성령도 하나이며, 주님도 한 분이시고 믿음도 하나이고 세례도 하나라는 것을 함께 고백할 수 있도록 주님께 기도합시다(엡 4 : 3-5).

회　중 : 키리에 엘레이손(Kyrie eleison '주여 자비를 베푸소서'라는 의미의 응답송).

보조자 : 우리가 같은 상에 둘러앉아 떡을 떼고 잔을 축성함으로써 그리스

7. 예배행위의 제 요소 171

> 도의 몸 안에서 눈에 보이는 친교를 이룰 수 있도록 주님께 기도합시다(고전 10 : 16-17).
> 회 중 : 키리에 엘레이손.
> 보조자 : 그리스도를 통해서 하나님과 화해한 우리가 서로의 사역을 깨닫고, 화해의 사역 안에서 하나가 될 수 있도록 주님께 기도합시다(고후 5 : 18-20).
> 회 중 : 키리에 엘레이손.

영광송(교독이나 송영으로)
 지극히 높은 곳에서는 하나님께 영광이요,
 -땅에서는 하나님의 백성에게 평화로다.
 주 하나님, 하늘의 왕, 전능하신 아버지 하나님이시여,
 -우리가 감사함으로 주님께 예배드리나이다.
 우리가 하나님의 영광을 찬양하며,
 -아버지의 외아들, 주 예수 그리스도를 찬미하나이다.
 주 하나님, 하나님의 어린 양이시여,
 -자비를 베푸사 세상 죄를 없애 주소서.
 우리의 기도를 들으사 세상 죄를 없애 주소서.
 -아버지의 오른편에 앉아 계신 주님, 우리의 기도를 들으소서.
 주님만 거룩하신 분이시기에,
 -주님만 우리의 주님이 되십니다.
 성령과 함께 계시는 예수 그리스도시여, 주님만 높은 곳에 계시며,
 -아버지 하나님의 영광 가운데 계시나이다.
 아멘.

말씀의 예전
오늘의 기도
 집례자 : 기도합시다. 은혜가 풍성하시고 자비로우신 주 하나님, 주님께서는 사랑하는 아들이 요단강에서 세례를 받을 때 성령으로 기름을

부으셔서, 그를 예언자와 제사장과 왕으로 성별하셨나이다. 이제 우리에게도 하나님의 성령을 보내셔서, 우리가 세례받았을 때의 소명에 충실하며, 그리스도의 몸과 피의 성만찬을 진정으로 바라고, 하나님의 백성 가운데 가난한 사람들과 우리의 사랑을 필요로 하는 모든 이들을 섬길 수 있게 하옵소서. 지금도 살아 계셔서 하나님과 함께, 그리고 한 하나님이신 성령의 일치 속에서 끝없이 세상을 통치하시는 하나님의 아들, 우리 주 예수 그리스도의 이름으로 기도하나이다.

회 중 : 아멘.
구약성경 낭독
명상의 시편
사도서신 낭독
알렐루야 영창
복음서 낭독
설 교
침 묵
신앙고백(니케아-콘스탄티노플 신조, 381년)

우리는 한 분이신 아버지 하나님을 믿습니다. 그분은 전능하셔서 하늘과 땅과 이 세상의 보이고 보이지 않는 모든 것을 지으셨습니다.

우리는 한 분이신 주 예수 그리스도를 믿습니다. 그분은 모든 시간 이전에 아버지에게서 나온 하나님의 외아들이십니다. 그분은 빛 가운데 빛이요 참 하나님에게서 나온 참 하나님이시며, 아버지와 같은 분으로, 낳음과 지음받은 분이 아닙니다. 이분을 통해서 모든 만물이 지음을 받게 되었습니다. 우리 인간과 우리의 구원을 위하여 하늘로부터 내려오사 성령의 능력으로 동정녀 마리아에게서 한 인간으로 태어나셨습니다. 우리 때문에 본디오 빌라도 밑에서 십자가의 형을 받아 죽임을 당하고 무덤에 묻히게 되었지만 성경의 말씀대로 사흘 만에 부활하시어 하늘로 올라가셨습니다. 그분은 하나님의 오른편에 앉아 계시다가 산 자와 죽은 자를 심판하러 영광 가운데 다시 오실 것입니다. 그 때부터 그분의 나라는 영원히 계속될 것입니다.
　우리는 아버지로부터 나오시어 우리의 생명의 주가 되시는 성령을 믿습니다. 그분은 아버지와 아들과 더불어 예배와 영광을 받으시고 예언자를 통해서 말씀하신 분입니다. 우리는 하나님의, 거룩하고, 세계적이며, 사도적인 교회를 믿습니다. 우리는 죄의 용서를 위한 하나의 세례를 믿습니다. 우리는 죽은 자의 부활과 오고 있는 세계에서 살게 될 것을 믿고 기다립니다. 아멘.

중재의 기도
　보조자 : 믿는 마음으로, 우리의 아버지 하나님과 그분의 아들 예수 그리스도와 성령께 기도드립시다.
　회　중 : 키리에 엘레이손.
　보조자 : 온 세계에 있는 하나님의 교회에 성령께서 임재하시도록 간구합시다.
　회　중 : 키리에 엘레이손.
　보조자 : 국가의 지도자들이 정의와 평화를 위하여 일하고 그런 노력들을 변호할 수 있도록 하나님께서 지혜 주시기를 기도드립시다.
　회　중 : 키리에 엘레이손.
　보조자 : 억압과 폭력 때문에 고통당하는 사람들에게 구원자 하나님의 권능이 임하도록 간구합시다.
　회　중 : 키리에 엘레이손.
　보조자 : 교회가 자신을 그리스도와 하나되게 하는 세례 안에서 눈에 보이는 일치를 다시 발견할 수 있도록 그리스도께서 사랑 베푸시기를 기도드립시다.
　회　중 : 키리에 엘레이손.
　보조자 : 교회가 한 식탁에 둘러앉아 성만찬의 참 친교를 성취할 수 있도록 그리스도께서 힘 주시기를 기도드립시다.
　회　중 : 키리에 엘레이손.
　보조자 : 교회가 한 주님을 섬기는 가운데 서로서로의 교역을 인정할 수 있

도록 그리스도께서 평화 주시기를 기도드립시다.
회 중 : 키리에 엘레이손.
(계속해서 회중의 기도를 추가할 수 있다).
보조자 : 오 주여, 주님의 자비를 믿으며, 우리가 기도드린 모든 이들을 주님의 손에 위탁합니다. 하나님의 아들이신 우리 주 예수 그리스도의 이름으로 기도드립니다.
회 중 : 아멘.

성찬의 예전
준비 기원
보조자 : 만유의 주 하나님을 찬양하나이다. 주께서 이 땅과 인간노동의 열매로 이 떡을 주셨사오니, 이 떡이 곧 생명의 떡이 되게 하옵소서.
회 중 : 하나님을 영원토록 찬미할지어다!
보조자 : 만유의 주 하나님을 찬양하나이다. 주께서 포도넝쿨과 인간노력의 열매로 이 포도주를 주셨사오니, 이 포도주가 영원한 하늘나라의 것이 되게 하옵소서.
회 중 : 하나님을 영원토록 찬미할지어다!
보조자 : 들판에 흩뿌렸던 밀알과 포도밭에 퍼뜨렸던 포도송이가 이 상위에 있는 떡과 포도주 안에서 하나가 된 것같이, 주여 주님의 온 교회가 머지않아 이 세상 구석구석으로부터 주님의 나라를 향해 함께 모여들게 하옵소서.
회 중 : 마라나타! 주 예수여, 오시옵소서!

인사의 교환
집례자 : 주님께서 여러분과 함께.
회 중 : 또한 목사님과 함께.
집례자 : 주님을 향하여 마음을 드높이.
회 중 : 주님을 향하여 우리의 마음을 듭니다.
집례자 : 우리 주 하나님께 감사드립니다.

7. 예배행위의 제 요소   175

　　회　중 : 주님께 감사와 찬양을 드리는 것이 옳고 마땅합니다.
처음 기원
　　집례자 : 오 거룩하신 아버지시여, 전능하시고 영원하신 주 하나님, 시간과 장소에 제한이 없이 하나님께 영광을 돌리고 감사기도를 드림이 저희가 해야 할 마땅한 일 아니옵니까? 하나님께서는 생명의 말씀으로 천지를 지으시고 모든 것이 선하다고 말씀하셨습니다. 하나님의 형상대로 인간을 창조하시어 하나님의 생명에 참여하고 하나님의 영광을 드러내게 하셨나이다. 때가 찼을 때 하나님께서는 그리스도를 우리에게 보내사 우리의 길과 진리와 생명이 되게 하셨나이다. 그리스도께서는 세례를 받으시고 하나님의 종으로 성별되어 가난한 사람들에게 기쁜 소식을 선포하셨나이다. 그리스도께서는 최후의 만찬으로 성찬의 예전을 제정하사 우리로 하여금 십자가와 부활을 기념하는 축제로 지키게 하시고, 먹고 마시는 것으로 자신의 임재를 맛보게 하셨나이다. 구원받은 모든 사람을 그리스도께서 왕같은 제사장으로 세우셨으며, 자신의 형제자매를 사랑함으로써 사역에 동참할 사람들을 책하사 하나님의 말씀으로 교회를 양육하고, 교회가 하나님의 성례전으로써 생명을 유지하게 하셨나이다. 주님, 그러므로 우리는 천사들과 모든 성도와 함께 주님의 영광을 선포하고 찬양하나이다.
삼성창
　　회　중 : "거룩, 거룩, 거룩"
성령임재의 기원(I)
　　집례자 : 오 만유의 주 하나님이시여, 하나님께서는 거룩하시며 하나님의 영광은 측량할 길이 없나이다. 모세와 예언자들이 증언했고, 은혜로 동정녀 마리아를 돋보이게 하셨으며, 요단강에서 예수님 위에 강림하셨고, 성령강림절 날 사도들에게 임하였던 생명의 성령을 이 성만찬 예전에 보내 주시옵소서. 불 같은 성령께서 오셔서 이 감사의 식탁을 성별하시고 이 떡과 포도주가 우리를 위한 그리스

도의 몸과 피가 되게 하소서.

회 중 : 창조주 성령이여, 오시옵소서!

성찬 제정사

집례자 : 창조주 성령께서 하나님의 사랑하는 아들의 말씀을 성취하게 하옵소서. 곧 주 예수께서 잡히시던 날 밤에 떡을 손에 드시고 감사의 기도를 드리신 다음 떡을 떼시어 자기 제자들에게 주시며 말씀하셨습니다. "자 받아 먹어라. 이것은 너희를 위하여 주는 내 몸이니 나를 기억하여 이 예를 행하여라." 또 식후에 잔을 드시고 감사의 기도를 드린 다음 제자들에게 그것을 주시며 "자, 마셔라. 이것은 죄의 용서를 위해 너희와 많은 이들을 위해 흘리는 내 피로 맺은 새로운 계약의 잔이니 마실 때마다 나를 기억하여 이 예를 행하여라." 말씀하셨습니다. 신앙의 신비가 크고 또 놀랐습니다.

회 중 : 주 예수여, 주님의 죽음을 우리가 선포하고, 주님의 부활을 우리가 찬양하나이다. 주님께서 영광 가운데 오시기를 우리가 기다리나이다.

기념사

집례자 : 주여, 그래서 오늘 우리는 우리의 구원을 기념하나이다. 우리는 우리를 위해 이 땅에 오신 하나님의 아들의 탄생과 그 생애, 요한에게서 세례를 받으시고 사도들과 더불어 최후의 만찬을 드셨으며, 마침내 죽임을 당하사 죽은 자들의 처소에 내려가셨던 것을 기억하나이다. 그러나 우리는 그리스도께서 영광 가운데 부활하시어 하늘에 오르셨음을 선포하나이다. 그분께서는 거기서 우리의 대제사장으로 모든 사람들을 위해 항상 기도하고 계심을 믿습니다. 무엇보다도 우리는 마지막날 그분께서 다시 오시기를 기다리옵니다. 하나님의 아들의 희생을 기억하시어 이땅 위의 사람들에게 그리스도의 구원의 역사를 베풀어 주옵소서.

회 중 : 마라나타! 오 주여, 오시옵소서!

성령임재의 기원(Ⅱ)

집례자 : 주여, 주께서 몸소 교회를 위해 베푸셨던 이 성만찬을 보소서. 주께서 아들의 희생을 받으심으로 우리가 다시 주님의 계약 안에 살게 된 것처럼 이 성찬을 받아 주시옵소서. 우리가 그리스도의 몸과 피에 참여할 때 우리에게 성령을 가득 채워 주셔서 그리스도 안에서 한몸과 한마음이 되게 하시고, 주님의 영광을 찬양하는 산 제물이 되게 하옵소서.

회 중 : 창조주 성령이여, 오시옵소서!

추모의 기원

보조자 : 주여, 그리스도의 피로 구속하신 주님의 교회, 하나의 교회요 거룩한 교회이며, 세계적이고 사도적인 교회를 기억하여 주옵소서. 교회의 하나됨을 드러내 주시고, 그 믿음을 지켜 주시며, 평화로 이 교회를 감싸 주옵소서. 주여, 주님의 교회를 위해 일하는 목사와 장로와 집사, 그 밖에도 특별한 사명을 받아 일하는 모든 사람들을 기억해 주시옵소서(이 순간 특별히 간구하옵기는……을 기억해 주옵소서).또한 우리보다 먼저 그리스도의 평화 안에서 하나님 품으로 돌아가신 우리의 자매들과 형제들, 그리고 주님만이 그 믿음을 알고 계신 모든 사람들도 기억해 주시옵소서. 주께서 모든 백성을 위해 예비하신 기쁜 잔치에 우리보다 먼저 간 모든 성도와 더불어 이들도 참여할 수 있도록 인도해 주옵소서. 이 모든 형제자매들과 더불어 주님을 찬양하며 주님의 나라에서 사는 기쁨을 기다리나이다. 주님의 나라에서 죄와 죽음에서 구원받은 모든 피조물과 더불어 우리 주 그리스도를 통하여 하나님께 영광을 돌릴 수 있게 하옵소서.

회 중 : 마라나타! 주여, 오시옵소서!

마지막 기원

집례자 : 전능하신 아버지 하나님께 그리스도를 통하여, 그리스도와 함께, 그리스도 안에서의 모든 영광과 존귀가 성령의 일치 속에서 지금부터 영원토록 함께하시기를 기원합니다.

회　중 : 아멘.
주의 기도
　　보조자 : 같은 성령과 같은 그리스도의 몸 안에서 하나의 세례로 한 몸이 된 우리가 하나님의 아들, 딸로서 이 기도를 드립니다.
　　회　중 : "하늘에 계신 우리 아버지……"
평화의 인사
　　보조자 : 주 예수 그리스도시여, 주께서 사도들에게 이렇게 말씀하셨습니다. "나는 너희에게 평화를 주고 간다. 내 평화를 너희에게 주는 것이다." 우리의 죄를 보지 마시고 교회의 믿음을 보사 주님의 뜻을 이룰 수 있도록 항상 이 평화를 우리에게 주옵소서. 이 세상 끝날까지 주님 나라의 완전한 일치를 향해 살도록 우리를 인도해 주옵소서.
　　회　중 : 아멘.
　　보조자 : 주님의 평화가 여러분과 함께.
　　회　중 : 또한 목사님과 함께.
　　보조자 : 이제는 화해와 평화의 징표로 서로 인사를 나눕시다.
분병례
　　집례자 : 우리가 떼는 이 떡은 그리스도의 몸을 나누는 친교요, 우리가 감사기도를 드리는 이 축복의 잔은 그리스도의 피를 나누는 친교입니다.
하나님의 어린 양
　　회　중 : 세상 죄를 없애시는 하나님의 어린 양이시여, 우리에게 자비를 베푸소서. 세상 죄를 없애시는 하나님의 어린 양이시여, 우리에게 평화를 주소서.
성찬에의 참여
감사의 기도
　　집례자 : 다같이 한마음으로 주님께 기도드립시다. 오! 주 우리 하나님, 그리스도의 몸 안에서 세례로 하나되게 하시고, 이 성찬에 기쁨으로

충만케 해주심을 감사드리나이다. 교회의 완전한 일치를 향해 일하도록 우리를 인도하시고, 주께서 우리에게 허락하신 모든 화해의 징표를 소중히 여길 수 있도록 우리를 도와주시옵소서. 이제 장차 올 세계에서 우리를 위해 마련해 주신 이 잔치에 참여하였으므로 머지않아 우리 모두가 하늘나라의 삶 속에서 성도들의 유산을 서로 나눌 수 있게 하옵소서. 살아 계셔서 세상 끝날까지 성령의 일치 속에서 하나님과 함께 세계를 다스리시는 하나님의 아들, 우리 주 예수 그리스도의 이름으로 기도하옵니다.

  회 중 : 아멘.

폐회 찬송

파송의 말씀

"성령의 능력을 힘입어 예수 그리스도의 일꾼으로서 선교와 봉사의 사명을 다하기 위해 세계 속으로 나아가십시오."

축복기도(축도)

  집례자 : 주께서 여러분에게 복을 내리시며, 여러분을 지켜 주시고, 주께서 그의 얼굴을 비추이어 여러분에게 은혜를 베풀어 주시며, 주께서 여러분을 미쁘게 보사 평화 주시기를 바랍니다. 전능하신 성부 성자 성령께서 여러분께 지금부터 영원토록 복내려 주시기를 축원합니다.

  회 중 : 아멘.

제 8 장

교회력

1. 교회력의 형성사

근래에 이르러 각 교회는 교파의 구별 없이 예배의식과 교회력에 대해 새로운 관심을 가지기 시작했다. 종교개혁 당시 보수적이었던 교회들은 서방 교회의 공동유산에 대하여 한층 더 감사히 여기게 되었으며, 16세기에 과격한 편에 서 있던 교회들은 오랫동안 잃어버린 전통과 의식을 되찾는 일에 적극적이었다. 교회력은 전통과 의식을 되찾는 일 가운데 하나였다. 루터 교회에서는 모든 의식을 배제했으나 교회력에 관심을 갖게 되어 영국 교회와 같이 교회력에 맞춘 연중행사표를 작성하게 되었으며, 스코틀랜드 교회에서는 한때 사용했다가 폐기한 것을 다시 회복하여 사용하게 되었다.

교회력은 교황 그레고리 8세에 의하여 1582년에 채택되었고, 그 자신이 만들지는 않았으나 그의 이름으로 된 현재의 그레고리력(Gregorian Calendar)을 세계에 소개하는 역할을 교회가 담당해 왔다.

구력인 율리우스(Julius)력에 비해, 신력인 그레고리력은 스페인, 포르투갈, 프랑스 및 가톨릭 영역인 독일이 채택하여 사용했다. 중세기에는 일반력이 교회력에 종속되어 있어서 일반 공휴일은 교회의 경축일이었다. 공휴일에는 재판도 중지되고 전쟁도 휴전했으며, 상점이 문을 닫는 등 모든 일을 중지했다. 중세기 사람들은 벽에 걸어 놓고 볼 수 있는 인쇄된 월력(연력)이 없었기 때문에 자연히 교회에 의존할 수밖에 없었던 것이다.

그러나 교회가 처음부터 교회력을 가진 것은 아니다. 마치 초기에 감독, 교회법, 신약성경 및 신조 등이 없었던 것과 마찬가지이다. 313년 콘스탄티누스 황제가 신앙의 자유를 선포한 후, 교회는 지하에서 지상으로 올라와 활발하게 움직이며 활동을 개시했다. 그후 모든 교회가 자유롭게 활동하면서 교회력에 관심을 갖기 시작했다. 그래서 교회력의 근원을 "주님의 부활"에 두고 교회내의 모든 사건의 기반이 되게 하였다. 예수가 주중의 첫 날에 죽은 자 가운데서 부활하셨기 때문에 모든 일요일(주의 첫 날)은 예수의 부활을 기념하는 날이 되었고, 기독교인들이 함께 모이는 날이 되었다. 초기에는 교회력에서 고난과 부활을 구별하여 기념하지 않았고, 부활절에 있었던 '파스카절'(Pascha)이 고난과 부활을 다 기념하게 되었다.

부활절 다음으로 중요한 교회력은 '성령강림절'(Pentecost)인데, 이 절기는 부활 7주 후의 일요일이다. 부활주일이 지난 7주, 즉 49일을 계산하여 그 다음 일요일이 50일에 해당되기 때문에 오순절이라고 명명했으며, '칠칠절'이라고도 한다.

성령이 임하시고 교회가 시작된 것은 예수의 제자들이 한 주의 첫 날인 일요일에 예루살렘에 모여 기도한 후부터이다. 교회가 설립된 후 3세기 동안 부활절과 성령강림절, 이 두 절기의 기간을 유제절기(有祭節期)라고 하였다. 히브리인들은 유월절부터 성령강림절까지의 기간을 '오머일'(the Omer Days)로 지켰을 정도로, 초대교회는 50일 동안을 기쁨과 승리의 기분으로 지냈다. 이 주간에는 금식도 없었고 모든 예배에 있어서 무릎을 꿇는 일도 금지되었다. 예수의 부활은 모든 믿는 자에게 기쁨과 소망이 되고 승리를 가져오는 것이기 때문이다.

세 번째로 큰 절기는 5세기 말까지 지켜졌던 1월 6일의 '주현절' (Epiphany)이다. 이 주현절은 원래 그리스도의 탄생과 세례를 합하여 그의 성육을 기념하여 정한 절기였다. 파스카절이나 성령강림절과 마찬가지로 주현절도 기독교 이전에 이방 종교에서 기원한 절기였다.

애굽과 아라비아 및 팔레스타인 지역에서는 1월 6일에 에온(Aeon)의 탄생을 기념하는 고대의 축일이 있었다. 교회는 이것을 예수의 탄생과 세례에서 나타나신 하나님의 현현을 기념하는 날로 대치시켰던 것이다. 그것은 예수의 탄생과 세례일이 정확하게 알려지지 않았기 때문이다.

교회력에는 또한 '지방순교자들'을 기념하는 날이 있었다. 처음 4세기의 모든 교회는 순교적인 신앙을 위하여 고난받고 순교한 자들의 명단을 가지고 있었다. 알렉산드리아 교회력에는 그 교회의 순교자의 명단이 포함되어 있었다. 순교자의 축일은 사도의 축일보다 앞서며, 아주 초기의 연력에는 '순교자'라는 말이 '성자'라는 말보다 훨씬 많았다.

교회력은 히브리 종교의 영향을 많이 받았음을 볼 수 있다. 부활절과 성 금요일(Good Friday)은 유대교의 유월절의 날짜에 의하여 결정되었다. 예수는 유월절을 지키기 위해 제자들과 예루살렘에 올라가셨으며, 안식일에 십자가 위에 있지 않기 위하여 성 금요일 저녁에 십자가에서 급하게 무덤으로 옮겨졌다. 예수의 부활은 안식일이 지난 후, 주중의 첫 날에 있었다. 성령강림절은 예수 당시에 봄의 수확을 기념하는 칠칠절에 해당하는 절기로서 부활 7주 후에 왔다.

초기 그리스도인은 유대인과 같이 하루를 저녁 때부터 시작하였다. 그래서 안식일을 "저녁부터 저녁까지"로 하여 지켰다. 이 관습은 교회에서 7세기까지 존속했으며 가톨릭교회에서는 오늘날도 대절기 앞에 오는 준비기도회를 그대로 지키고 있다(행 20 : 7-12 참조).

7일로 된 주제도(週制度)는 유대교의 영향을 받았다. 고대의 주간은 각양각색이었다. 헬라(그리스) 사람들은 한 달을 10일씩 셋으로 구분했는가 하면 로마의 한 주일은 8일로 되어 있었다. 기독교 교회가 전세계에 전한 7일 주제도는 서아시아에 기원을 두고 있으며, 예수 당시에 유대인과 유대 식민지에 알려져서 그 제도를 사용하게 되었다. 이 7일 중에 화요일과 목요일은 경건한 유대인이 금식일로 지켰으며, 토요일 즉 안식일은 성일(聖日)로 지켰다. 그러나 기독교인은 수요일과 금요일에 금식했으며 일요일을 성일로 지켰다.

이상에서 언급한 것을 종합하여 4세기 초에 시행되었던 교회력을 살펴보면 고난과 부활을 기념하는 파스카절, 성령강림을 기념하는 오순절, 탄생과 세례를 통한 예수 그리스도의 시현(示顯)을 기념하는 주현절, 순교자들의 기념일, 부활을 기념하는 날인 주일(主日), 수요일과 금요일의 금식일과 7일간의 일주(一週) 등이 있었다.

그러나 313년에 콘스탄티누스 대제에 의해 공포된 '신앙자유령'으로 교회의 본질적인 면과 성격에 있어서 심각한 변화를 가져오게 되었다. 이제 교회는 박해의 두려움 없이 활동을 할 수 있게 되었다. 교회당(바실리카식)을 건립하고 세례받기를 희망하는 자들에게 엄격하고 세밀하게 검토하던 것을 완화했으며, 공중예배를 거행할 수 있는 장소를 복구시킬 구상을 하게 되었다. 그리고 예배시에는 교회력에 맞춘 예배가 되도록 검토했다. 그래서 교회력 발전에 더 박차를 가하게 되었다.

4세기에 교회력은 예전에 가졌던 3대 절기를 분할하여 지키게 되어 더욱 발전하였다. 즉, 파스카절은 성 금요일과 부활절로 분리되었으며, 주현절은 크리스마스와 나뉘었고, 성령강림절은 승천일과 나뉘었다.

동방 교회에서 항상 중요한 절기로 되어 있는 주현절은 4세기에 가울(Gaul)과 스페인에서 지켜졌으나 로마에서는 예수의 탄생과 세례를 기념하는 날로 지켜지지 않았다. 그대신 로마 교회에서는 336년 이전 어느 때부터인가 12월 25일을 예수의 탄생 기념일로 제정했다. 12월 25일은 음력의 절기인 동지 '불굴의 태양'(natalis solis invicti)을 기념하는 날로서 이교의 로마 축제를 승화시킨 것이다. 예수가 탄생한 날과 달, 심지어는 해(年)까지도 알지 못했기 때문에 해(日)가 다시 길어지기 시작하는 때인 불굴의 태양을 '의의 태양'이신 예수 그리스도의 탄생으로 대치시키는 것은 당연한 것으로 생각되었다.

실제로 12월 25일과 1월 6일은 동·서방 교회에서 다같이 그리스도의 탄생일로 지켜지고 있었다. 이 양교회는 12월 25일을 예수의 탄생일로 지키고, 1월 6일을 동방 교회에서는 예수의 세례일로, 서방 교회에서는 동방박사절기로 지켰다.

　4세기 말에는 '수난절'(Lent)이 확립되었다. 이 수난절 주간을 성 주간(holy week)이라고도 하는데, 부활주일 전의 1주나 2주간 또는 예수가 무덤에 계신 40시간 또는 토요일에 금식을 함으로써 '부활절'을 준비한다.

　부활절에 세례받기를 희망하는 자에게는 부활절 6주 전에 시작되는 기독교교리 강좌와 엄격한 시험 혹은 조사가 있다. 그 외에도 모든 세례지망자는 파스카절 이전에 40일간 금식을 하게 하여 예수의 40일간의 광야생활과 시험을 체험케 한다.

　수난절이 부활절 이전의 준비기간으로 발전함에 따라 '대강절'(Advent)을 크리스마스 이전의 4주간을 예수의 탄생의 준비기간으로 정하고 지키게 되었다. 4세기에 주현절을 지킨 스페인에서는 3주간의 금식을 했으며, 12월 17일부터는 매일 교회에 나왔다. 이것이 가울과 이탈리아로 전파되어 크리스마스로 옮겨졌다. 이 대강절의 기간도 각양각색이었다. 가울에서는 크리스마스 6주 전부터 시작되었고, 스페인과 이탈리아에서는 5주 전부터였으나 결국 로마 교회에서 크리스마스 4주 전부터라고 결정하여 오늘날까지 모든 교회가 지켜오고 있다.

　교회는 새 절기를 받아들여 수난절과 대강절을 완성시킴으로써 해마다 반년 동안 그리스도의 생애를 회상하는 한 주기가 되게 했다. 즉, 그리스도의 강림, 탄생, 시현, 고난, 십자가, 죽음, 부활 및 승천과 오순절의 성령강림이다. 이 한 주기에 주요 절기가 다 포함되어 있으며, 하나님이 세우신 구원계획 중 중요한 사건이 반복되고 있다. 이상은 교회력의 전반부에 해당하는 절기들이다.

　교회력의 후반부 주일을 계산한 것은 '삼위일체주일'이다. 성령강림으로 인해 삼위 하나님임이 확증되었기 때문에 성령강림절 이후 주일을 삼위일체주일로 제정하게 된 것이다. 그런데 이 삼위일체주일은 14세기까지 교회에서 정식으로 인정받지 못했다. 그러다가 1570년 피우스 5세 때에 로마 교회의 미사전서(全書)가 최종적인 형태를 갖추게 된다. 미사전서가 준비된 1570년 이후부터 드디어 로마 교회에서 교회력 후반부 주일인 삼위일체주일을 성령강림절 이후 주일부터 계산하기 시작했다.

이 후반부 교회력은 기독교인의 생활면에 중점을 두었으며, 예수와 사도들의 생활과 가르침을 교인들에게 적용시켰다. 16세기 보수적인 개혁자들은 그리스도의 가르침을 근거로 하여 보증되지 않는 축제나 절기는 제거하였다.

미국 교회 칼빈주의자들은 교회력이 '로마 교회적 제도'라 하여 좋지 않게 생각해서 로마 교회적 교회력을 제거시키게 되었다. 그 결과 미국 교회는 의식없는 교회가 되었다. 그래서 이것을 보충하기 위해 노력한 결과 로마적 교회력 대신 대회일, 세계평화주일, 민권주일, 형제애주일, 가정주일, 어머니주일, 어린이주일, 농촌주일, 노동주일 등 축전으로 대치하게 되었다.

교회력은 시간 안에서 하나님의 아들을 통하여 행하시는 큰 사건과 이 사건을 통해 하나님의 백성에게 주는 의미가 있다는 것을 인식해야 한다. 그러므로 교회력 자체의 의식에 사로잡히지 말고 의식 속에서 하나님의 뜻과 하나님의 구속적 사랑과 은혜를 찾으면 교회력의 참된 의미와 가치를 발견하게 된다. 그런 의미에서 교회력에 맞춘 예배를 장려하고 싶다.

2. 교회력의 색깔

변하는 절기를 나타내는 뚜렷한 방법의 하나로 교회는 제단설교대, 낭독대, 예복, 드림천의 색깔을 구별했다.

교회력에 사용하는 색깔은 심리적 역사적인 측면에서 다음과 같은 이유로 사용되고 있다. 교회력에 사용되는 색깔은 자연적인 현상의 뜻을 가지고 있다. 즉, 적색은 피, 황색은 힘, 백색은 순결, 황금색은 향연, 자색은 위엄과 존엄, 초록색은 성장, 가벼운 청색은 희망, 군청색과 보라색과 검정색은 비극과 비애, 밤색은 장례의 뜻을 가지고 있다. 그러나 경우에 따라 지리적 면과 문화적인 인습을 혼합해서 사용하는 경우도 있다. 예를 들어 중국에서 검정색보다 백색을 비애의 표시로 사용하며, 불교도는 황금색을 순결의 뜻으로 사용하고, 인도에서는 적색을 순교의 상징으로 쓰지 않고 악령을 대항해서 방어하는 색으로 사용하고 있다. 이와 같은 문화적 종교적인 배경과 인습과 전통 때문에 세계 공통으로 똑같은 색깔을 예배에 적용하여 사용한다는 것은 어렵다.

이제 교회력의 색깔에 대한 역사적인 과정을 생각해 보자.

처음 제복을 사용한 것은 교회력의 색깔이나 의미와 아무런 관계 없이 사용되었다. 더러움에서 구제하고 방어하기 위한다는 단순한 뜻에서 백색 법의를 검정 제복으로 바꿔 사용하게 되었다. 초창기 기독교인들이 사용한 색깔이나 옷의 형태는 하나의 예술적인 경향에서 사용되었다. 주로 벽화화법(Fresco 화법)에 의해 유화로 옷에 그려 입게 되었다.

테오도레투스(Theodoretus, 393-458)가 보고하기를 콘스탄티누스 황제가 예루살렘 감독 마카리우스에게 '성의'(聖衣)를 하사했는데 그 성의는 황금색 수실이 달린 백색 옷이었다는 것이다. 이것으로 교회의 직분자, 책임자에게 성의를 주었다는 것을 알 수 있다. 11세기부터 교역자는 긴 튜닉(tunic), 즉 카속(cassock) 가운과 승복(alb : 미사 때 입는 옷)을 입었다.

그 후로는 공식적인 경우에 실외의 의복으로서 카속을 입었다. 계급(직분)이 표시된 백색 카속은 장로, 족장, 교황이 입었고, 주홍빛 카속은 추기경이 입었고, 감독은 보라색, 사무원과 평직자는 검정 카속을 입었다.

12세기에 비로소 교회력의 색깔의 의미와 절기의 축제와 교회력의 축제와 성자에 대한 숭배 등을 교회력에 관련시키게 되었다. 이때부터 점차적으로 교회력의 색깔에 대한 기반을 확립하게 되었는데 중세의 서방 교회, 즉 교황 이노센트 III세(Innocent III, 1198-1216)는 로마 교회 교회력의 색깔에 대한 규정을 처음으로 다음과 같이 정했다.

- 대강절에서 성탄절 이브 / 보라색, 청색, 검정색
- 성탄절 후에서 주현절 / 백색, 황금색
- 주현절 후 주일 / 초록색
- 부활절 / 백색, 황금색
- 성령강림절 / 적색
- 삼위일체주일 / 백색, 황금색
- 삼위일체 후 주일 / 초록색
- 순교기념일 / 적색
- 성자기념일 / 백색, 황색
- 세례, 견신례 / 백색, 적색
- 안수, 결혼 / 백색
- 장례 / 보라색, 청색, 검정색
- 교회의 헌신 / 백색

교회력의 색깔은 주로 제복의 장식에 사용했는데 드림천이나 피대, 의복, 완장 등에 사용했다.

그러나 16세기 종교개혁 이후 개혁교회에서는 일반적으로 예배의 부가물에 대한 색깔 사용을 거부했다. 칼빈주의자들과 청교도들은 유색의 직물을 폐기했고 교역자들은 설교할 때만 검정 양복에 검정 가운을 착용했다. 그러나 개신교의 기타 교회, 즉 루터교회나 성공회에서는 전통적인 제복과 스카프 등을 그대로 사용하거나 재조정해서 사용했다.

1945년 영국교회(성공회)의 예배서 안의 의식지도서에 교구신부는 반드시 긴 망토 안에 무늬 없는 백색의 긴 소매 제복을 입어야 한다고 명하고 있다. 17세기 초에도 교회의 목사는 성전 안에서 성찬식을 거행할 때에 무늬 없는 흰 제복 위에 색깔 있는 긴 망토를 입어야 한다고 명하고 있다. 17세기 말엽에는 성가대도 가운을 입었다. 이 제복과 가운문제에 평행해서 초대교회 제단에는 조그만 책상을 사용했는데 이것을 백색이나 색깔이 있는 천으로 덮었다. 4세기부터 성찬대에 백색 아마포를 덮는 관습이 있었으나 12세기에 와서야 색깔에 대한 의미를 절대적으로 나타내면서 사용하게 되었다.

종교개혁 기간 영국에서는 돌제단(石祭壇)을 만들어 정착시켰고 제단을 카펫으로 덮었다. 또한 붉은 벨벳을 사용하는 것이 널리 유행하게 되었다.

일반적으로 전통적인 절기의 색깔은 역사적 심리적인 면에서 가치와 효과가 있는 것으로 이해하게 되어 급진적으로 발전하게 되었다. 엄격하고 딱딱한 규칙이나 규정과 조직에 따르는 것보다 분위기를 조성하는 면에서 이해하고 인식하게 되었다. 따라서 점차 합리적으로 교회력 색깔을 많이 사용하는 경향으로 흐르게 되었다.

3. 교회력의 도표(연중절기표)

대강절(성탄절 4주 전 ~ 성탄 전야) : 그리스도의 오심을 준비 – 보라색
성탄절(성탄일 ~ 1월 5일) : 예수 그리스도 탄생의 축하 – 백색
주현절(1월 6일 ~ 성회 수요일 전야) : 첫 번째 이방인 방문 기념(동방박사) – 백색
수난절(성회 수요일 ~ 부활절 전야) : 부활절을 위한 회개 기도, 준비 훈

련 – 보라색
  부활절(부활주일 ~ 성령강림절 전야) : 부활의 주님 안에서 기쁨 – 흰색
  성령강림절(성령강림절 ~ 9월 마지막 주) : 성령의 은사와 교회 시작 기념 – 적색
  왕국절(10월 첫 주 ~ 대림절까지, 11월 마지막 주) : 그리스도의 사회적 책임 – 초록색

4. 교회력에 대한 해설

1) 대강절

교회력은 대강절로부터 시작된다. 대강절은 11월 30일에서 가장 가까운 주일부터 시작하여 4주간 동안 계속된다. 대강절을 뜻하는 영어 단어 'Advent'는 라틴어의 Ad와 Venier의 결합으로 이루어졌고, '오다'라는 의미를 지니고 있다. 우리는 이 단어에서 대강절의 의미를 찾을 수 있다. 우리는 대강절 기간 동안 이미 이 땅에 오셨고, 성령 안에서 우리를 만나 주시고, 장차 심판자로 오실 예수 그리스도를 축하할 수 있을 것이다. 따라서 성도는 대강절을 맞으면서 구약의 예언자들을 통해 주셨던 약속을 하나님께서 그리스도 안에서 이루셨다는 사실을 알아야 할 것이다. 아울러 오늘도 우리 삶의 현장으로 찾아오시는 예수 그리스도의 영적인 임재를 체험할 수 있어야 한다. 그리고 종말에 이 역사 속에 다시 오셔서 심판하실 그리스도를 기다리며 성도답게 살아야 할 것이다.

그리스도의 오심은 이스라엘 역사의 정점을 이룬다. 즉, 하나님의 구원계획이 펼쳐진 구속역사의 절정이다. 구약시대에 하나님께서는 아들을 세상에 보내기 위해 준비하셨다. "때가 차매 하나님이 그 아들을 보내사…"(갈 4 : 4)라는 말씀과 같이 대강절에는 구약에 담겨 있는 하나님의 약속이 강조되어야 한다.

베들레헴의 말구유에 태어난 아기는 하나님의 아들이요 메시야였다. "말씀이 육신이 되어 우리 가운데 거하시매 우리가 그 영광을 보니 아버

지의 독생자의 영광이요 은혜와 진리가 충만하더라"(요 1 : 14). 이 말씀에서 보는 바와 같이 대강절은 인간의 몸을 입고 오신 예수 그리스도 안에 있는 은혜와 진리를 발견하는 절기가 되어야 한다.

대강절은 또한 그리스도의 재림과 관계가 있다. 전통적으로 대강절에는 그리스도의 초림과 함께 세상을 심판하기 위해 다시 오실 그리스도의 재림이 포함되었다. "주의 길을 예비하라."는 이사야의 예언에 따라 세례 요한은 그리스도의 오심을 준비했다. 이와 같이 성도는 깨어서 기도하며 영적인 준비를 해야 한다.

대강절에는 보라색을 사용한다. 이 색깔은 희망과 대망(기다림)의 빛깔이다. 보라색이 우리에게 주는 의미대로 우리는 희망 속에서 즐거워하며 그리스도의 오심을 축하해야 할 것이다. 성탄의 참뜻을 깨닫지 못하고 주의를 기울이지 않는다면 성탄의 세속적인 분의기에 빠지게 된다. 그러므로 가정에서는 대강절의 성경말씀을 읽고 그리스도의 강림의 찬송가를 부르며 기다림의 신앙을 가져야 할 것이다. 이러한 기다림의 신앙을 지니기 위해서는 우리 자신을 준비해야 한다. 먼저 우리는 빛으로 오신 그리스도를 맞이하기 위해 우리 안에 있는 삶의 어두운 부분들을 회개해야 한다. 교회의 역사를 통해 볼 때 전통적으로 12월 21일에는 다음과 같은 기도를 했다. "영원한 빛이요, 의의 태양이시여, 오셔서 흑암과 죽음의 그늘에 앉은 자를 비추소서." 이 기도를 통해 우리는 우리의 영적 상태를 돌아보고 새롭게 주님을 만날 수 있을 것이다. 이런 영적 성찰과 함께 우리는 예수 그리스도를 통해 나타난 하나님의 사랑을 체험할 수 있다. 그리고 이 사랑에 감사하며 하나님께 예배드리며 성탄의 참뜻을 다른 이들과 함께 나누기 위해 계획을 세울 수 있다. 이와 같이 대강절은 주님을 영접하는 즐거운 소망을 가지고 신앙을 돌아보고 다시금 새롭게 결단하는 의미있는 절기이다.

2) 추수감사절

1609년 영국의 제임스 왕이 국교회(國敎會, 가톨릭)를 반대하는 종교개혁자들을 잔인하게 박해하자, 청교도들은 신앙의 자유를 찾아 네덜란드의 암스테르담과 라이덴으로 도피하여 12년간 망명생활을 했으나 만족할 만한 신앙의 자유를 누리지 못하여 네덜란드를 떠나 미국을 향했다. 브류스타의 지도를 가지고 1622년 11월 11일 120명(남자 78명, 여자 24명)이 '메이플라워'(May Flower) 호를 타고 파도와 굶주림과 싸우며 대서양 3,400마일을 63일 만에 횡단하여 미국의 북쪽 메사추세츠 주푸리머리 항구에 상륙하는 데 성공함으로써 오늘의 미국을 건설한 개척자가 되었다.

미국에 도착한 청교도들은 신앙의 열정대로 열성적인 청교도 교회인 회중교회를 세움으로 생명과 바꾼 그들의 소원을 성취할 수 있었다. 그러나 북미의 겨울은 몹시 추워 첫 겨울을 지내는 동안 추위와 굶주림, 질병으로 노인과 어린이 53명이 죽고 49명만 살아 남았다.

봄이 되었을 때 인디언 추장 사모세트가 씨앗을 주고 농사법을 가르쳐 주어 황무지를 개간하여 씨앗을 뿌리고 가축을 기르기 시작했다. 그들은 곡식이 익을 때까지 빵을 구경하지도 못한 채 풀, 나무열매, 해초, 들사슴만으로 연명하며 생활하였다. 그때 심한 가뭄까지 겹쳐 청교도들은 비가 오기를 위해 '기도의 날'을 정하고 풀마저 단식한 채 회개하며 합심하여 기도했다. 심한 가뭄 가운데 청교도들의 그 기도가 비로 응답된 엘리야의 기도가 되어(왕상 18 : 42-46) 단비의 은혜로 해갈되었다. 이때 다른 지역 인디언 추장 호보목은 청교도인의 신앙모습을 보고 영국인의 하나님이 참신인 것을 알게 되었다.

개척자들의 첫 추수는 비록 채소와 곡식뿐이었으나 추위와 가뭄, 굶주림과 질병과 맹수의 사선을 넘는 귀한 열매였기 때문에 감사와 환희로 가득 찼다. 첫 추수한 햇곡식과 채소를 하나님께 드리고 인디언들을 초청하여 함께 즐거워하였다. 인디언들이 초청받았을 때 칠면조를 구운 요리와 호박파이를 가지고 왔기 때문에, 그 유래로 칠면조를 구운 요리와 호박파이는 미국의 추수감사절 요리가 되었다.

1622년 청교도들의 첫 추수를 감사한 것이 추수감사절의 시작이다.

1789년 초대 대통령이 미국의 정식 추수감사절을 11월 26일로 선언하고 지켜 왔으나, 3대 대통령 제퍼슨이 왕정시대의 한 관습이라는 이유로 중지시켜 15대 대통령까지 중단되었다.

그후 16대 링컨 대통령 때 미국의 첫 여성기자이고 잡지 편집인인 보스터의 미망인 사라 헤일 여사가 1840년부터 20년 간 추수감사절을 연례적인 행사로 지키자는 캠페인을 벌이면서 링컨 대통령에게 미국의 경축일로 정할 것을 촉구하는 서신을 보냈다. 드디어 1864년 11월 마지막 주 목요일을 추수감사절로 선포하고, 국경일로 정하여 국가의 행사가 되었다. 1941년 루즈벨트 대통령과 미국 국회는 11월의 목요일이 네 번 있을 때와 다섯 번 있을 때가 있어서 네 번째 목요일로 정하고 선포하여 오늘까지 지켜지고 있다.

우리 나라에서는 알렌 선교사가 한국 선교를 시작한 지 20년 후인 1904년 제4회 대한예수교장로회 공의회에서 서경조 장로가 추수감사절을 지킬 것을 제안하여 11월 10일로 정하여 지키기 시작하였다. 그후 1914년 각 교파 선교부는 미국 선교사가 처음 한국에 입국한 날을 기념하는 의미로 11월 셋째 주일이 지난 수요일로 합의했다. 그러나 1921년 평양의 제10회 총회에서, 선교사 입국일을 감사절로 지키는 예는 세계 기독교 역사에 없는 일이라 하여 수요일이 아닌 11월 셋째 주일로 결정하여 오늘까지 지키고 있다.

그러면 각 나라의 추수감사절을 살펴보자.

먼저 이스라엘은 가정집 근처, 집 앞, 지붕, 빈 광장에 초막을 짓고 온 가족이 7일간 초막에 살면서 초막절을 지킨다. 성인 남자는 예루살렘 성전에 가서 초막절 7일 동안 성회에 참가한다. 또한 다른 나라에 흩어져 살던 사람은 이 절기에 추수감사 예물을 가지고 예루살렘으로 돌아와 순례하는 풍습이 있다.

미국과 캐나다에서는 가정 중심으로 해마다 특별한 절기로 크게 지킨다. 이 절기는 법정 공휴일로, 헤어졌던 가족이 한자리에 모여 오전에는 가족이 함께 교회에 나가 예배를 드리고 칠면조 요리와 잘 익은 호박파

이를 먹으며 한 해의 생활과 건강과 추수를 감사드린다.

유럽의 여러 나라에서는 교회에 나가 예배드리며 감사하며 교회는 상수리나무잎과 사과, 배, 푸른 야채로 장식하고, 가톨릭교회 국가들은 교회에 봉헌된 햇곡식과 과일, 채소를 제단에 펼쳐 성전을 장식하고 성 암브로시우스의 감사찬미(Te Deum)로 찬양하며 미사를 드린다. 예배를 마치면 사제는 이 날을 교회축제일로 선포하여 온 마을은 축제분위기가 된다.

3) 사순절

사순절(Lent)이란 '봄이 길다' 는 앵글로색슨어에서 온 말로 라틴어로 번역해서 사용하고 있다. 교회력에서는 이 긴 봄에 예수가 고난당하고 죽으심을 기억하여 성도와 교회가 그리스도의 고난에 동참하는 기회를 제공한다. 이 절기는 속죄일에서 성 금요일로 이어져 부활절 직전까지 계속된다. 본 절기의 기간은 주일을 뺀 6주간으로 실제로는 46일이 된다.

절기가 계속되는 동안에 성도는 부활절을 준비하며 회개를 통해 영적인 준비를 하게 된다. 또한 예수가 남겨 놓은 고난을 성도들 자신의 삶 속에 채워 놓고자 신앙적인 결단을 하게 된다. 사순절의 절정은 예수가 당하신 성 금요일의 고난사건이다. 가톨릭교회에서는 이 고난의 의미를 되새기기 위해 예수의 고난의 발자취를 '비아 돌로로사'(Via Dolorosa : 슬픔의 길)라는 길로 만들었다. 그리고 다음과 같이 14곳을 정하여 순례의 길을 마련해 놓고 있다.

　－로마 총독 빌라도에게 사형선고를 받은 곳
　마가복음 15 : 16, 20
　요한복음 19 : 13~16
　마태복음 27 : 26
　누가복음 23 : 25
　－예수가 십자가를 지신 곳

요한복음 19 : 17
- 예수가 십자가를 지고 가다가 첫 번째로 넘어지신 곳
누가복음 23 : 26
- 예수가 괴로워하는 모친 마리아를 만나신 곳
- 구레네(아프리카) 시몬이 대신 십자가를 진 곳
누가복음 23 : 26
- 베로니카(Veronica)가 수건으로 예수의 이마에 흐르는 땀을 씻은 곳, 수건에 예수의 얼굴이 사진같이 박혀진 장소
- 예수가 두 번째 넘어지신 곳

사순절의 유래는 초대교회부터 시작된다. 기원 6~7세기경부터 초대교회에서는 유월절에 이어 니산월경 밤을 새며 예배를 드렸다. 이 날은 희생이 되신 어린양 예수의 공로로 거듭나게 되었으며, 그리스도의 지체로서 성도들의 중재의 기도와 성찬의 교제에 참여했고, 죄와 죽음의 세계에서 하나님의 자비로 사랑과 자유와 정의의 나라의 백성이 된 것을 감사하는 날로 지켰다. 파스카절은 초대교회의 중심이 되는 성일이었고 주일과 같이 기독교 절기의 처음이 되었다. 이 날은 성도들의 감격과 흥분과 희열이 최고조에 이른다.

이때는 교회가 혹심한 박해로 고비를 넘길 때이므로 저들에게 신앙이란 육체의 생명을 잃는 것을 의미하는 뜻도 있었다. 이렇게 목숨을 걸고 영원한 생명을 얻기 위한 각오와 결심은 우리로서는 상상하기 어려운 일이며, 그리스도께 얻는 구원의 기쁨은 평안한 형편 속에서 하나님을 섬기는 요즘의 교인들로서는 이해하기 어려운 일이다. 이 은혜스런 파스카절에 세례와 입교를 받기 위하여 2주간의 준비기간을 두고 금식기도를 드리며 신령한 훈련에 참가하고, 이미 교인된 사람도 세례받을 사람과 같이 금식기도에 힘썼다.

3세기 중엽 가장 핍박이 심할 때는 신앙의 승리를 갈망하여 금식기도의 기간을 6주간으로 연장했고, 밤낮 40일 간을 금식하며 기도하신 후

사단의 시험을 이기신 그리스도를 생각하며 파스카절의 신앙훈련을 받았다. 이렇게 신앙이 넘치는 파스카의 신앙훈련도 기독교가 공인되고 로마의 국교가 된 후부터 변하기 시작했다. 사순절이 40일의 기간으로 확립된 것은 오랜 기간의 변천의 결과였다.

원래 1세기에는 사순절이 단 40시간 동안 있었던 것과 일치시키기 위해서였고, 40시간이 끝나는 오후 3시에는 부활절 예배가 있었다. 나중에 40시간이 늘어나 3세기에는 6일 간이 되어 이 주간을 성 주간이라고 일컬었는데, 엄격한 절제의 기간이었다. 성 주간을 지키기 시작한 것은 4세기 예루살렘에서였다. 이때 성 주간의 날이 다음과 같이 지정되었다.

종려주일 – 예루살렘 입성
월요일 – 성전 정화
화요일 – 감람산에서의 설교
수요일 – 유다의 동의
셋째 목요일 – 다락방의 모임
성 금요일 – 갈보리
토요일 – 무덤 속의 안식

이 6일 간이 1년 365일의 십일조인 36일 간으로 늘어났다. 731년경 샤를마뉴 대제 집권시에 36일에서 나흘이 첨가되어 지금처럼 40일 간의 절기가 되었다. 이 나흘은 성회 수요일에서 사순절의 첫 주일까지이다.

그후 연극, 무용, 파티, 소설 읽는 것, 화려한 옷과 음식, 허영적인 행동을 금하고 교회예배의 적극적인 참가, 개인 기도생활의 권장, 자선사업의 협력 등을 하게 했다.

사순절은 그리스도의 십자가를 생각하는 절기이다. 그리스도께서 나를 위하여 십자가에 달리신 그 사랑, 그 은혜를 마음 깊이 체험해야 한다. 금식과 절제보다도 마음 깊은 곳에 십자가의 보좌를 두어야 할 것이다. 그 근본적인 뜻을 받아들여 십자가에 대한 뜻과 공로를 생각하며 몸과 마음을 드리고 믿음을 가다듬어야 할 것이다.

또한 사순절은 자신의 믿음을 살피는 절기이다. 믿음을 시험해 보라는 말씀과 같이 오늘 우리의 믿음이 올바른 자리에 있는가, 또 자라고 있는가 살피며, 믿음의 열매가 무엇인지 생각하는 신령한 계산을 하는 절기이다. 겸손히 십자가 앞에 엎드려 나를 살펴보는 시간이야말로 가장 좋은 은혜의 '시온소'이며, 나를 성장케 하는 터전이 된다.

사순절은 결단과 전도의 절기이다. 그리스도와 교회와 이웃을 위하여, 또 자신 스스로를 위하여 좋은 계획을 가지고 그것을 이루기 위하여 다짐하는 기회를 가져야 한다. 우리는 자신을 위하여 사는 존재가 아니라 하나님의 영광을 위하여 사는 존재로서 인류의 죄를 위해 죽으신 예수의 십자가와 그 구속적 의미를 증거하는 새로운 결단을 내려야 한다.

사순절은 주님의 고난에 참여하며 기도하는 절기이기도 하다. 우리 주님의 십자가를 위로의 십자가로 생각하고 고난에 동참하며 신앙의 참 의미를 깨달아야 한다. 영적 훈련을 통해 하나님과 더 가까이 동행하고 그리스도와 더 친밀하게 연합해야 한다. 그러므로 우리는 사순절의 의미를 바로 알고 기도하며 순종하며 여기에 적응하는 생활태도를 가져야 한다.

사순절과 성 주간을 위한 색깔의 변화가 있어야 한다고 제안하고 있다. 성 금요일을 제외한 성 주간의 사순절의 색깔은 전통적으로 보라색이다. 그러나 속죄일에 대한 대안적인 색깔이 검정색으로 되었는데 그것은 회개의 날에 그리스도인인 자신이 죽어야 하기 때문이다. 주의 만찬의 시작을 축하하기 위해 셋째 목요일에 대한 대안적인 색깔로서 백색이 제안되었다. 그러나 성 주간에 이루어진 희생을 상기시키기 위해 그 주간 동안 보라색 대신에 적색을 택할 것이 제안되고, 성 금요일은 적색('피'를 상징)을 사용할 수도 있다. 보라색은 위엄을 뜻하며 엄숙성과 동시에 청결과 영적 씻음을 암시한다. 죄로 인해 죽을 수밖에 없는 인간들에게 회개할 수 있는 기회를 부여해 줌을 의미한다.

4) 부활절

부활절은 큰 날이요, 기독교 절기 가운데서 가장 중요한 축제일이다. 부활절은 그리스도인에게 새로운 삶을 살게 하는 믿음의 역사이고, 하나님의 지상 행동에 근거한 중요한 사건이다. 이 절기는 봄의 첫 날인 3월 21일 또는 그 이후의 만월 후의 첫 주일로 정하여 지키고 기쁨, 생명, 소망, 승리를 부활절의 정신으로 삼는다.

그리스어로는 '파스카'라고 하며, 교회력에서 가장 오래된 축하일이다. 그리스어나 프랑스어의 호칭은 히브리어 유월절인 '페샤'(Pesah)에 기초하고 있다. 죽음과 부활은 하나님의 백성에게 새로운 유월절, 즉 죽음의 노예상태로부터의 해방을 이루었다는 뜻을 부여한다.

영어의 '이스터'(Easter)와 독일어의 '오스테른'(Ostern)은 튜튼족의 봄의 여신인 'Eostre'에서 파생된 것 같다. '이스터'가 일반적인 명칭이 되기 전에 이 날은 '주님의 부활절' 및 '부활의 유월절'이라고 알려져 있었다.

부활은 교회력에서 다른 축일의 근원이 된다. 그 주간의 첫 날에 예수가 죽은 자 가운데서 다시 살아나셨기 때문에 부활은 기독교의 신실성과 헌신의 절정을 이룬다.

부활이 매주간의 첫 날에 지켜졌기 때문에 예배가 토요일에서 주일로 바뀌었다. 서방 교회에서는 부활절이 교회력의 시작이며, 고대 교회는 다음 주일까지 매일 부활절을 축하했다. 부활절에 세례받는 사람들은 그 예배에 모두 참석해야 했다. 그들이 흰 세례복을 입었기 때문에 부활 후 첫째 주일을 '백의(白衣)주일'이라고 일컬어 왔다. 원래 부활절에서 성령강림절까지 한 절기였으나 나중에 부활절, 승천절, 성령강림절로 나뉘었다. 부활절의 기간을 부활절에서 오순절까지의 50일 간으로 정했고 승천일은 부활절 축하의 한 부분으로 간주했다. 그 결과 부활절 후의 주일이라는 말 대신 '부활절 주일'이라는 말을 사용하게 되었다.

부활은 그리스도인에게 축일 중의 축일이다. 이보다 더 중요한 사건이 없기 때문이다. 부활절의 중요성은 그것에 앞선 40일 간의 사순절 준비

기간이 있다는 사실에서 알 수 있다. 또한 부활절도 50일 간의 절기로 지켜지면서 교회력 전체가 부활절 주위를 전회하고 있으며, 다른 절기가 바뀌는 것은 부활절 날짜에 따라 정해지는 것을 알 수 있다.

그리스도의 부활은 우리 생명의 보증이고 믿는 자의 첫 열매이다. 그리스도인은 살아 계신 주님을 체험해야 하고 부활하신 주님을 만나 생명의 길로 가야 한다. 엠마오로 가는 길에서 예수를 만나 새로운 삶의 길을 간 두 제자처럼 우리의 삶이 변화되어야 한다.

부활절에는 백색이 사용되는데 이는 순결과 완전한 승리, 기쁨, 그리고 소망을 상징한다. 그리스도를 믿는 자는 죽음의 권세에서 해방되기 때문에 승리의 기쁨을 갖게 된다. 아울러 영원한 생명이 주어지므로 절망을 이기고 소망 가운데 살 수 있게 된다. 그러나 백색 외에도 교회력에서 가장 위대한 날이라는 사상을 강조하기 위해 황금색을 사용하기도 한다.

5) 주현절

'주현절'이라는 명칭은 '나타남'이란 뜻을 가진다. 빛이 어둠 속에서 스스로를 비추고, 하나님이 예수에게 자신을 계시하시고, 예수가 하나님의 영광을 나타낸다는 뜻이다. 역사가 흐르면서 주현일은 현현 축일, 빛의 축일, 그리스도 출현의 축일, 세 왕의 축일, 열두째 날 등과 같은 이름으로도 알려지게 되었다.

주현절은 교회력에서 부활절 다음으로 가장 오래된 절기이다. 소아시아와 이집트에서는 2세기 때부터 지켜졌다. 1월 6일이 주현일로 선택된 이유는 동지, 즉 태양신의 생일을 축하하는 이교도의 축일이었기 때문이다. 그러나 그리스도인들은 이 동짓날을 주현절로 대치했다. 이때의 강조점은 빛의 중생이다. 이후 동방의 교회는 주현절을 예수의 세례라는 견지에서 축하하고 지켰지만, 서방 교회는 주현절을 동방박사의 방문과 관련지었던 점이 특이하다. 새로운 성구집과 달력은 그 둘을 결합하여 동방박사의 방문을 주현일에 두고 예수의 세례를 주현일 후 첫째 주일에 두고 있다.

매 7년마다 6번의 주현절이 평일로 된다. 이때 1월 6일 후의 주일은 '주현절 후 주일'이라는 명칭을 가진다. 주현절을 지키는 주간의 수는 부활절의 날짜에 따라 다르기 때문에 신축성있는 절기인데 지금의 주현절 절기는 6주일에서 9주일까지 이른다.

주현절은 동방박사들을 말구유로 인도한 별과 관련된다. 주현절의 별은 성육신을 상징하는 오각형의 별이다. 이렇게 베들레헴의 별을 상징한 것은 사람들을 그리스도에게로 인도하는 목적에서였다. 별은 우리를 그리스도에게로 데려가는 위로부터의 도움이다. 이것이 주현절에서 복음전파를 강조하게 하는 한 이유이다. 또한 그 별은 우리를 구유에 누운 아기의 진리 속으로 인도한다. 우리는 예수의 본성을 더 깊이 이해할 수 있도록 항상 인도받는다.

이 절기에 사용하는 다른 상징은 어두운 세상에 빛을 비추는 촛불이다. 그리스도는 세상의 빛이다. 그는 아기, 즉 작고 연약한 촛불로서 세상에 온다. 주현절 동안 우리는 예수로부터 하나님의 빛을 본다. 그는 하나님을 계시하고 보여 주고 나타낸다. 그 빛은 하나님에게서 와서 인간에게 주어지며 점점 크게 영광의 빛으로 자란다. 그리고 자신을 태운 뒤 십자가에 죽고 부활절에 다시 점화되는 것이다.

주현절은 예수를 통해 현현된 하나님의 영광과 관계가 있기 때문에 예배의 절기이다. 이 절기는 동방박사가 갓 태어난 왕을 경배하러 오는 것에서 시작하여 변화산의 예배 경험으로 끝난다. 또한 주현절을 보이고 드러나게 해주는 빛의 절기로 모든 사람이 하나님에게 가는 길과 진리를 볼 수 있도록 한다. 복음전파, 즉 복음을 알리고 어두운 세상에 그리스도의 빛을 퍼뜨리는 것을 강조하는 증거의 절기인 것이다. 주현절의 중심은 전인류의 그리스도이다. 그리스도의 빛은 그리스도인들에게만 비치는 것이 아니라 그들을 통해 인류를 구원하는 데까지 이르러야 한다.

주현절, 주님의 세례일 및 산상 변화일에는 백색이 사용된다. 이 큰 세 날에 백색이 사용되는 것은 이 날이 축하하는 때이기 때문이다. 백색은 빛, 영광, 승리 및 축하를 나타낸다. 이 세 날 이외의 주일에는 녹색이 사용된다. 녹색은 성장의 색깔이다. 주현절 동안 우리는 하나님의 아들인 그리스도의 본성을 더 확실히 깨달아야 한다. 한 주일이 더 갈 때마다 하나님께서는 예수 안에서 자신의 영광을 점점 더 드러내시기 때문이다.

6) 성령강림절

이스라엘의 네 번째 절기인 성령강림절은 '칠칠절', '맥추의 초실절'이라고 부른다. 헬라 원어로는 '펜타코스테'인데, 이 말의 뜻은 '50일째'라는 뜻이다. 칠칠절이라고 부르는 이유는 초실절에서 7주가 지난 후이기 때문이다. 이스라엘 백성은 이 날에 밀과 보리의 첫 추수를 하나님께 드렸다. 그래서 맥추절(출 23 : 16)이라고도 한다.

이스라엘 백성은 유월절에서 50일째 되는 날, 모세가 시내산에서 십계명을 받은 것을 기념했는데, 신약시대에 와서는 이날에 성령이 강림하셨다(행 2장). 예수가 무덤에서 부활하신 후 40일을 지상에서 계시다가 하늘나라로 승천하신 후 10일 만에 성령이 임하셨다. 그러므로 신약시대에 와서는 맥추절, 곧 오순절은 성령강림절에 해당된다. 영어권에서 성령강림절은 '하얀 주일'(Whitsunday)로 널리 알려져 있는데 이는 '화이트 선데이'(White Sunday)의 축약형으로 세례에 참여하는 사람 자신이 성령에 의해 깨끗해졌다는 것을 나타내기 위해 이 날에 흰 옷을 입기 때문이다.

오순절은 성령이 사도들에게 임한 것을 기념하는 날이며, 그리스도의 구속역사의 완성과 성령이 사도들에게 임한 것을 기념하는 날이다. 또한 그리스도의 구속역사의 완성과 성령을 보내 주겠다는 약속의 성취를 표시하는 축일이다. 성령강림절은 27주일 동안 계속되는 교회력에서 가장 긴 절기이다. 교회력의 전반부가 그리스도의 삶을 지키는 것이라면, 후반부는 성령의 역사와 은사 및 열매를 통한 교회의 삶과 관련되어 있다. 따라서 성령강림절에 성도는 자신에게 임하신 성령의 능력에 힘입어 진리를 깨닫고 그리스도의 기쁜 소식을 전하며 구제와 봉사에 힘써야 할 것이다. 이렇게 될 때 우리의 신앙생활은 활력을 나타낼 수 있을 것이다.

성령강림절의 색깔은 적색이다. 이것은 불의 색깔인데 성령이 불의 혀처럼 임했기 때문이다. 성령강림절 후의 주일의 색깔은 성장의 색인 녹색이다. 이 절기 동안 그리스도인들은 성령 안에서 자라야 한다. 또한 비둘기가 성령의 상징으로서 성령강림절과 관련된다. '7' 이라는 숫자도 성령강림절과 동일시되는데 그것은 성령이 일곱 가지 은사를 주시기 때문이다.

성령강림절의 분위기는 기쁨이다. 왜냐하면 성령을 보내 주시겠다는 예수의 약속이 성취되었고 사람들은 은사를 선물로 받았기 때문이다. 교회가 성령의 산물이기 때문에 그리스도인은 성령강림절에 자기의 신앙의 모체인 교회에 감사한다. 또한 소망은 성령께서 만물을 새롭게 만드신 결과로 성령과 더불어 새 생명을 얻는다.

7) 성탄절

'크리스마스'(Christmas)라는 단어는 그리스도(Christ)와 마스(Mas)로 구성되어 있다. 여기서 '마스'란 '예배'와 같은 말이다. 가톨릭교회에서 예배를 '미사' 드린다고 한다. 미사와 마스는 같은 뜻의 말이다. 그러므로 크리스마스란 그리스도의 탄생을 축하하고 예배한다는 의미를 담고 있다.

그러면 우리는 왜 그리스도를 예배하고 그의 나심을 축하해야 하는가? 우리가 예배하는 근거는 바로 우리의 구원을 위해 오셨다는 구속적인 의미를 가지기 때문이다. 그 의미를 다음과 같이 정리할 수 있다.

첫째, 그리스도께서는 죄의 문제를 해결하고 자유를 주기 위해 오셨다. 세례 요한은 예수를 가리켜 "세상 죄를 지고 가는 하나님의 어린 양"이라고 했다. 마태복음 저자는 예수의 이름의 뜻을 "자기 백성을 죄에서 구원할 자"라고 했다(마 1 : 21). 이를 통해서 볼 때, 예수가 이 땅에 오신 이유는 인류의 죄의 문제해결에 있음을 알 수 있다.

둘째, 그리스도께서는 생명을 주고 삶을 풍성하게 하기 위해 오셨다(요 10 : 10). 죄의 문제해결은 곧 죽음의 문제해결이다. 범죄함으로 인해 하나님과의 관계가 단절되고 영원한 죽음을 당할 수밖에 없으나 그리스도께서는 어두움과 죽음의 그늘에 앉은 자에게 빛을 비춰 주시고 영원한 소망을 주셨다. 누구든지 그리스도를 영접하기만 하면 영원한 생명을 얻고 변치 않는 소망을 얻으며 이 땅에서도 풍성한 삶을 살게 된다.

셋째, 그리스도께서는 역사의 방향을 전환시키기 위해 오셨다. 하나님께서는 흑암 중에 있는 이들에게 그리스도를 통하여 빛을 주시고 개인적인 차원뿐 아니라 역사적인 차원으로도 새로운 희망의 세계를 열어 주셨다. 우리는 이러한 새 희망으로 향하는 역사적인 전환을 주님의 연대(anno domini)에서 찾을 수 있다. 이 '아노 도미니'는 우리의 주되신 예수 그리스도를 통해 새 역사가 시작되었음을 뜻하는 것이다.

12월 25일을 성탄일, 즉 '예수 탄생기념일'로 지키기 시작한 것은 안디옥의 주교인 '테오빌로스'(Theophilos)였다. 그후 로마 교황 '리비리우스'가 기원 354년에 예수를 잉태한 날이 3월 25일이기 때문에 예수 탄생일을 12월 25일로 정하여 성탄절을 지키게 되었다. 로마에서는 12월 25일 동지에 태양신(미도라)의 복귀를 축하하던 풍습이 있었는데, 태양이신 그리스도의 성탄과 결합하여 고대의 풍습에 기독교적 색채를 가미한 것이다.

기원 400년에 로마 황제가 성탄절을 부활절, 주현절과 같이 국가의 3대 절기로 공포하고 이 날에 극장과 오락기관 등이 문을 닫았다.

프랑스에서는 동지의 태양신 예배인 '노엘'이 성탄절로 변하였고, 영국에서는 원정의 12월 25일 '율'의 축하연이 캔터베리의 '아우구스티누스'에 의하여 604년에 기독교화되어 성탄절이 되었다.

독일에서는 오랜 민속절인 '와이 나하트 웨스트'(즐거운 밤)를 교회의 연중 행사의 하나로 성탄절을 제정하였고, 덴마크에서도 겨울의 시작과 신년 '율'의 축일 관습에 성탄절의 종교적 의미를 가미하였다.

한국의 경우에는 1885년 선교사가 들어온 후에 성탄절을 지키게 되었는데 그 방법은 미국과 유럽을 모방한 것이었다. 성탄절에 볼 수 있는 성탄목은 북유럽 산림지대의 '튜튼족'의 '성수사상'(聖樹思想)과 로마 고대

풍습과의 혼합적 산물이다.

베들레헴 성 밖에서 천군 천사들이 "지극히 높은 곳에서는 하나님께 영광이요, 땅에서는 기뻐하심을 입은 사람들 중에 평화로다." 하신 말씀이 오늘날의 세계에 선포되어야 한다. 고통과 빈곤 속에 살며 온갖 부조리 속에 사는 현대인들에게 그리스도의 오심을 선포해야 한다.

예수를 믿는 이들은 하나님의 자녀된 긍지와 기쁨을 갖고 그 기쁨과 사랑을 더욱 힘있게 전해야 한다. 갖가지 행사를 통해서 예수를 전하고, 장식으로 전파하고, 카드를 전하고, 봉사로 예수를 전하려고 해야 한다.

세상일을 접어두고 하나님이 주신 선물인 예수께 감사하며 경배해야 한다. 첫 번째 크리스마스에는 목자(유대인)와 동방박사(이방인)가 순수한 마음으로 경배했다. 이들의 경배를 통해 크리스마스는 특별한 사람에게만 제한되어 있지 않고 누구에게나 경배의 기회를 제공하고 있음을 보게 된다. 크리스마스란 차별 없이 만민에게 주어진 하나님의 구원 약속이 선포되는 기회이다. 또한 하나님의 약속에 믿음과 경배로 응답하는 축복의 시간이다. 그러므로 모두 경배할 수 있는 시간을 마련해야 한다.

또한 성탄절은 받은 사랑에 감사하며 사랑을 실천하는 기회로 삼아야 한다. 헤프리(Hefley)는 성탄절에 이웃을 돕는 일에 참여하며, 특별히 가족과 친구 외에 다른 이들에게 기쁨을 줄 수 있는 시간을 마련할 것을 제안하고 있다. 또한 우리를 위해 이해심을 가지고 수고한 모든 사람을 기억해야 할 것이라고 한다. 이를 위해 마음의 말구유를 준비해야 할 것이다.

5. 교회력에 맞춘 성서일과

1) 대강절

주일/절기	연도	제1과	제 2과	복음
대강절 첫째 주일	A	사 2 : 1-5	롬 13 : 11-14	마 24 : 36-44
	B	사 63 : 16-64 : 4	고전 1 : 3-9	막 13 : 32-37

	C	렘 33 : 14-16	살전 5 : 1-6	눅 21 : 25-36
대강절 둘째 주일	A	사 11 : 1-10	롬 15 : 4-9	마 3 : 1-12
	B	사 40 : 1-5, 9-11	벧후 3 : 8-14	막 1 : 1-8
	C	사 9 : 2, 6-7	빌 1 : 3-11	눅 3 : 1-6
대강절 셋째 주일	A	사 35 : 1-6, 10	약 5 : 7-10	마 11 : 2-11
	B	사 61 : 1-4, 8-11	살전 5 : 16-24	요 1 : 6-8, 19-28
	C	습 3 : 14-18	빌 4 : 4-9	눅 3 : 10-18
대강절 넷째 주일	A	사 7 : 10-15	롬 1 : 1-7	마 1 : 18-25
	B	삼하 7 : 8-16	롬 16 : 25-27	눅 1 : 26-38
	C	미 5 : 1-4	히 10 : 5-10	눅 1 : 39-47
성탄절 이브	A	사 62 : 1-4	골 1 : 15-20	눅 2 : 1-14
	B	사 52 : 7-10	히 1 : 1-9	요 1 : 1-14
	C	슥 2 : 10-13	빌 4 : 4-7	눅 2 : 15-20

2) 성탄절

주일/절기	연도	제1과	제2과	복음
성탄절	A	사 9 : 2, 6-7	딛 2 : 11-15	눅 2 : 1-14
	B	사 62 : 6-12	골 1 : 15-20	마 1 : 18-25
	C	사 52 : 6-10	엡 1 : 3-10	요 1 : 1-14
성탄절 후 첫째 주일	A	전 3 : 1-9, 14-17	골 3 : 12-17	마 2 : 13-15, 19-23
	B	렘 31 : 10-13	히 2 : 10-18	눅 2 : 25-35
	C	사 45 : 18-22	롬 11 : 33-12 : 2	눅 2 : 41-52
성탄절 후 둘째 주일	A	잠 8 : 22-31	엡 1 : 15-23	요 1 : 1-5, 9-14
	B	사 60 : 1-5	계 21 : 22-22 : 2	눅 2 : 21-24
	C	욥 28 : 20-28	고전 1 : 18-25	눅 2 : 36-40

3) 주현절

주일/절기	연도	제1과	제2과	복음
주현절		사 60 : 1-6	엡 3 : 1-6	마 2 : 1-12
주현절 후 첫째 주일	A	사 42 : 1-7	행 10 : 34-43	마 3 : 13-17
	B	사 61 : 1-4	행 11 : 4-18	막 1 : 4-11
	C	창 1 : 1-5	엡 2 : 11-18	눅 3 : 15-17, 21-22
		(주현절이 주일일 경우에도 이곳 성구를 사용할 수 있다.)		
주현절 후 둘째 주일	A	사 49 : 3-6	고전 1 : 1-9	요 1 : 29-34
	B	삼상 3 : 1-10	고전 6 : 12-20	요 1 : 35-42
	C	사 62 : 2-5	고전 12 : 4-11	요 2 : 1-12
주현절 후 셋째 주일	A	사 9 : 1-4	고전 1 : 10-17	마 4 : 12-23
	B	욘 3 : 1-5, 10	고전 7 : 29-31	막 1 : 14-22
	C	느 8 : 1-3, 5-6, 8-10	고전 12 : 12-30	눅 4 : 14-21
주현절 후 넷째 주일	A	습 2 : 3, 3 : 11-13	고전 1 : 26-31	마 5 : 1-12
	B	신 18 : 15-22	고전 7 : 32-35	막 1 : 21-28
	C	렘 1 : 4-10	고전 13 : 1-13	눅 4 : 22-30
주현절 후 다섯째 주일	A	사 58 : 7-10	고전 2 : 1-5	마 5 : 13-16
	B	욥 7 : 1-7	고전 9 : 16-19, 22-23	막 1 : 29-39
	C	사 6 : 1-8	고전 15 : 1-11	눅 5 : 1-11
주현절 후 여섯째 주일	A	신 30 : 15-20	고전 2 : 6-10	마 5 : 27-37
	B	레 13 : 1-2, 44-46	고전 10 : 31-11 : 1	막 1 : 40-45
	C	렘 17 : 5-8	고전 15 : 12-20	눅 6 : 17-26
주현절 후 일곱째 주일	A	레 19 : 1-2, 17-18	고전 3 : 16-23	마 5 : 38-48
	B	사 43 : 18-25	고후 1 : 18-22	막 2 : 1-12
	C	삼상 26 : 6-12	고전 15 : 42-50	눅 6 : 27-36

주일/절기				
주현절 후 여덟째 주일	A	사 49:14-18	고전 4:1-5	마 6:24-34
	B	호2:14-20	고후 3:17-4:2	막 2:18-22
	C	욥 23:1-7	고전 15:54-58	눅 6:39-45
주현절 후 아홉째 주일		성령강림절 후 스물일곱째 주일 성구를 따른다.		

4) 사순절

주일/절기	연도	제1과	제2과	복음
성회수요일	A	욜 2:12-18	고후 5:20-6:2	마 6:1-6, 16-18
	B	사 58:3-12	약 1:12-18	막 2:15-20
	C	슥 7:4-10	고전 9:19-27	눅 5:29-35
사순절 첫째 주일	A	창 2:7-9, 3:1-7	롬 5:12-19	마 4:1-11
	B	창 9:8-15	벧전 3:18-22	막 1:12-15
	C	신 26:5-11	롬 10:8-13	눅 4:1-13
사순절 둘째 주일	A	창 12:1-7	딤후 1:8-14	마 17:1-9
	B	창 22:1-2, 9-13	롬 8:31-39	막 9:1-9
	C	창 15:5-12, 17-18	빌 3:17-4:1	눅 9:28-36
사순절 셋째 주일	A	출 24:12-18	롬 5:1-5	요 4:5-15, 19-26
	B	출 20:1-3, 7-8, 12-17	고전 1:22-25	요 2:13-25
	C	출 3:1-8, 13-15	고전 10:1-12	눅 13:1-9
사순절 넷째 주일	A	삼하 5:1-5	엡5:8-14	요 9:1-11
	B	대하 36:14-21	엡2:1-10	요 3:14-21
	C	수 5:9-12	고후 5:16-21	눅 15:11-32
사순절 다섯째 주일	A	겔 37:11-14	롬 8:6-11	요 11:1-4, 17, 34-44
	B	렘 31:31-34	히5:7-10	요 12:20-33

	C	사 43:16-21	빌 3:8-14	눅 22:14-30
종려주일	A	사 50:4-7	빌 2:5-11	마 21:1-11
	B	슥 9:9-12	히 12:1-6	막 11:1-11
	C	사 59:14-20	딤전 1:12-17	눅 19:28-40

5) 성 주간(고난주간)

날	연도	제1과	제2과	복음
월요일		사 50:4-10	히 9:11-15	눅 19:41-48
화요일		사 42:1-9	딤전 6:11-16	요 12:37-50
수요일		사 52:13-53:12	롬 5:6-11	눅 22:1-16
세족 목요일	A	출 12:1-8, 11-4	고전 11:23-32	요 13:1-15
	B	신 16:1-8	계 1:4-8	마 26:17-30
	C	민 9:1-3, 11-12	고전 5:6-8	막 14:12-26
성 금요일	A	사 52:13-53:12	히 4:14-16, 5:7-9	요 19:17-30
	B	애 1:7-12	히 10:4-18	눅 23:33-46
	C	호 6:1-6	계 5:6-14	마 27:31-50

6) 부활절

주일/절기	연도	제1과	제2과	복음
부활절	A	행 10:34-43	골 3:1-11	요 20:1-9
	B	사 25:6-9	벧전 1:3-9	막 16:1-8
	C	출 15:1-11	고전 15:20-26	눅 24:13-35
부활절 둘째 주일	A	행 2:42-47	벧전 1:3-9	요 20:19-31
	B	행 4:32-35	요일 5:1-6	마 28:11-20
	C	행 5:12-16	계 1:9-13, 17-19	요 21:1-14

주일/절기	연도	제1과	제2과	복음
부활절 셋째 주일	A B C	행 2 : 22-28 행 3 : 13-15, 17-19 행 5 : 27-32	벧전 1 : 17-21 요일 2 : 1-6 계 5 : 11-14	눅 24 : 13-35 눅 24 : 36-49 요 21 : 15-19
부활절 넷째 주일	A B C	행 2 : 36-41 행 4 : 8-12 행 13 : 44-52	벧전 2 : 19-25 요일 3 : 1-3 계 7 : 9-17	요 10 : 1-10 요 10 : 11-18 요 10 : 22-30
부활절 다섯째 주일	A B C	행 6 : 1-7 행 9 : 26-31 행 14 : 19-28	벧전 2 : 4-10 요일 3 : 18-24 계 21 : 1-5	요 14 : 1-12 요 15 : 1-8 요 13 : 31-35
부활절 여섯째 주일	A B C	행 8 : 4-8, 14-17 행 10 : 34-48 행 15 : 1-2, 22-29	벧전 3 : 13-18 요일 4 : 1-7 계 21 : 10-14, 22-23	요 14 : 15-21 요 15 : 9-17 요 14 : 23-29
승천절		행 1 : 1-11	엡 1 : 16-23	눅 24 : 44-53
부활절 일곱째 주일	A B C	행 1 : 12-14 행 1 : 15-17, 21-26 행 7 : 55-60	벧전 4 : 12-19 요일 4 : 11-16 계 22 : 12-14, 16-17, 20	요 17 : 1-11 요 17 : 11-19 요 17 : 20-26
		(승천절이 주일일 경우에도 이곳 성구를 사용할 수 있다.)		

7) 성령강림절

주일/절기	연도	제1과	제2과	복음
성령강림절	A B C	고전 12 : 4-13 욜 2 : 28-32 사 65 : 17-25	행 2 : 1-13 행 2 : 1-13 행 2 : 1-13	요 14 : 15-26 요 16 : 5-15 요 14 : 25-31
성령강림절 후 첫째 주일	A B	겔 37 : 1-4 사 6 : 1-8	고후 13 : 5-13 롬 8 : 12-17	마 28 : 16-20 요 3 : 1-8

210 현대 예배학

	C	잠 8 : 22-31	벧전 1 : 1-9	요 20 : 19-23
성령강림절 후 둘째 주일	A	신 11 : 18-21	롬 3 : 21-28	마 7 : 21-29
	B	신 5 : 12-15	고후 4 : 6-11	막 2 : 23-3 : 6
	C	왕상 8 : 41-43	갈 1 : 1-10	눅 7 : 1-10
성령강림절 후 셋째 주일	A	호 6 : 1-6	롬 4 : 13-25	마 9 : 9-13
	B	창 3 : 9-15	고후 4 : 13-5 : 1	막 3 : 20-35
	C	왕상 17 : 17-24	갈 1 : 11-19	눅 7 : 11-17
성령강림절 후 넷째 주일	A	출 19 : 2-6	롬 5 : 6-11	마 9 : 36-10 : 8
	B	겔 17 : 22-24	고후 5 : 6-10	막 4 : 26-34
	C	삼하 12 : 1-7a	갈 2 : 15-21	눅 7 : 36-50
성령강림절 후 다섯째 주일	A	렘 20 : 10-13	롬 5 : 12-15	마 10 : 26-33
	B	욥 38 : 1-11	고후 5 : 16-21	막 4 : 35-41
	C	슥 12 : 7-10	갈 3 : 23-29	눅 9 : 18-24
성령강림절 후 여섯째 주일	A	왕하 4 : 8-16	롬 6 : 1-11	마 10 : 37-42
	B	창 4 : 3-10	고후 8 : 7-15	막 5 : 21-43
	C	왕상 19 : 15-21	갈 5 : 1, 13-18	눅 9 : 51-62
성령강림절 후 일곱째 주일	A	슥 9 : 9-13	롬 8 : 6-11	마 11 : 25-30
	B	겔 2 : 1-5	고후 12 : 7-10	막 6 : 1-6
	C	사 66 : 10-14	갈 6 : 11-18	눅 10 : 1-9
성령강림절 후 여덟째 주일	A	사 55 : 10-13	롬 8 : 12-17	마 13 : 1-17
	B	암 7 : 12-17	엡 1 : 3-10	막 6 : 7-13
	C	신 30 : 9-14	골 1 : 15-20	눅 10 : 25-37
성령강림절 후 아홉째 주일	A	삼하 7 : 18-22	롬 8 : 18-25	마 13 : 24-35
	B	렘 23 : 1-6	엡 2 : 11-18	막 6 : 30-34
	C	창 18 : 1-11	골 1 : 24-28	눅 10 : 38-42

8. 교회력 211

성령강림절 후 열째 주일	A B C	왕상 3 : 5-12 왕하 4 : 42-44 창 18 : 20-33	롬 8 : 26-30 엡 4 : 1-6, 11-16 골 2 : 8-15	마 13 : 44-52 요 6 : 1-15 눅 11 : 1-13
성령강림절 후 열한째 주일	A B C	사 55 : 1-3 출 16 : 2-4, 12-15 전 2 : 18-23	롬 8 : 31-39 엡 4 : 17-24 골 3 : 1-11	마 14 : 13-21 요 6 : 24-35 눅 12 : 13-21
성령강림절 후 열두째 주일	A B C	왕상 19 : 9-16 왕상 19 : 4-8 왕하 17 : 33-40	롬 9 : 1-5 엡 4 : 30-5 : 2 히 11 : 1-3, 8-12	마 14 : 22-23 요 6 : 41-51 눅 12 : 35-40
성령강림절 후 열셋째 주일	A B C	사 56 : 1-7 잠 9 : 1-6 렘 38 : 1b-13	롬 11 : 13-16, 29-32 엡 5 : 15-20 히 12 : 1-6	마 15 : 21-28 요 6 : 51-59 눅 12 : 49-53
성령강림절 후 열넷째 주일	A B C	사 22 : 19-23 수 24 : 14-18 사 66 : 18-23	롬 11 : 33-36 엡 5 : 21-33 히 12 : 7-13	마 16 : 13-20 요 6 : 60-69 눅 13 : 22-30
성령강림절 후 열다섯째 주일	A B C	렘 20 : 7-9 신 4 : 1-8 잠 22 : 1-9	롬 12 : 1-7 약 1 : 19-25 히 12 : 18-24	마 16 : 21-28 막 7 : 1-8, 14-15, 21-23 눅 14 : 1, 7-44
성령강림절 후 열여섯째 주일	A B C	겔 33 : 7-9 사 35 : 4-7 잠 9 : 8-12	롬 13 : 8-10 약 2 : 1-5 몬 1 : 8-17	마 18 : 15-20 막 7 : 31-37 눅 14 : 25-33
왕국 / 성령강림절 후 열일곱째 주일	A B C	창 4 : 13-16 사 50 : 4-9 출 32 : 7-14	롬 14 : 5-9 약 2 : 14-18 딤전 1 : 12-17	마 18 : 21-35 막 8 : 27-35 눅 15 : 1-32
성령강림절	A	사 55 : 6-11	빌 1 : 21-27	마 20 : 1-16

절	열여덟째 주일	B	렘 11 : 18-20	약 3 : 13-4 : 3	막 9 : 30-37
		C	암 8 : 4-8	딤전 2 : 1-8	눅 16 : 1-13
성령강림절 후 열아홉째 주일		A	겔 18 : 25-29	빌 2 : 1-11	마 21 : 28-32
		B	신 11 : 24-30	약 5 : 1-6	막 9 : 38-48
		C	암 6 : 1, 4-7	딤전 6 : 11-16	눅 16 : 19-31
성령강림절 후 스무째 주일		A	사 5 : 1-7	빌 4 : 4-9	마 21 : 33-43
		B	창 2 : 18-24	히 2 : 9-13	막 10 : 2-16
		C	합 1 : 1-3, 2 : 1-4	딤후 1 : 3-12	눅 17 : 5-10
성령강림절 후 스물한째 주일		A	사 25 : 6-9	빌 4 : 12-20	마 22 : 1-14
		B	잠 3 : 13-18	히 4 : 12-16	막 10 : 17-27
		C	왕하 5 : 9-17	딤후 2 : 8-13	눅 17 : 14-19
성령강림절 후 스물두째 주일		A	사 45 : 1-6	살전 1 : 1-5	마 22 : 15-22
		B	사 53 : 10-12	히 5 : 1-10	막 10 : 35-45
		C	출 17 : 8-13	딤후 3 : 14-4 : 2	눅 18 : 1-8
성령강림절 후 스물셋째 주일		A	출 22 : 21-27	살전 1 : 2-10	마 22 : 34-40
		B	렘 31 : 7-9	히 5 : 1-6	막 10 : 46-52
		C	신 10 : 16-22	딤후 4 : 6-8, 16-18	눅 18 : 9-14
성령강림절 후 스물넷째 주일		A	말 2 : 1-10	살전 2 : 7-13	마 23 : 1-12
		B	신 6 : 1-9	히 7 : 23-28	막 12 : 28-34
		C	출 34 : 5-9	살후 1 : 11-2 : 2	눅 19 : 1-10
성령강림절 후 스물다섯째 주일		A	아 3 : 1-5	살전 4 : 13-18	마 25 : 1-13
		B	왕상 17 : 8-16	히 9 : 24-28	막 12 : 38-44
		C	대상 29 : 10-13	살후 2 : 16-3 : 5	눅 20 : 27-38
성령강림절 후 스물여섯째 주일		A	잠 31 : 10-13, 19-20, 30-31	살전 5 : 1-6	마 25 : 14-30
		B	단 12 : 1-4	히 10 : 11-18	막 13 : 24-32
		C	말 3 : 16-4 : 2	살후 3 : 6-13	눅 21 : 5-19

		제1과	제2과	복음
성령강림절 후 스물일곱째 주일	A	겔 34 : 11-17	고전 15 : 20-28	마 25 : 31-46
	B	단 7 : 13-14	계 1 : 4-8	요 18 : 33-37
	C	삼하 5 : 1-4	골1 : 11-20	눅 23 : 35-43
성령강림절 후 스물여덟째 주일		주현절 후 여덟째 주일 성구를 따른다.		

8) 특수 절기

주일/절기	연도	제1과	제2과	복음
신년주일	A	신 8 : 1-10	계 21 : 1-7	마 25 : 31-46
또는	B	전 3 : 1-13	골 2 : 1-7	마 9 : 14-17
송년주일	C	사 49 : 1-10	엡 3 : 1-10	눅 14 : 16-24
기독교	A	사 11 : 1-9	엡 4 : 1-16	요 15 : 1-8
연합 주일	B	사 35 : 3-10	고전 3 : 1-11	마 28 : 16-20
	C	사 55 : 1-5	계 5 : 11-14	요 17 : 1-11
세계기도주일	A	사 49 : 18-23	계 3 : 17-22	요 10 : 11-18
	B	사 25 : 6-9	계 7 : 9-17	눅 24 : 13-35
	C	대상 16 : 23-34	행 2 : 42-47	마 8 : 5-13
종교개혁주일	A	합 2 : 1-4	롬 3 : 21-28	요 8 : 31-36
	B	창 12 : 1-4	고후 5 : 16-21	마 21 : 17-22
	C	출 33 : 12-17	히 11 : 1-10	눅 18 : 9-14
추수감사절	A	사 61 : 10-11	딤전 2 : 1-8	눅 12 : 22-31
	B	신 26 : 1-11	갈 6 : 6-10	눅 17 : 11-19
	C	신 8 : 6-17	고후 9 : 6-15	요 6 : 24-35
국경일 또는	A	신 28 : 1-9	롬 13 : 1-8	눅 1 : 68-79
국가기념주일	B	사 26 : 1-8	살전 5 : 12-23	막 12 : 13-17
	C	단 9 : 3-10	벧전 2 : 11-17	눅 20 : 21-26

제 9 장

예배와 예배당

　오늘날 한국은 예배당 건축의 붐이 일고 있다. 교회마다 예배당을 개축하고 신축한다. 새롭게 개척하여 교회가 부흥하면 막대한 예산을 투입하여 빚을 지면서까지 예배당을 건축한다. 그러나 예배학적으로 볼 때, 새롭게 지은 예배당이라 할지라도 예배 원리에 맞지 않는 경우가 많다. 예배학적으로 타당한 예배당 구조를 가진 교회는 불과 1퍼센트도 되지 않는다.
　건물도 사람에게 말하고자 하는 언어를 가지고 있다. 예배당을 건축할 때도 언어를 분명하게 설계하여, 교회가 무엇이며 예배가 무엇인가를 명확하게 말해 주어야 한다. 아름답게, 화려하게 교회의 건물을 짓는 것도 중요하지만 미(美)를 구하기 위해서 예배의 본질을 상실하는 교회당을 짓는다면 그것은 예배당 건축의 실패라고 할 수 있다.
　여기서 나는 예배당의 외부적인 건축문제에 대해서 언급하기보다는 예배당 내부에 중점을 두고 말하고자 한다. 왜냐하면 요즈음 내부보다 외부를 중요시하는 경향이 있기 때문이며, 오히려 내부가 예배당의 생명이기 때문이다.

1. 예배의 중심

예배의 중심은 복음이라고 할 수 있다. 복음은 성경낭독과 설교와 성례전을 통해 사람들에게 전달된다. 따라서 예배의 중심은 성경낭독과 설교, 그리고 성례전으로 크게 둘로 나눌 수 있다.

설교와 예전과의 관계에 대해서 신학적인 입장이 서로 다른 적이 있었다. 일반적으로 가톨릭교회에서는 예전을 중요시하고 있으며 설교와 말씀의 선포는 가볍게 생각한 반면에, 개신교에서는 설교와 말씀의 선포는 가볍게 생각한 반면에, 개신교에서는 설교와 말씀의 선포를 중요시하고 예전은 가볍게 생각했다. 그러나 가톨릭교회의 제 2차 바티칸 공의회 이후에는 예배의 헌장에서 설교의 중요성을 특별히 강조했고, 개신교에서도 근래에 와서 예전을 중요시하는 경향으로 흐르게 되었다. 개신교가 18세기 이지주의(理智主義)의 영향을 받아 예전을 가볍게 여긴 것은 부정할 수가 없다.

설교는 성경을 기초로 하여 하나님의 말씀이 전해지는 것으로 불안정성이 있음은 사실이다. 그 이유는 설교자의 성격, 소질, 체험, 능력에 따라 개인차가 생기기 때문이며, 같은 설교의 본문이라 할지라도 때와 장소에 따라서 설교가 달라질 수 있기 때문이다. 설교는 주관적 요소가 많은 것에 비해서 예전은 객관적 요소가 많다. 이 두 요소가 서로 긴장관계를 이루고 있을 때 예배가 정상적이 될 수 있다.

예전은 설교와는 달리 객관적 안정성이 있다. 그것은 읽혀지는 성경, 행하여지는 행동 모두가 복음의 진리를 나타내고 있고, 집례자가 변해도 그 내용은 변하지 않기 때문이다. 또한 형식이 공통적 불변의 성격으로, 전통적으로 전해 왔기 때문이다. 그러나 예전의 형식에 너무 중점을 둔다면 예전의 근본 정신과 생명을 잃을 가능성이 있다. 예전은 언제나 복음의 빛에 비춰져야 생명력이 있게 된다. 그러기 때문에 종교개혁자들은 하나님의 말씀의 선포가 동반되지 않는 예전은 무가치하다고 강조했다.

가톨릭교회의 신학자인 보이어(Louis Bouyer)도 "하나님 말씀의 떡은 성찬의 떡과 함께 필요하다."라고 말했으며, 또한 "성찬의 떡은 하나님의 말씀의 떡을 동반하지 않으면 아무런 소용이 없다."라고 말했다. 그러기 때문에 성찬대(Lord's table)는 항상 설교대로부터 비춰 오는 빛을 받아야 된다는 것이다.

성례전에는 또 세례가 있으며 그 의의는 죄사함과 중생에 있다. 세례를 베풀기 위한 세례장(洗禮場) 또는 세례반(洗禮盤)이 예배의 중요한 위치를 차지하고 있다. 그것은 고정된 모양으로 예배에서 설교를 지지하며 보증하는 동시에, 복음의 빛을 비추며 예배 속에서 중요한 존재 의의를 가진다.

이같이 예배의 중심이 설교, 성찬, 세례에 있다고 한다면 예배당은 그러한 의식이 행하여지는 장소인 설교대, 성찬대, 세례반의 세 부분을 중심적 위치에 두고 예배당 내부를 설계해야 한다.

2. 설교대

개신교에서는 성례전이 행하여지지 않는 예배는 있어도 설교가 없는 예배는 없다. 이것을 보아도 개신교는 설교를 중요시하고 설교가 예배의 중심이라는 것을 알 수 있다. 그래서 예배당을 건축할 때 설교대를 화려하고 또 위치를 높이 올리는 등 많은 관심을 기울이고 있다.

하나님 말씀의 선포가 멀리 잘 들리게 하고, 말씀의 권위를 높이기 위해서 설교대를 4미터나 높이 올린 교회도 있다. 그러나 오늘날 교회마다 음향효과 시설을 설치하기 때문에 현대의 새로운 예배당 건축 경향은 설교대의 위치가 낮아지고 회중과 가까워지고 있음을 볼 수 있다. 이것은 예배학적 면에서, 또는 신학적인 면에서 하나님의 권위의 관념과 성경적인 견해가 변화된 결과라고 할 수 있다. 이는 하나님은 높은 데서 말씀하시는 것이 아니고 낮고 천한 곳까지 내려오셔서 백성 속에서, 백성과 교제하시고 대화하신다는 견해에서 온 것이다.

예배 중의 성경낭독은 그 자체가 독립된 요소로서 하나님께서 회중에게 직접 하시는 말씀이다. 4~5세기 예배당에는 성경낭독대(ambo)가 있어서 성경을 낭독했다. 이것을 본떠서 오늘날 많은 교회들이 낭독대(소위 사회대)를 두고 있다.

가톨릭교회에서는 성찬대(제단)를 중심으로 회중자리 가까이 양쪽에 성경낭독대 두 개가 있다. 회중을 향해 오른쪽 낭독대에서 구약성경과 서신이 읽혀지고, 왼쪽 낭독대에서는 복음서가 읽혀진다.

영국 교회에서는 설교대 반대편에 놓여져 있는 것을 낭독대라고 했는데 거기서 성경일과, 즉 구약성경, 서신, 복음서를 낭독했다.

스코틀랜드 교회(장로교회)와 개혁파 교회에서는 낭독대를 설치하지 않았다. 그 대신 설교대 위에 큰 성경을 회중이 잘 보이도록 놓아 두어 낭독했다. 이것은 오늘날까지 개신교회에서 전통적으로 내려와 그대로 실천하고 있다.

개혁교회에서는 성경일과를 사용하지 않는 대신 예배 때마다 성경의 각 책을 한 장씩 연속적으로 읽고 강해를 하는 것이 행해진다.

3. 성찬대 · 제단

가톨릭교회, 루터교회, 성공회에서는 성찬대를 제단(祭壇)이라고 부르고 있다. 성찬대냐 제단이냐 하는 문제는 교회마다 신학적으로 입장을 달리한다.

성찬은 예수의 최후 만찬에서 시작된 것이니만큼 만찬의 식탁을 그대로 성찬대 또는 성찬탁(聖餐卓)이라고 한다. 초대교회에서는 식탁에 둘러서서 성찬이 거행되었기 때문이다.

3세기경에 교회는 순교자의 묘 위에서 성찬을 거행하여 주님과 교제를 가졌다. 그 순교자의 묘 위에 예배당이 세워지고, 또 순교자의 유물을 돌관에 넣었으며 그 위에서 성찬이 거행되었다. 돌관이 곧 제단이 되었다. 그래서 성찬대 대신 제단이라고 불려지게 된 것이다. 예를 들면 베드로의 묘 위에 세워진 것이 베드로 대성당이다.

제단은 주님 자신을 상징한다. 특히 십자가의 주님, 희생당하신 주님을 나타낸다. 그러나 개혁자들은 제단이 예수 그리스도의 희생의 관념에서 왔다는 것에 대해 비성경적이라고 하여 배격했다. 칼빈계 교회는 제단을 비성경적이라고 해서 초대교회와 같이 목재 식탁을 사용했다.

성찬대는 주님의 최후 만찬 때와 같이 그것을 둘러싸고 자리를 잡아야 한다고 한다. 성찬대는 회중과 될 수 있는 대로 가까워야 한다고 주장한다. 이것은 예수와 제자들이 함께 거행한 만찬의 정신에서 비롯된 것이다. 그리고 성찬의 집례자도 성도들을 향하여 집행하는 것이 타당하다는 것이다. 이것은 강대 위에 벽으로 성찬대를 붙여 설치해 놓으면 집례자의 뒷면이 회중을 향하게 되는 것을 막기 위한 주장이다. 그러므로 성찬대를 강대 위에 설치할 때 벽에 붙이지 말고 집례자가 회중을 향할 수 있게 배치해야 된다는 것이다.

제단이나 성찬대 위에 십자가와 촛대와 성경을 설치하는 것은 제단의 관념에서 온 것이므로 개신교에서는 이것을 배격하고 있다. 성경은 성경낭독대나 설교대로 옮겨야 한다는 것이다. 개혁자들이 성경에 근원을 두고 또 그리스도의 희생의 일회성(一回性), 완전성을 믿기 때문에 가톨릭 교회의 미사의 희생적 관념을 배격했던 것이다. 그러나 주의 만찬에 참여한다는 것은 주의 십자가 은혜에 동참한다는 것과 자신의 몸을 주님께 드린다는 두 가지 뜻이 내포되어 있음을 믿는다. 다시 말해서 주님과 일체가 되고 주님의 십자가의 죽음과 부활에 결합되는 것이라고 주장한다. 그런 의미에서 볼 때 성찬대를 제단이라고 해도 무방한 것이 아니냐고 말한다.

성찬대에 보(布)를 덮는 일, 그리고 성찬의 떡과 포도즙을 흰 보로 덮는 일은 그리스도와 그의 백성이 하나로 묶여 있다는 것을 의미한다. 흰 보는 그리스도의 백성을 가리키고 떡과 포도즙은 그리스도를 의미한다. 그러므로 흰 보로 성찬의 요소를 덮어두는 것은 예수 그리스도와 성찬에 참여하는 회중과 일체가 되고 하나로 연합하여 있다는 뜻이다.

그러므로 예배당 건축에서 각 교회의 전통에 따라야 하고, 또 예배 속에서 그 의미가 잘 실현되도록 설계해야 한다. 예배당 내부의 강대 주변의 배치는 개신교의 정신을 살려 설교대를 한가운데에 설치하고, 그 아래 회중 가까이에 성찬대를 설치하는 것이 가장 이상적이라고 할 수 있다.

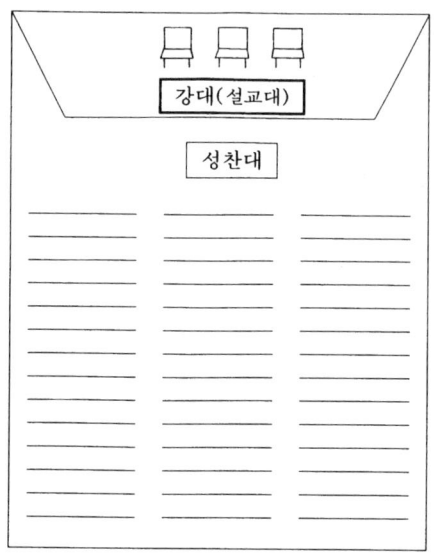

* 공회당식 예배당 내부구조 (바실리카식)

4. 세례반

세례반은 초대교회에서부터 기원 200년까지는 존재하지 않았다. 세례탕(tank)도 없었다. 사도시대의 세례는 그곳이 개울이든, 연못이든, 바다이든 간에 '물이 있는 곳' 어디서나 거행되었다.

4~5세기 바실리카(Basilica)의 예배당에서는 세례장을 설치하는 것은 당연한 일로 생각했다. 특히 이탈리아나 시리아에서는 예배당과는 별도로 세례당(堂)을 지었다. 일반적으로 큰 회당에서는 입구 가까운 곳에 세례당이 세워졌고, 작은 회당에서는 예배당 입구 가까이에 세례반이 놓였

다. 예배당의 출입구 가까이 세례반이나 세례당을 두는 것은 세례에 의하여 사람이 그리스도의 몸의 지체와 연결되는 것이며, 또한 교회의 일원으로 가입되는 것을 나타내기 위해서이다.

일반적으로 가톨릭교회, 영국교회 계통은 전통적으로 예배당의 입구 가까이 세례반을 놓아두었다. 그러나 세례반은 입구에만 한정되지 않고 건물의 동쪽, 북쪽, 남쪽 등에 놓아두기도 했다.

1604년에 푸텐백(Joseph Furttenback)이라는 건축가는 "예배당은 하나의 중심을 가져야 하기 때문에 설교대와 성찬대와 세례반은 서로가 근접해서 배치되어야 한다."라고 주장했고, 루터교회에서 이 주장을 채택하였다. 그리하여 세례반을 제단과 설교대가 있는 위치로 옮겼던 것이다.

개혁파 교회에서는 세례반의 존재를 중요시하지 아니하고 세례 때는 작은 그릇을 성찬대 위에나 설교대 위에 두었다가 세례를 거행할 때 그것을 사용했으며 끝나면 그것을 치워 버렸다. 이것은 장로교회, 회중교회, 감리교회 등에서 현재까지 행하고 있다. 침례교회에서는 예배당 안, 강단 뒷편에 세례탕을 설치해 놓고 커튼으로 가리워 둔다.

종교개혁자들이 강하게 주장한 것은 세례에 의해 사람을 교회에 받아들이는 것이기 때문에 세례식은 예배 중에 모든 교인들 앞에서 행해야 한다고 한다. 중세기까지도 세례가 사적으로 거행되는 일이 있었다. 한 가지 예로서 병으로 죽거나 태어날 때 아기가 죽게 된 경우 교회의 목사를 초청할 시간이 없게 되면 산파가 그 자리에서 세례를 행했다. 이러한 폐단을 없애기 위해서 세례식이 예배 중에 공적으로 거행되어야 한다고 엄격하게 요구하였다. 따라서 세례반은 예배당의 동편, 다시 말하면 설교대나 성찬대 가까이 설치하는 것이 가장 적당하다고 보았다.

세례는 성찬에 이어 받는 것이다. 그러나 성찬의 토대가 되는 것은 세례이다. 따라서 예배당내에 언제나 회중의 눈에 띄는 위치에 세례반을 설치하여 회중으로 하여금 항상 자기의 세례를 상기시켜서 본인의 신앙의 받침이 되도록 해야 한다. 세례 때만 세례 용기(容器)가 눈앞에 놓여지는 것만으로는 세례의 의의를 상기시키기가 어렵기 때문이다. 세례반은 예배를 완전하게 드리기 위하여 설교대와 성찬대와 나란히 예배당 안에 중심적 위치에 설치하는 것이 가장 적당할 것이다.

5. 회중석

회중은 부름받은 하나님의 백성이고 하나님의 가족이며, 그리스도의 몸이다. 이 백성이 설교대와 성찬대에 둘러앉아 같이 하나님을 예배하는 곳이 회중석이다. 적극적인 면에서 공동의 행위인 예배에 참석하는 곳이 회중석이다.

회중석은 하나님의 가족과 그리스도의 몸으로서의 공동체를 나타낼 수 있게 하는 것이 첫째 조건이다. 그러므로 종래의 회중석이 길이도 두 줄, 또는 세 줄로 의자에 나란히 앉아 강대를 향하는 것은 부적당하다고 생각한다. 회중석이 뒷부분에 자리를 차지하고 있어서 예배가 끝나 급하게 나가면 교회공동체의 교제가 이루어지지 못한다.

그래서 친교와 공동성을 강조하는 뜻에서 여러 가지 형태의 회중석이 나타나게 되었다. 즉 정방형, 팔각형, 장방형 등의 형태로 설교대를 중심으로 회중이 둘러앉도록 자리를 마련했다. 어떤 교회는 원형으로 회중석을 만든 교회도 있으나 이 형태도 결점이 있다. 설교를 유효하게 하려면 60도 내로 회중석이 자리해야 한다. 가장 이상적인 형은 예배의 중심부를 두고 앞과 양옆의 세 방향에서 둘러싸는 것같이 배치하는 것이다. 어쨌든 회중석은 예배의 공동성을 중요시하는 신학적인 면을 기초하여 설계되어야 한다.

그리스도 교회의 일체성을 예배에 나타내기 위해서 창을 높게 하고 주위를 벽으로 메우고 창은 스테인드글래스나 색유리를 넣어 바깥이 보이지 않게 하는 것도 좋으나, 교회는 이 세상에서 도피해서 존재하는 것이 아니고 세상 속에 그리스도의 증인으로 존재한다는 것을 잊어서는 안된다. 창문을 크게 내고 투명유리를 넣어 사회의 모습을 볼 수 있는 곳에서 예배드리는 것이 의미가 있다.

예배당은 강연회장도 아니고 교실도 아니다. 예배는 교회가 행하는 행위이며 그 행위가 자유로이 적극적으로 행하여지도록 경제적인 사정이 허락되는 대로 여유 있는 공간이 필요한 것이다.

6. 성가대석

성가대는 말씀과 성례전과 동등하게 하나님의 은혜를 사람들에게 전하는 역할을 한다는 것은 잘못된 사상이다. 성가대는 오히려 하나님의 은혜에 노래로 응답하는, 하나님을 찬미하는 것이다. 성가대는 하나님을 향하여 노래하는 것이지 회중을 향하여 노래하는 것이 아니다. 성가대의 주목적은 하나님을 향한 회중의 찬송을 도와주고 협력하기 위해 회중과 같이 노래하는 것으로 회중의 찬송을 인도하고 돕는 것이 성가대의 주된 임무이다.

성가대는 수도원의 경우와는 달리 교회에서는 성직자가 아니라 회중의 일부이다. 성가대석을 예배당의 성소 또 내진(chancel) 속에 자리를 설치하기 시작한 것은 12세기 이후의 일이고 원래는 회중석, 본당(nave) 속에 위치하고 있었다. 이것은 성가대가 회중을 향해 노래한다는 것이 아니며, 또한 설교를 대신한다든지 회중을 위해 일종의 연주와 같이 생각해서는 안 된다는 것이다.

성가대가 회중을 향해 대면해서 찬양하는 것은 효과적이라고 인정할 수는 있으나 그렇게 되면 성가대가 예배에서 말씀과 예전의 영역을 침범하게 되는 것이기 때문에 좋지 못하다. 그런 의미에서 설교대 뒷면 높은 곳에 회중을 대면하여 성가대석을 설치하는 것은 적당치 않다고 본다. 그리고 성소 안에서 설교대와 성찬대의 사이에 회중을 향해 설치하는 것도 적당치 않다. 성가대석은 강대 옆에 예배의 중심부를 향해 회중의 일부로서 위치하는 것이 성가대의 본래의 임무와 일치하기 때문에 가장 이상적이라고 할 수 있다.

성가대가 예배순서 중에 단독으로 찬양(anthem)을 하는 문제에 대해 언급하고자 한다. 먼저, 결론적으로 말하자면 회중 전부가 다 같이 소리를 높여 하나님을 찬양하는 것이 공동적 예배에 적합하다.

1787년 영국 감리교회의 연회기록에 회중이 공동으로 참석하는 예배에는 찬양의 의미가 없다는 이유로 금지되었다는 기록이 남아 있다. 성가대만이 노래를 부르고 회중이 청중이 되고 감사자가 되는 것은 예배의 공동성을 약화시키는 것이 되기 때문이다. 찬송가의 1, 2절을 성가대에서 부르고 3, 4절을 회중이 노래하게 되면 성가대의 임무가 가장 효과적으로 나타난다고 본다.

오늘날 교회에서는 교회의 회중이 사용하는 찬송가에서 찬양을 하지 않고 성곡집에서 어려운 곡과 알 수 없는 가사들로 된 성가를 찬양하는 것이 하나의 관례로 되어 있으니 시정할 문제라고 본다. 성가대가 너무나 귀족화, 전문화되어 가고 있다. 어느 교회이든 유급 지휘자를 두고 일류학교를 나온 유급 반주자를 두어야 훌륭한 성가대가 되고 훌륭한 교회라고 생각하고 있으니 이는 조속히 갱신되어야 할 일이다.

7. 예배 중심부의 위치

초기 기독교 예배는 말씀의 예배, 성찬, 세례의 세 개 부분이 각각 별개의 장소에서 거행되었다. 그것은 세 개 부분이 각각 독립된 것이라는 의미에서 강조되었으나 예배의 본질적인 면에서 볼 때 이것은 불가분의 관계를 가지고 있다.

예배당은 성소와 회중석의 두 부분으로 나누어졌다. 본래 성소는 성찬장이고 회중석은 말씀의 예배장이었다. 그래서 성소는 성직자의 장소가 되고 회중석은 성도의 장소가 되었다. 종교개혁자들은 회중석장에서 말씀의 예배와 성찬을 행함으로 본래의 목적을 확실히 했다.

이같이 전에는 예배의 세 개 부분이 장소를 달리하여 각각 따로 거행되었으나 오늘에는 말씀의 예배는 설교대가 중심이 되고, 성찬 때에는 성찬대가 중심이 되고, 세례를 행할 때는 세례반이 중심이 되고 있다.

성소의 문제에서 영어 '찬설'(Chancel)은 '분할함, 칸막음'이란 뜻인데 이것은 회중석과 성소를 구별하기 위해서 설치한 '칸막이'를 말했다. 즉 제단, 성직자석, 성가대석이 있는 부분 전체를 가리키는 용어가 되었다. 이것을 다른 말로 표현하면 '생츄어리'(Sanctuary, 성소)라고 한다. 그리하여 이 생츄어리 또는 찬설 부분을 회중석이 있는 곳에서 몇 단(段) 높여 거룩한 장소라는 것을 나타내었다.

종교개혁자들은 성찬대를 회중석 속에 설치했다. 이것은 성소의 관념을 없애기 위해서이다. 종교개혁자들은 설교대 자체보다 거기서 선포되는 하나님의 말씀을 거룩하게 여겼고, 또 성찬대 자체보다 성찬식이 거룩한 것이라고 생각했으며, 예배당 자체보다도 거기서 하나님의 백성이 행하는 예배가 거룩한 것이라고 생각했다(행 4 : 21 이하. 참조). 그래서 유럽 개혁파 교회에서는 회중이 앉은 자리 앞에 설교대, 성찬대, 세례반을 설치하는 교회들이 생기게 되었다.

장소나 물체를 거룩한 것으로 여긴 것은 신약성경에서는 찾아볼 수 없으나 예배당 건축의 역사에서 찾아보면 4세기경부터 시작된 것임을 알 수 있다. 그러나 성소는 전성도가 예배를 행하는 중심적인 장소로 생각하고 모든 사람이 가까이 오기 쉽고 친근해지도록 하는 것이 좋다.

예배 중심부를 배치할 때는 성찬대를 중심에 두고 그 좌우에 설교대와 낭독대를 배치하는 것과, 설교대를 중심으로 그 앞에 성찬대를 배치하는 두 가지의 형태가 있다. 전자는 가톨릭교회, 루터교회, 영국교회 등에 많고, 후자는 장로교회, 회중교회, 침례교회, 감리교회 등에 많다. 배치상 전자는 예배의 중심을 성찬에 두었고, 후자는 설교, 즉 하나님의 말씀에 비중을 두었다는 것을 직감적으로 알게 된다.

예배에서 설교와 성례전은 동등한 위치를 가져야 하고, 또 세례반을 첨가해서 세 개의 부분이 예배의 중심부에 동등한 위치에 있도록 배치해야 한다.

제단(성찬대)을 배후에 벽에 붙여 두는 것은 좋지 못하다. 회중을 향해 성찬을 행하도록 벽과 거리를 두는 것이 좋다. 설교대는 높은 위치에 설치하지 말고 하나님의 말씀과 회중과의 커뮤니케이션에 중점을 두는 의미에서 그 위치는 될 수 있는 대로 낮을수록 좋다. 낭독대는 반드시 필요한 것은 아니다. 오히려 설교대 위에 회중에게 잘 보이도록 성경을 펴놓아 두고 설교대가 말씀의 중심이 되게 하는 것이 좋다. 낭독대를 두지 않는 대신 그 위치에다 세례반을 설치해 놓으면 전체적인 조화를 이룰 수가 있어서 좋다. 그리고 성찬대나 성단을 둘러싼 '레일'(rail)은 없는 것이 좋다. 레일을 설치하면 회중과 예배의 중심부를 분리시키기 때문에 좋지 않다.

　설교대를 중심으로 한 배치는 고대 바실리카 양식을 채택한 것이다. 주의할 것은 성찬대가 위축되고 작아질 염려가 있다는 것이다. 성찬식이 늘 행해지지 않는다고 할지라도 예배는 주님의 식탁에 둘러싸여서 행하여지고 있다는 것을 항상 기억하기 위해서 성찬대를 위치나 크기 면에서 명확하게 한다.

　또한 성단 뒷부분의 벽을 어떻게 해야 하는가의 문제가 있다. 성단 뒤에 최후의 만찬 그림이나 또 십자가를 장식하는 경우도 많다. 만일에 성단 뒤의 벽에 인상을 강하게 하는 장식을 하게 되면 설교대, 성찬대, 세례반의 존재 의의가 약해지고 희미해질 염려가 있다. 설교대나 성찬대나 세례반 모두 그 자체가 십자가를 명시하고 있다는 것을 알아야 한다. 이 세 가지를 통해서 십자가를 분명히 할 의무가 있는 것이다.

8. 예배당의 외관

　예배당은 외부에서 볼 때 쉽게 교회당임을 알 수 있게 건축해야 한다. 예배당 건축에서 옛날 관습에만 사로잡힐 필요없이 새로운 양식과 기술에 따라 교회가 선교의 사명을 감당할 수 있는 형태가 되면 좋을 것이다. 물론 도시와 농촌간에는 그 형태 면에서 차이가 있을 것이다. 도시는 도시에 알맞고 농촌은 농촌에 알맞는 양식을 선택해야 할 것이다. 단, 주의의 건물과 구별될 수 있는 건물의 형태가 교회라는 것을 표현하는 방법이 되게 한다.

　오래된 교회는 탑이 있다. 탑을 설치하는 이유는 외관에서 장엄함을 나타내며, 뾰족하게 솟은 탑은 예배의 대상인 영원하신 하나님께 사람들의 마음을 끌어간다는 뜻에서 세운 것이다. 그러나 탑이 예배당에 반드시 있어야 된다는 것은 아니다. 17세기 청교도계의 예배당은 탑이 없는 것이 많았다. 만일에 탑이 없으면 기타 건물과 구별하기 어려울 경우를 제외하고는 반드시 탑이 있어야 한다는 것은 아니다. 공연히 탑을 세우는 데 무리한 예산을 투입할 필요는 없다.

　탑의 정면이나 탑 위에 십자가를 세워서 교회라는 것을 나타내고 있는 것을 미주지역 교회나 한국교회에서 많이 볼 수 있다. 그러나 유럽에서는 십자가를 달지 않은 교회들이 많다. 스코틀랜드의 어떤 예배당은 탑 위에 닭의 모양으로 십자가 대신 세운 교회가 있다고 한다. 베드로와 닭의 울음소리와 연관해서 세웠다는 것이다. 그러나 예배당이라는 것을 나타내기 위해서는 기독교의 상징인 십자가를 세우는 것이 가장 적당하며, 그 자체가 선교가 되고 눈으로 보는 설교가 될 수가 있다.

　암스테르담에는 '노아의 방주'의 모양으로 예배당을 지은 교회도 있다고 한다. 또 폴란드의 어느 가톨릭교회는 '고기'의 모양으로 예배당을 지은 것도 있다고 한다. 이들은 물론 성경적인 의미가 없는 것은 아니다. 그러나 교회의 성경적인 면을 참작하여 예배당을 건축해야 좋을 것이다. 내가 지난 1985년 1월에 미국 남부지방(Dallas, Texas)을 여행할 기회가 있어서 예배당 건축에 대해 관심을 가지고 보았는데 대다수의 교회당이 현대식으로 지어졌고, 또 외부에서 볼 때 공회당인지 예배당인지 구별하기가 어려울 정도였다. 탑도 없고 건물 자체에 십자가의 표시도 없었기 때문이다. 단순히 교회라는 것을 알 수 있었던 것은 '××교회'라는 간판을 보고서였다.

　예배당은 교회의 성격을 나타내야 하고 사회를 향해 교회의 메시지를 표현하는 형태가 되어야 한다. 건물은 확실히 말하고자 하는 언어를 가지고 있다. 듣는 설교는 하나님의 말씀의 선포요, 보는 설교는 예배당의 성격을 분명히 하는 것이다.

교회는 사람의 영혼의 항구이기 때문에 사람을 따뜻하게 영접하기 위해 친밀감이 있어야 하고, 명랑하고 청결하며 우미(優美)한 용모를 가져야 하고, 파선을 당한 자나 조난당한 자들이 평안히 쉬고 피할 수 있는 곳이 되게 설계되고 지어져야 한다. 세인트앤드류 대학의 화이트(James White) 교수는 "예배당의 아름다움은 미술적인 것보다 오히려 윤리적인 것에서 구하지 않으면 안 된다. 예배당은 건축가의 손에 달려 있기 때문에 우수하고 신뢰할 수 있는 건축가를 택하는 일이 가장 중요한 열쇠이다."라고 말했다.

9. 예배당 내부구조의 의미

여기서는 주로 성례를 중심으로 예배당 내부구조의 의미를 살펴보기로 한다.

오늘날 교회의 구조는 오랫동안 일반적인 집회장소와 별로 차이가 없는 모양을 하고 있다. 정면에는 강단이 있고 정면을 향해서 의자가 줄을 지어 놓여 있다. 다른 집회장소와 한 가지 틀린 점이 있다면 강대 앞에 성찬대가 놓여 있다는 것이다. 그런데 최근 우리 나라에서 교회의 구조와 예배당의 내부구조가 조금씩 달라져 가고 있다. 새로 짓는 교회당은 대부분 정면에 성찬대를 배치하고 좌우편으로 설교대와 낭독대를 배치하는 형태로 변해 가고 있다. 왜 그 형태가 변하고, 또 변해야 하느냐 하는 문제는 여기에서 언급하지 않기로 한다. 다만 여기서 언급하고 싶은 것은 예배당의 내부구조에 대한 의미이다.

정면에 성찬대가 놓여 있는 형은 분명 '성찬'이 예배의 중심이라는 의미이다. 설교대가 중심에 놓여 있지 않는 것은 설교가 중심이 아니라는 것과 설교는 성찬을 행하기 위해 존재한다는 데서 기인한다. 만일 설교대가 예배당의 중심에 놓여 있고 그리고 정면에 놓여 있다면, 이것은 성찬대를 중심한 형태의 경우보다 설교를 중요시하는 형태라고 생각할 수 있다. 그러나 성찬대가 설교대 바로 앞에 놓여 있는 것은 성찬을 중요시하고 있다는 것이다. 잘 생각해 보면 이 형태는 성찬대를 중심해서 설교대가 뒤에 있고 회중이 앞에 있으니 성찬대를 둘러싸는 형태인 것이다. 이것은 설교자와 회중이 그 주위에 모여 예배를 드리려는 형태이다. 이것은 곧 성찬을 중요시하지 않는다고 하면서도 그 형태가 실제적인 면에서 성찬을 중심하여 예배를 드린다는 형태로 되어 있는 것이다. 그래서 설교만을 중요시하는 아주 극단적인 입장을 취하고 있는 교회에서는 성찬대를 교회 안에 설치하지 않고 있다.

이 문제는 예배의 의미와 관련하여 생각해 볼 필요가 있다. 예배의 중심에는 성찬과 설교가 있다. 예배가 처음에는 성찬이 중심이 되어 있었던 것은 사실이다. 그렇다고 성찬이 중심이 된 예배라고 해서 오늘날도 매주일 모일 때마다 성찬식을 거행해야 된다고 하는 것은 아니다. 다만 지금 우리가 거행하고 있는 예배의 의미를 이해하고 있으면 된다.

성찬이 중심이 된 예배라는 것은 현재 가톨릭교회의 예배를 지칭한다. 가톨릭교회의 예배인 미사는 신교적 이해로는 성찬식이다. 가톨릭교회에서는 제 2차 바티칸 공의회 이래 최근에 이르러서 설교가 중요시되었다고 말하고 있으나 역시 개신교 교회와는 달리 미사가 예배의 중심이 되어 있다.

예배에는 가장 중요한 사실은 하나님이 예배에 임재해 계신다고 하는 확신과 그 하나님에게 가까이 접근하여 경배하고 있다는 점이다. 이 두 가지 조건이 구비되지 않으면 예배라고 할 수 없다. 하나님이 어디든지 계신다고 하는 것은 우리가 믿는 신앙이다. 교회당 안에만 계신 것이 아니라 가정에도, 직장에도, 거리에도 어디든지 하나님은 계신다. 그러나 실제로 하나님이 예배하는 장소에 예배자와 같이 임재하신다는 것과 하나님은 어디든지 계시다는 말씀은 같은 뜻일까? 또는 하나님이 여기에 임재해 계시는 것이 틀림없기 때문에 우리가 환경을 정리하고, 장식을 하고 정숙하게 하여 실내를 엄숙한 분위기를 만들어서 효과를 내는 것이 좋지 않은가라고 하는 문제에 대해 어떻게 생각할 것인가?

물론 이러한 일은 심리적인 효과를 거둘 수 있을지 모르나 참으로 신앙적인 입장에서 생각해 볼 때 문제가 된다. 이것은 어디까지나 감정으로, 기분으로 생각할 것이 아니라 신앙으로 하나님의 임재를 확신하지 않으면 안 될 것이다. 이런 것을 생각해 볼 때 성찬이라는 것의 중요성이 각각 다를 수도 있다. 종교개혁 시대에 루터, 쯔빙글리, 칼빈 등 세 사람의 대표적 개혁자들이 성찬에 대해 심한 논쟁을 전개한 것은 교회사에서 유명한 사실로 알려지고 있다. 개혁자들이 이러한 논쟁을 하지 않으면 안 되었다는 사실을 주의해야 한다. 이것은 미사, 즉 성찬을 중심하여 예배드리던 교회가 종교개혁을 하는 것이기 때문에 예배 그 자체의 개혁이라고 할 수 있어서 예배에 미사가 어떻게 취급되고 성찬은 어떻게 이해를 해야 하는가는 문제되지 않을 수 없다.
　그때의 개혁자들과 가톨릭교회와의 논쟁을 살펴보면, 가톨릭교회에서는 사제가 축복한 떡은 실제로 그리스도의 살이 되고 포도즙은 그리스도의 피가 된다고 믿었다. 반면 개신교에서는 기도함으로 그리스도의 살과 피가 되어 새로이 희생을 드리는 것이 되고, 떡과 포도즙은 마술적인 효과를 기대하게 되어 그리스도가 마술적, 신비적인 힘으로 임재한다는 것을 받아들이지 않는다. 그래서 개혁자들은 이것에 대한 새롭고 바른 신앙적인 입장에서 해석을 찾게 된 것이다.
　루터는 떡과 포도즙이 그대로 그리스도의 살과 피가 된다고 말하지 않았으나, "나는 나의 이빨로 그리스도의 살을 씹었다."라고 말할 정도로 그리스도의 임재에 대해 암시를 했다. 쯔빙글리는 "성찬은 주님이 자신에 대한 기념으로 행하라고 말한 것같이 그리스도를 다시 생각하며 기념하기 위해서 행해지는 것이다."라고 주장했다. 칼빈은 여기에 대해 성찬에 참가하는 자들은 믿음으로 그리스도와 교제하는 것이며 단순한 기념만이 아니라고 주장했다.
　이상에서 각각 성찬에 대한 대체적인 견해를 말했는데 한 가지 주목해야 할 점이 있다. 그것은 어떻게 그리스도께서 성찬 속에 임재해 계시는가라는 문제이다. 성찬식에 참석하여 그 성찬 속에 그리스도가 계시다는 것과 우리가 그리스도와 교제한다는 것을 어떻게 설명할 수 있을까 하는 문제가 있다. 그렇다고 하면 가톨릭교회에서 미사를 중심한 예배를 드리는 것이 곧 성찬에 참석하여 그리스도의 살을 받아 그리스도와 교제를 하는 것이라고 생각할 수 있다. 말하자면 아주 직접적인 형태로 그리스도와 연결하는 예배를 드리려 했다고 해석할 수 있다. 다만 그렇게 되면 떡과 포도즙은 진짜 그리스도의 살과 피가 될 수 있을 것인가라는 어려운 문제가 남게 된다.

그런데 개혁자들은 떡과 포도즙이 그대로 그리스도의 살과 피라고 생각하지 않았으나 역시 여러 가지 방법으로 그리스도가 성찬에 계신다는 것에 대한 의미를 분명히 하려고 노력했다. 이렇게 해서 드디어 예배를 드릴 때 그리스도가 어떤 모양으로 임재해 계시는가 하는 것이 이들의 중요한 문제가 되어 있었음은 틀림이 없다. 여기에서 예배에 대한 방법의 중요한 전환점이 있게 되었다.

성찬이 중심이라고 하는 것은 그리스도의 임재와 하나님의 임재를 확신하는 유일의 길이 바로 성찬에 있다는 것이다. 성찬은 단순히 하나의 의식이 아니다. 개혁자들은 신앙을 가지고 성찬에 참여하고 그것을 받아들여야 참된 성찬의 효과가 있으며 그리스도와의 교제가 성립된다고 말했다. 이것이 성찬에 대한 논쟁이 될 수가 있다.

그러나 성찬에 대한 해석이란 단순히 성찬이 어떤 의미를 가지고 있다고 말하는 것은 아니다. 성찬의 내용을 말씀으로 나타내는 것은 하나님의 말씀이다. 하나님의 임재가 성찬에서 확실해진다는 것은 성찬이라는 의식의 문제가 아니고 예수 그리스도의 십자가와 부활로써 하나님의 임재를 믿는 일이라는 것이다. 성찬은 십자가의 내용을 명백하게 한 것이다. 또 십자가는 부활에 의하여 완성된 것이다. 그러므로 성찬에서 하나님의 임재를 확신하고 체험하는 것은 십자가와 부활을 받아들임으로 되는 것이다. 성찬은 눈에 보이는 하나님의 말씀이지만 거기에 눈에 보이지 않는 하나님의 말씀이 있다. 그것이 곧 설교이다. 설교는 언제나 직접적으로 성찬을 설명하는 것은 아니다. 그러나 복음을 표현한다고 하는 것으로 말하면 성찬과 설교는 다같이 하나님의 말씀 혹은 복음을 말하지 않으면 성찬을 옳은 성찬으로 행할 수 없게 된다. 개혁자들은 교회란 하나님의 말씀이 바르게 전달되고 성례전이 바르게 집행되는 곳이라고 설명했다. 이것은 성찬식의 방법을 말할 수도 있으나 여기서는 성찬이 하나님의 말씀에 의해서 바르게 행해지지 않으면 안 된다는 것을 말한다.

교회가 하나님의 말씀이 바르게 전파되고 성례전이 바르게 행해지는 곳이라는 의미는 교회의 예배가 설교라는 하나님의 말씀과 성찬이라는 하나님의 말씀에 의해서 행하여지는 것이라고 말하는 것이다. 미사를 중심으로 드리는 예배와 성찬을 중심으로 행하여지는 예배에서 성찬과 설교를 중심으로 하는 것이 되었고, 다시 설교를 중심으로 한 예배가 된다고 하는 것이다. 여기에서 교회의 예배가 완전히 다른 방향으로 갈라진 이유가 되었다.

중세기에도 설교가 없었던 것은 아니다. 그러나 설교가 중심이 된 예배는 종교개혁의 신앙에 의해서 생기게 되었다. 그런 의미에서 볼 때 종교개혁은 예배개혁이며 또한 설교개혁이라고 해도 좋을 것이다. 그러나 어느 것이든 성찬에 의해서 주어지는 것이 또한 설교에 의해서도 주어지게 되니 그것이 예배를 성립하게 한다. 왜냐하면 그것에 의해서 하나님의 임재가 분명하게 되어 그것을 확신하는 길이 열리기 때문이요, 그리스도가 계셔서 하나님이 계신다고 하는 것을 믿게 할 수 있기 때문이다.

성찬은 구체적으로 무엇을 주는 것일까? 그것은 그리스도의 살과 피에 참예함으로써 우리가 그리스도의 용서를 받는 것이라고 할 수 있다. 죄인인 인간을 위하여 하나님의 아들 예수 그리스도가 십자가에서 죽으심으로 죄를 사해 주셨다고 하는 사실이야말로 성찬의 중심이 된다. 따라서 성찬에 참여할 때마다 우리는 이 은혜를 새롭게 받아 성찬에 의해 그리스도와 하나님이 여기에 임재하신다는 것을 확신하게 되는 것이다. 예배의 중심이 되는 성찬은 그런 의미를 우리에게 주는 것이다.

그럼, 하나님이 여기에 임재해 계신다고 하는 것은 무엇인가? 신비적인 기분에 의해서 말해서는 안 된다. 혹은 명상하는 것도 아니다. 하나님의 아들 예수 그리스도에 의해서 이루어 놓으신 죄사함을 체험하는 것이 죄인인 인간이 하나님의 임재를 인식하는 것이다. 또 죄의 용서를 받은 인간만이 하나님과 교제할 수 있는 확신을 가지게 된다.

그러므로 하나님이 계시다는 것을 믿는 것이나 하나님을 경배하고 예배할 수 있게 되는 것은 십자가를 통해 용서받게 되는 능력에 의해 이루어지는 것이다. 다시 말하면 십자가의 죄사함을 받은 능력으로 하나님의 임재를 알고, 믿고, 경배와 교제가 가능하게 되는 것이다. 예배는 이렇게 해서 성립된다. 그러므로 예배 역시 이러한 형태로 거행되어야 한다. 그래서 주일마다 우리가 이것을 반복하면 결국에 가서 올바른 예배를 행할 수 있게 되는 것이다. 그리하여 지금은 설교와 성찬 혹은 설교를 중심으로 드리는 것이 예배의 방법이 되고 있다.

제 10 장
예배의 신학

1. 두 신학적 해석

기독교적 예배에 대한 근대 신학적인 해석은 크게 두 가지로 나뉜다. 첫째는 신비주의적 예배의 방법이며, 둘째는 성육신의 방법이라고 할 수 있다. 신비주의적 방법론자들은 예배의 핵심적인 내용은 '절대자를 인식하는 일'(Acknowledgement of the Infinite)이라고 정의했고, 성육신적 방법론자들은 예배란 역사와 인간을 위하여 성취하신 하나님의 구속적 사건을 현재에서 축하하는 행위라고 주장한다.

먼저, 두 주장의 근본적인 차이는 그들이 본 '하나님'에 대한 이해에 있다. 신비주의적 해석은 하나님 존재를 '공간'에서 보고 있다. '지역'이나 '공간'의 수호신으로, 그 공간을 떠나서는 하나님일 수 없는 신이 예배의 대상이 될 때 예배는 주로 인간이 비는 '복'이라든지 '화'를 면하게 해달라고 하는 요구적 행위로 나타난다는 것이다. 그러나 성육신적 방법은 하나님을 시간 속에 오신 예수 그리스도의 주체로 이해한다. 지점(地點)이나 공간에 영원히 머무르는 것이 아니라 시간 속에서 (과거, 현재, 미래) 새로운 역사를 창조하시는 살아 계신 하나님으로 이해하는 것이다.

　출애굽 사건 이후 광야에서 방황하는 동안 이스라엘 민족이 예배했던 여호와 하나님은 이스라엘 백성을 새로운 미래를 향해 인도해 가셨던 살아 계신 하나님이었다. 또한 처음 그리스도인들이 예수의 부활 사건을 축하하며 드렸던 예배의 주체는 역사를 통치하시는 하나님, 즉 그리스도 예수를 통해 새로운 미래로 그들의 소망을 불러일으켰던 종말론적인 의미에서의 하나님이었다.

　그러므로 이 하나님을 주체로 하는 예배의 성격은 그리스도 사건의 생생한 회고와 아울러 하나님의 현존의 경험과 미래의 소망을 가지게 되는, 그리하여 그리스도인과 기독교 공동체의 근본적 변화가 촉구되는 예배로 나타나게 된다. 살아 계시고 주체이신 하나님과의 만남은 예배행위에서 가능하며 그 예배는 교회를 교회되게 하는 본질적 요소가 된다.

　예배는 역사를 구속하시는 하나님의 자유를 체험하고 축하하는 일이다. 기독교적 예배의 특징은 인간이 하나님을 향하여 무엇을 했느냐로써 결정되는 것이 아니라, 오히려 하나님께서 인간과 세계를 향하여 무엇을 하셨는가 또 무엇을 하고 계시는가를 인식하고 축하하는 행위로써 결정된다.

　그러므로 기독교적 예배는 하나님과 나 사이의 관계이기 전에 하나님과 세계의 관계를 축하하는 공동적 행위이며, 축하의 행위는 그리스도인이 하나님의 선교에 참여하도록 부르는 초대라고 본다. 이로써 예배는 선교적 사명과 직결된 전체 교회의 공동적 행위라고 보는 것이다.

　예배의 형식은 본질을 담는 그릇에 지나지 않는다는 것은 오랜 옛 이야기가 되고 있다. 매개(medium)는 메시지의 형태와 범위를 통제하는 기능을 가진다. 예배에서 매개는 예배의 의식적 순서만 아니라 기도, 설교, 성례전의 진행 형식까지를 말한다. 현대인, 특히 젊은이들에게 고질화된 매개에 대한 고집으로 메시지의 전달에 실패를 가져와서 교회가 쇠퇴의 위기에 처해 있다. 예배의 형식은 '창의적'으로 변할 수 있어야 하며, 그 변하는 형식의 한계는 예배의 참된 경험과 참여의 내용에 의해서 결정되어야 한다. 현대가 다원적으로 복합되었기에 예배순서도 다원적인 방법으로, 즉 드라마, 대화, 음악 등으로 형식의 변화가 있어야 하고, 다만 이 다원적 방법은 예배행위를 통해 하나님과 그리스도인과 세계 사이에 책임있는 형식으로 구성되어야 한다.

형식 못지않게 중요한 것은 예배의 '장소' 문제이다. 이스라엘은 장막→성전→회당의 순서로 제사와 교육의 장(場)이 바뀌어졌다. 장소의 변화는 이스라엘 백성이 그 때마다 당면하고 있던 역사적 상황과 운명에서 기인되었다.

초대 그리스도인들이 성전과 회당에서 가정과 다락방으로 예배의 장소를 옮겼다는 것은 이미 제 1장에서 거론했거니와 기독교적 예배는 성전에서만이 아니라 가정과 소그룹 속에서도 가능하며 의미가 손상되지 않는다는 것을 말했다. 교회가 예배의 가장 중요한 장소임은 누구도 부인하지 못한다. 그러나 "두세 사람이 주의 이름으로 모이는" 이 작은 공동체에서도 말씀이 선포되고 성령이 경험하는 기도가 있고, 떡을 떼는 성례전이 실시되는 예배의 장이 되었다.

한스 웨버는 초대교회의 생명이 성전이나 회당의 모임이 아니라 도리어 가정에서, 비의식적인 예배순서를 통해서 신앙을 가진 자들이 그들의 주 예수 그리스도의 부활을 감격하고 축하하는 기도, 설교, 떡을 떼는 행위에서 기인된 것임을 지적하고 있다.

예배는 기구적인 교회라는 장에서 시행되기도 하지만 현재와 앞으로의 다원사회, 복합사회에서는 지역별 또는 직장별, 가정교회라는 작은 그룹을 기구적 교회에 못지않게 중요한 장으로 보게 될 것이다. 그때 한국교회의 예배는 갱신되고 활력이 넘치는 참된 예배가 될 것이다.

예배의 본질은 그리스도의 부활 사건을 감격하고 축하하는 현재적 행위이다. 이 본질이 특정한 형식이나 매개만이 아닌 책임적이며 다양한 형식이나 진실과 만날 수 있는 작은 그룹이 예배의 장으로 확산되어야 한다.

이러한 모든 것이 오늘날 우리 한국교회에 요구되고 있다. 교회의 혁신 중에 가장 중요한 혁신은 예배이다. 왜냐하면 예배는 하나님과의 만남의 경험에서 일어나는 삶의 사건이 되어야 하기 때문이다.

2. 예배의 신학적 성격

예배의 신학적 성격을 나누어 보면 다음과 같다.

첫째, 예배는 인간의 영혼이 초월자이신 거룩한 하나님과 대면하는 일로서 피조물인 인간이 창조주에 대해 최고의 가치를 인정하고 그에게 돌리는 것이다.

둘째, 예배는 하나님 중심이지 인간을 흥분시키는 인간 중심이 아니다. 예배의 알파와 오메가는 하나님이시기 때문이다.

셋째, 예배의 근거는 기독론적이며, 예배의 기독론적 근거는 말씀과 성례전이다. 예배의 모든 행위에서 교회는 부활하신 그리스도가 오시는 기적을 경험하며 모든 기독교 예배는 그리스도 중심적이고 그리스도 안에서만 이루어진다.

넷째, 하나님은 성령을 통해 기름부어 정결케 하시고 영감을 주신다. 예배의 모든 부분과 교회의 모든 프로그램은 반드시 성령의 영감에 의해 수정되어야 한다.

다섯째, 모든 교회는 그 자체가 역사적이고 인간의 단체인 동시에, 하나님께서 창조한 기구이며 예배의 공동체임을 인식해야 한다. 교회에 필요한 것은 역사의식인 것이다.

제 11 장

예배의 최근 동향

　19세기 후반부터 공적 예배에 대한 관심이 기독교회 전반에 커져 갔다. '예전운동'이라고 부르는 모든 것은 19세기 후반경 가톨릭교회 내에서부터 시작하여 개신교회로까지 널리 파급된 예배부흥운동이라고 할 수 있다. 이 운동은 주로 의식주의적(儀式主義的)인 경향이 되었다고 말할 수 있다.
　이 운동의 영향으로 로마 가톨릭교회에서는 예배에 성경낭독과 설교의 재인식과 미사에 일반 성도의 참여 등이 고조되었다. 이 성과는 제 2차 바티칸 공의회의 전례 헌장에도 삽입되었다. 가톨릭교회의 예배에서는 말씀을, 개신교회의 예전운동은 성찬예식을 강조하는 경향으로 흐르게 되었다. 이것은 18세기 이성주의(理性主義)에 의해서 교회의 예배가 지나치게 비감정적, 인간주의적으로 흐르는 것에 대해 주관적인 설교보다도 객관적인 예전에 예배의 실재를 구하고자 하는 결과이다. 그리고 이것을 의도한 것은 예배에 생명력이 없다고 하는 비평 아래 교회의 예배를 하나님께 향하는 봉사로 개혁하여 교회가 예배 중심이 되게 하고, 그 예배를 통하여 성도들이 생명력을 얻어 이 세계를 향한 교회의 사명을 다하기 위해 강조한 결과라고 할 수 있다.

그러나 처음에 의도했던 예배의 개혁은 주로 외형적 형태의 것이었다. 그 예로서 교회당 건축양식이라든가 또는 예배음악이나 사회자의 가운 착용이라든가 교회력의 형식적인 사용 등, 고대 교회의 의식이나 양식을 재현하는 것에 그친 감이 있다. 그리하여 처음에 시도했던 생명력 있는 참된 예배 개혁은 이루지 못했다고 해도 과언이 아니다. 도리어 예전의 감성적 편중을 가져오게 되어 설교가 경시되고, 성찬식은 희생을 강조하는 데까지 이르게 되어 의식주의적, 감정주의적인 경향으로 흐르게 되었다.

또 한 편으로는 예전운동의 자극을 받아 이 운동에 모범이 될 만한 초대교회의 예배에 대한 연구가 성행하게 되었다. 즉, 예배학적 견지에서 성경연구가 활성화된 것이다. 1926년 궁켈(Gunkel)의 「시편 주해」가 간행된 이래 구약성경에서의 시편은 여러 가지 시의 수집이 아니고 예루살렘 성전에서 예배 때에 의식용으로 사용되었고, 시편은 예배적 구성을 가지고 있다고 생각하게 되었다. 현대에서 이것을 강하게 주장하는 사람은 스칸디나비아 학파의 모빙켈(Mowinckel)로서 「이스라엘 예배에서의 시편」이라는 저서를 출판했다. 시편을 성전예배에 사용했다고 하는 것은 의심하지 않으나 시편 모두가 성전예배를 위해서 지어졌다고 하는 것은 편파적이라고 하지 않을 수 없다.

신약성경에서도 같은 경향의 연구가 진행되었다. 그 예로 마가복음서가 교회력에 관계된 성경일과라고 생각하기도 했다. 또 신약성경 중에는 예배적 요소, 특히 예배에서 찬송으로 사용한 내용이 많다는 것이다. 예를 들면 누가복음 1장의 마리아의 찬가, 사가랴의 찬가, 로마서 11 : 33~36과 고린도 전서 13장의 사랑의 예찬, 빌립보서 2 : 6~11, 디모데 전서 3 : 16, 디모데 후서 2 : 11~13 등의 운문을 초대교회가 예배 때 부른 찬송가라고 한다. 그리고 요한복음 1 : 1~18은 로고스 찬송가라고도 한다. 이런 견해의 연구방법은 무엇이든지 예배의 관점에서 연구해 보겠다는 데에 그 결점이 있으나 신약성경 또는 성경 전체가 교회의 공적 예배와의 생명적 관계를 바탕으로 쓰였으며 사용하게 되었다고 하는 것은 충분히 인정할 수가 있다. 바울은 교회에 보낸 자신의 편지가 형제들 앞에서 모든 예배 때에 읽혀지기를 원했다(살전 5 : 27, 골 4 : 16). "내가 주를 힘입어 너희를 명하노니 모든 형제에게 이 편지를 읽어 들리라"(살전 5 : 27).

예전운동이 교회와 그 예배를 이 세상으로부터 구별하는 것은 '구별함'에 대해 강하게 반동되어 역설적으로 세상을 향하게 한다는 의미에서 시도된 것이다. 즉, 교회와 예배를 이 세계 속에 뚜렷하게 존재하게 하자는 예배개혁운동이었다. 여기에 대해 흔히 생각하는 것은 공적 예배를 부정하는 것이 아닌가라고 하지만 예배의 본질 면에서 볼 때 이 세계로부터 구별된 교회의 예배는 예배가 될 수 없고 세계 안에서의 일상생활과 관련된 예배가 참 예배라는 뜻이 내포되어 있다.

그래서 이러한 예배 개념의 성경적 근거는 '레이투르기아'(leiturgia)의 바울적 용법에서 찾아보게 된다. 바울의 레이투르기아의 용법은 다채로운 것으로, 이 세상에서의 생활 자체를 예배로 드려야 한다고 명하고 있는 것이라고 이해해야 한다. 예배의 중심적 이념은 다른 사람을 위해 산다고 하는 희생적 의미가 된다는 것이다.

유신적(有神的) 인생관과 세계관을 말한다면 인간의 모든 행위는 종교적이고 모든 생활이 예배행위라고 할 수가 있다. 우리의 모든 생활은 하나님께 예배드리고 하나님께 봉사하는 유신적 인생관이나 그를 중심으로 한 교회의 예배와 유기적 관계를 유지해야 한다. 1주일의 하루를 하나님께 바치는 예배를 위하여 성별하는 것은 전생활의 성별이라고 할 수 있다. 하나님은 인간이 전생활을 하나님께 예배로 바침과 동시에(롬 12 : 1-2) 특별한 예배인 사적 예배(마 6 : 6)와 공적 예배를 모두 드리라고 말씀하고 계신다(눅 4 : 16, 히 10 : 25). 그러므로 공적 예배는 기독교회의 생활중심이 되어야 한다(행 2 : 42).

제 12 장
예배와 생활

　신약성경에는 예배라는 용어가 사회적 봉사의 행위라는 의미로 사용한 곳이 많이 있다. 예로서 로마서 15 : 27에 "…육신의 것으로 그들을 섬기는 것이 마땅하니라."고 하였으며, 사도행전 13 : 2에는 '일'로 번역이 되었다. 하나님께서 위탁하신 일을 행하여 세상을 섬기는 것은 일종의 예배가 된다는 뜻이다. 왜냐하면 그것은 하나님을 섬기는 것이 되기 때문이다. " …조상의 하나님을 섬기고… "(행 24 : 14, 26 : 7 참조). 영어에서 '서비스'(service)와 '워쉽'(worship)은 같은 의미를 내포하고 있다. 미사(mass)라는 말은 예배의 최후에 말하는 'Ite Misa Est'에서 온 것이라고 한다. 이것을 해석하면 "여기에서 예배는 이것으로 마친다. 하나님을 섬기기 위해 세상을 향해 나아가서 행하라."는 뜻이다.
　위에서 말한 여러 가지 용어는 전체적으로 하나의 공통점을 가지고 있다. 그것은 진정한 예배는 예배당 안의 예배로 끝나는 것이 아니라 세계 속의 생활 가운데서 계속되어 행동으로 나타내야 된다는 것이다. 예배는 그리스도인의 생활의 원형이라고 할 수 있다.
　교회가 예배의 제사(祭司)로서 하나님 앞에 존재하려면 그 어깨에는 생활의 무거운 짐이 놓여 있다는 것을 알아야 한다. 무거운 짐을 지고 있다는 것을 생각하지 않는다면 제사의 임무를 완수할 수 없게 된다. 진정한 예배는 예배자의 전생활을 벽에 걸어 놓은 괘도처럼 고정시켜 놓을 수가 없다. 예배는 괘도처럼 걸어 놓는 것이 아니라 일상생활과 밀접한 관계가 있다. '거룩한 산 제사'로 드리는 예배는 그의 전생활을 바치는 것 이외에 아무것도 아니다. 예배당 안의 예배와 세계 속의 생활과 일치될 때에 '거룩한 산 제사'가 되는 것이다.

예수 그리스도는 "섬김을 받으려 함이 아니라 도리어 섬기려 하고, 자기 목숨을 많은 사람의 대속물로 주려 함이니라."(막 10 : 45)고 친히 말씀하셨으며, "나의 양식은 나를 보내신 이의 뜻을 행하며 그의 일을 온전히 이루는 이것이니라."(요 4 : 34)고 하심으로써, 그의 양식은 하나님 아버지의 뜻을 이 세상에서 행하는 것이라고 말씀하신 것에 그친 것이 아니라 곧 마을의 사람들을 향하여 그의 발을 옮기셨다. 성전이나 회당에서 주님은 예배에 참석하신 것으로 만족하지 않으시고 예배가 끝나면 곧 그의 발을 시내의 거리로 돌리셨다. 그렇게 하는 것이 하나님 아버지께 영광을 돌리는 길이라고 하셨다.

예배의 궁극적 목적이 하나님의 영광을 위한다면 이러한 봉사의 생활과는 결코 분리될 수 없는 것이다. 하나님께 영광을 돌리는 예배는 곧 세계를 향해 섬기는 데에 힘을 공급하는 일이다. 그리고 세계를 섬기는 일이 곧 하나님께 영광을 돌리는 예배의 행위가 될 수 있는 것이다.

예배당은 하나님을 예배하는 거룩한 집이 되고, 반면 인간이 생활하는 곳, 즉 세상은 죄악에 속한 곳이라는 생각은 잘못된 예배관에서 왔다고 할 수 있다. 이 세계는 하나님이 창조하신 아름다운 세계이다. 하나님은 이 세계를 사랑하셔서 그의 독생자를 아끼지 않으시고 은혜의 선물로 주셨다. 그는 이 세상에서 33년간 살다가 이 세계를 위하여 십자가에서 죽으셨다. 그러므로 인간이 하나님의 아들 예수 그리스도와 만나는 장소는 실로 죄악으로 물들었다고 하는 이 세상 안이다.

이 속된 세상은 사람과 하나님이 만나는 거룩한 땅이다. 모세는 호렙산에서 "너의 선 곳은 거룩한 땅이니라 네 발에서 신을 벗으라."(출 3 :

5)고 하시는 하나님의 음성을 들었다. 그 호렙산은 하나님의 거룩한 산일 뿐 아니라 모세가 양을 치던 장소, 곧 그의 일상생활을 영위하던 장소였다. 스데반 집사도 이 말씀을 그의 설교 중에 인용하여 사용했다(행 6 : 8). 그러므로 이 세계를 떠나서 하나님을 예배한다는 것은 불가능한 일이다. 따라서 예배당을 이 세상으로부터 격리되게 해서는 안 된다. 오히려 이 세상을 향하여 문을 활짝 열어 놓고 모든 사람이 들어와 구원을 받는 기회를 제공해 주는 예배당이 되어야 한다.

예배와 생활과의 관계가 단절되면 교회는 무력해질 가능성이 있다. 교회를 이 위험에서 구출해 내기 위해서 주목할 만한 예배의 혁신운동과 갱신운동이 전개되어야 할 것이다.

스코틀랜드의 아이오나 공동체(Iona Community)는 시편 127편의 "여호와께서 집을 세우지 아니하시면 세우는 자의 수고가 헛되며"를 표어로 삼고 예배와 생활의 일체화를 위해 노력했고, 특히 산업사회를 이루고 있는 사회 안에서 교회의 활동에 새로운 국면을 열어 주었다. 이 운동은 스코틀랜드의 교회에 활력을 불어넣어 주었을 뿐 아니라 유럽과 미국의 여러 교회에도 커다란 영향을 미치게 되었다.

그리고 또 「신에게 솔직히」(Honest to God)를 저술한 존 로빈슨(John A. T. Robinson) 박사는 케임브리지의 클레어 대학의 학장으로 있을 때 대학의 연구생활과 예배, 특히 성찬식과의 일체화를 시도해서 그의 경험한 바를 저술했는데, 영국뿐 아니라 미국의 교회에 생기를 불러일으켰다. 그의 책명은 「삶과 가까워지는 예배」(The Liturgy Coming to Life)이다. 이 책 속에서 로빈슨 교수는 예수가 성찬(최후 만찬) 때 행하신 세 가지 행위를 말했는데, 즉 '취하시고', '축사하시고', '떼어 주셨다'이다. 여기에는 예수가 최후 만찬 때에 '행동'으로 나타내어 본을 보여 주셨는데, 식탁에서의 성찬으로 끝날 것이 아니라 주님의 죽으심과 부활을 세계 속에 증거하는 행위가 있어야 된다는 뜻이 포함된 것이다. 예배와 생활의 조화를 강조한 것이다.

다음으로 프랑스의 '떼제 공동체'(Taize Community)운동을 예로 들

수 있는데, 이 운동은 교회가 세상으로부터 도피한 수도원이 아니라 세상 안에서의 생활의 확증을 목표로 하는 것이라고 주장하면서, 세상 안에서의 생활의 확증의 근거를 예배에 둔 운동이다. 교회는 이 세계로부터 택함을 받아 하나님의 선민으로 부름을 받았음과 동시에 이 세계에 존재하면서 세계에 분산되어 살고 있는 백성이다. 교회는 이 세계 속에서 분리되어 존재하는 존재가 아니다. 그러므로 교회 예배는 항상 이 세계의 생활로 향해 나아가는 자세로 드려야 하고, 이 세계 안에서 하나님의 백성의 생활은 예배에 의해 지탱되어야 한다.

바울의 전도여행이 처음 시작되었을 때에 안디옥교회에서 "주를 섬겨 금식할 때에…"(행 13 : 2), "이에 금식하며 기도하고 두 사람에게 안수하여 보내니라."(행 13 : 3)고 한 것을 보아 예배한 후 안수하여 전도자를 파송한 것을 알 수 있다. 즉, 전도도 예배로부터 시작된다는 것을 알 수 있다. 뿐만 아니라 예배 자체는 세상을 향하는 아주 강력한 전도가 된다(행 14 : 24 - 28 참조).

예배는 인간을 전적으로 하나님께 복종시키는 행위이다. 자신의 일체를 하나님께 바쳐 하나님을 따르게 하는 것이다. 그리스도의 구원에 의해 새로 거듭나면 인간은 전적으로 하나님의 소유가 된다. 이렇게 하여 죄에서 해방받고 그리스도의 은혜에 보답하기 위해 세계 속에서 감사의 생활을 하게 되는 것이다.

부 록

임직식 순서

부 록
임직식 순서

I. 임직의 신학적 의미

　그리스도의 몸된 교회의 존속과 그 확장은 성령의 역사와 함께 거룩한 사역을 감당하는 무리들에 의하여 계속되어 왔다. 이러한 사역의 감당을 위하여 성경에서는 사도와 선지자로부터 구제하는 사람에 이르기까지 그 직임을 구별하여 세운 바 있다(롬 12 : 6-8, 고전 12 : 5-10, 28-30). 이러한 전통은 초대교회를 비롯하여 오늘의 교회에 이르기까지 그대로 계승하여 왔으며, 주님 오실 때까지 계속하는 것이 성경적이다.
　임직의 기본적인 의미는 부름받은 자에게 거룩한 명령을 수여하는 의식이며, 그가 교회의 사역에 평생 동안 목숨을 다할 존재임을 인정하는 엄숙한 교회예전 중의 하나이다. 이러한 임직은 단순한 서약이나 임명의 행위로 끝날 수 없으며, 성경에서 보여 준 대로 안수라는 특별한 의식을 가져야 한다(행 6 : 1-6, 13 : 1-3, 딤전 4 : 14, 딤후 1 : 6). 이 안수의 예식은 어떠한 경우에도 동일한 직책을 위하여 반복될 수 없으며 시한적이 아니다.
　그러므로 안수로 성별하여 세운 임직자가 될 대상은 자신들의 희망에 따라 이 직임이 주어진 것이 아니라 하나님으로부터 주어진 소명에 의하여 이루어진 사건임을 먼저 이해하여야 하고, 그리고 성경에 나타난 제반 사항(딤전 3 : 1-13)을 준수할 수 있는 사람이어야 한다.

임직의 대상은 일차적으로는 자신의 생을 모두 바쳐 말씀을 전파하고 예배(성례전)를 집례하면서 교회를 섬기는 목사직을 들 수 있다. 둘째로는 교인들의 대표로 선출되어 목사를 도와 교회의 행정과 권징에 동참하게 되는 장로의 직이다. 셋째로는 구제와 봉사를 위하여 세우는 집사직이다. 그 외에 권사를 비롯하여 서리집사와 권찰에 이르기까지 안수를 받지 않은 채 수임되는 직책들이 있다. 이상의 직분은 모두가 성별된 사명을 부여하는 것으로서 결코 명예직이 될 수 없으며, 어떠한 경우도 자신의 유익과는 무관하고 오직 그리스도의 사명자로서 충성을 다할 뿐이다.

이상의 임직 중 안수를 요하는 목사, 장로, 집사의 임직은 "아무에게나 경솔히 안수하지 말라."(딤전 5 : 22)는 말씀을 따라 교회가 신중을 기해야 할 예식이다. 그러므로 먼저 목사의 직은 성별된 성직자로서의 소명의 확인과 일정한 훈련과정을 이수함을 원칙으로 해야 한다. 장로의 직도 선별된 사명의 수행을 위하여 교인들로부터 선출되는 절차를 필요로 해야 하며, 자질 확신을 위한 시험의 과정을 요구하게 된다.

이러한 단계를 거친 임직자들은 하나님 앞에 예전을 통하여 다음의 의식 절차를 가져야 한다. 먼저, 신앙과 교리를 확인하고 소명에 성실할 것인지를 묻고 서약하는 일이며, 둘째는 목사는 노회원들에게 그리고 장로와 집사는 교인들에게 임직자로서 안수를 하는 데 대한 동의와 그들의 사역과 지도에 순종할 것인지의 서약을 하고, 셋째는 머리에 손을 얹고 주어진 사역을 따라 성령의 역사 아래 하나님의 도구로서 세워지는 안수례를 갖는다. 그리고 넷째로는 성삼위 일체의 이름으로 공포해야 하며 임직자들과 회중들에게 필요한 부탁을 하는 예전의 절차를 가져야 한다.

주님의 몸된 교회가 성실한 질서 속에서 존속하고 확장되어 나가는 데 필요한 요소는 성령의 역사와 임직을 받은 사역자들이다. 그러므로 역사 속에서 전통을 이어 오는 교회는 언제나 임직의 소중성을 깊이 인식하여 시행해 오고 있다. 그 이유는 어떠한 역사의 변천 가운데서도 흔들리지 아니하는 참 교회의 모습을 지속해야 하는 것이 우리의 사명이기 때문이다.

II. 임직식의 종류 및 그 순서

1. 목사 안수식   집례 : 노회장

전 주 ·· 반주자
예배의 말씀 ··· 인도자
찬 송 ····················· 372장 ························· 다같이
기 도 ·· 맡은이
성경봉독 ········· 마 9 : 35-38, 요 10 : 11-18 ······· 인도자
              고후 4 : 1-10, 엡 4 : 7-13
설 교 ························ 추수할 일꾼 ················· 설교자
소 개 ······················ (임직받을 자) ················ 노회서기
서 약 ·· 노회장

  우리 노회는 그리스도의 뜻과 말씀을 받들어 주께서 주신 권위로 그의 일꾼으로 세우심을 받고자 하는 ○○○씨의 서약을 받겠습니다.
 1. 신구약성경은 하나님의 말씀이요, 신앙과 행위에 대하여 정확무오한 유일의 법칙임을 믿습니까?
 2. 본 장로회 신조와 요리문답은 신구약성경에 교훈한 도리를 총괄한 것으로 알고 성실한 마음으로 받아 신종하기로 서약합니까?
 3. 본 장로회 정치와 권징조례와 예배모범을 정당한 것으로 알고 승낙합니까?
 4. 주 안에서 같은 회원된 형제들을 협력하기로 서약합니까?
 5. 목사의 성직을 구한 것이 하나님을 사랑하는 마음과

그 독생자 예수 그리스도의 복음을 전파하여 하나님의 영광을 나타내고자 하는 본심에서 시작한 줄로 인정합니까?
6. 어떠한 핍박이나 반대를 당할지라도 인내하고 충심으로 복음의 진리를 보호하며, 교회의 성결과 화평을 도모하며 성실히 봉사하기로 서약합니까?
7. 자기의 본분과 타인에 대한 의무와 직무에 대한 책임을 성실히 실행하여 복음을 영화롭게 하며, 하나님께서 그대에게 명하사 관리케 하신 교회에 경건한 모본을 보이기로 서약합니까?

안수기도 ··· 맡 은 이

자비로우신 하나님 아버지, ○○○씨가 지금 목사의 중임을 맡기 위하여 하나님 앞에 무릎을 꿇었습니다.

주께서 이 종을 귀히 쓰시기 위해 택하시고 성별하여 목사로 세워 주심을 인하여 감사와 영광과 찬송을 드리옵니다. 간절히 간구하옵는 것은 주께서 기름부어 세우시는 목사직은 대단히 귀하고 중요한 직분이오니 이 시간 이 직분을 잘 감당할 수 있도록 성령의 충만한 은혜를 부어 주시고 능력도 더하여 주옵소서.

이 직은 주님의 양을 치는 감독자요 치리자이오니 솔로몬의 지혜와 명철을 허락하여 주옵소서. 또한 이 직은 모든 양에게 신령한 꼴을 먹이며 진리를 가르치는 직이오니 영역을 충만케 하여 주옵소서. 이 직은 복음을 선포하며 성례를 거행하는 직분이오니 거룩히 구별하사 하나님의 쓰임에 합당한 자로 세워 주옵소서.

이 직은 그리스도의 종이오니 겸손히 직분을 감당하게 하시고, 환란과 핍박이 올 때 이길 수 있는 용기와 인내력도 더하여 주옵소서. 목사직은 항존직인즉 임직

　　　　받는 이 순간의 감격과 하나님 앞과 사람들 앞에서 서
　　　　약한 이 결심이 일생 동안 변치 않게 하시사 즐거우나
　　　　괴로우나 소임에만 충성하도록 인도하여 주옵소서.
　　　　　　육신의 건강도 주시고 종의 가정에도 평강과 은혜가
　　　　충만케 하여 주옵소서. 예수님의 이름으로 기도합니다.
　　　　아멘.
악수례(환영) ·· 위　　원
환　영 ·· 노 회 장
　　　　우리는 같이 일할 일꾼을 얻게 됨을 기뻐하며 환영하
　　　　는 바입니다.
선　포 ·· 노 회 장
　　　　나는 교회 머리되신 그리스도의 이름과 대한예수교
　　　　장로회 ○○○노회의 권위로 ○○○씨가 목사된 것을
　　　　성부와 성자와 성령의 이름으로 선포하노라. 아멘.
권　면 ·· 맡 은 이
광　고 ·· 맡 은 이
찬　송 ························· 376장 ······················· 다 같 이
축　도 ·· 목　　사

2. 목사 위임식

　　　　　　　　　　　　　　　　　　　　　집례 : 위임국장

전　주 ·· 반 주 자
예배의 말씀 ··· 집 례 자
찬　송 ························· 366장 ······················· 다 같 이
기　도 ·· 맡 은 이
성 경 봉 독 ············ 요한복음 21 : 15-17 ············ 맡 은 이
찬　양 ·· 성 가 대
설　교 ····················· 내 양을 치라 ··················· 맡 은 이

소 개 ································· 위임받을 목사 ································· 집 례 자
서 약 ··· 노 회 장

[1. 목사에게]

1. 그대가 ○○○교회의 목사로 위임을 받는 것은 하나님의 영광을 위하여 헌신하고자 하는 진심에서 우러난 것으로 확신합니까?
2. 그대는 본 교회를 담임하여 목사의 직무를 성실히 수행할 것을 서약합니까?
3. 그대는 본 교회 교우들을 진심으로 사랑하며 올바르게 교육하고, 교회의 화평을 도모하며, 교회발전과 부흥을 위하여 노력하기로 서약합니까?

[2. 교우에게] (대답은 손을 들어 함이 좋음.)

1. 본 교회 교우 여러분은 ○○○목사를 위임목사로 받기로 서약합니까?
2. 교우 여러분은 목사의 교훈하는 진리를 받으며 치리에 복종하고, 목사가 수고할 때 위로하고 협력하기로 서약합니까?
3. 교우 여러분은 그가 본 교회 목사로 시무하는 동안 목회생활상 지장이 없도록 그 비용을 전담하기로 서약합니까?

기 도 ························· (서약의 불변을 위하여) ························· 노 회 장
선 포 ··· 노 회 장

나는 대한예수교장로회 ○○○노회의 권위로 ○○○목사가 대한예수교장로회 ○○○교회의 위임목사가 된 것을 성부와 성자와 성령의 이름으로 선포하노라. 아멘.

권 면 ··· 맡 은 이
    (1) 위임받은 목사에게

(2) 교우에게

축 사	…………………………………………………………	맡 은 이
인 사	…………………………………………………………	위임받은 목사
광 고	…………………………………………………………	맡 은 이
찬 송	……………………… 367장 ………………………	다 같 이
축 도	…………………………………………………………	목 사
폐 회	…………………………………………………………	다 같 이

3. 전도사 임직식

(전도사 임직식은 노회에서 전도사 고시에 합격한 자로 하여금 교회의 청빙이 있을 때 다음과 같은 순서로 진행한다. 임직받을 전도사는 강대상 아래 회중석 앞에 앉게 한다.)

집례 : 노회장

개식사	…………………………………………………………	노 회 장
찬 송	……………………… 369장 ………………………	다 같 이
기 도	…………………………………………………………	맡 은 이
성 경 봉 독	……………… 고린도 전서 4 : 1-5 ………………	맡 은 이
특 순	…………………………………………………………	맡 은 이
설 교	……………………… 충성된 일꾼 ………………………	맡 은 이
소 개	…………………………………………………………	노회서기
서 약	…………………………………………………………	노 회 장

    1. 신구약성경은 하나님의 말씀이요, 신앙과 행위에 대하여 정확무오한 유일의 법칙임을 믿습니까?
    2. 본 장로회 신조와 요리문답은 신구약성경에 교훈한 도리를 총괄한 것으로 알고 성실한 마음으로 받아 신종하기로 서약합니까?
    3. 전도사의 직분을 받고 하나님의 은혜를 의지하여 진실한 마음으로 본직을 힘써 감당하기로 서약합니까?

4. 주 안에서 본 노회의 치리에 복종하고 동역자간에
      서로 도우며 협조하기로 서약합니까?
   5. 교회의 화평과 연합과 성결함을 위하여 충성하기로
      서약합니까?
기 도 ·· 노 회 장
임직과 선포 ·· 노 회 장
   교회에 덕을 세우기 위하여 위임하신 권한과 주 예수
   그리스도의 이름으로 하나님이 맡겨 주신 일터에서 열
   심히 복음을 전파하기 위하여 그대(들)에게 전도사 임직
   을 부여하고, 이 일을 잘 수행하기 위해 하나님께서 은
   혜를 베풀어 주시며 성령이 충만하시기를 기원하는 바
   입니다.
   "이제는 내가 대한예수교장로회 ○○노회의 권위로
   ○○○씨는 본 ○○노회소속 전도사로 임직된 것을 선
   포하노라. 아멘."
증명서 수여 ·················· (전도사 증) ···················· 노 회 장
권 면 ·· 맡 은 이
광 고 ·· 맡 은 이
찬 송 ······················ 372장 ···························· 다 같 이
축 도 ·· 맡 은 이

4. 장로, 집사, 권사 임직식

                                              집례 : 당회장
개 식 사 ·· 집 례 자
   하나님의 뜻에 의하여 우리는 지금
   (1) ○○○씨를 장로로
   (2) ○○○씨를 집사로
   (3) ○○○씨를 권사로

임직하기 위해서 이 자리에 모였습니다. 이 일을 허락하신 하나님께는 영광이요, 임직을 받는 분들에게는 축복이 있기를 기원하면서 임직식을 시작하겠습니다.

송 영	………………… (회중은 묵도) …………………	성 가 대
기 원 기 도	………………………………………………………	집 례 자
찬 송	………………………… 2, 23장 …………………	다 같 이
기 도	………………………………………………………	맡 은 이
성 경 봉 독	………………… 에베소서 4 : 11-12 …………	맡 은 이
찬 양	………………………………………………………	성 가 대
설 교	………………… 다양한 직분과 사명 …………	맡 은 이
소 개	………………… (임직받을 자) …………………	집 례 자
서 약	………………………………………………………	당 회 장

[1. 장로에게] - 대답은 "예"라고 함.
1. 신구약성경은 하나님의 말씀이요, 또 신앙과 행위에 대하여 정확무오한 유일의 법칙으로 믿고 따르기로 서약합니까?
2. 본 장로회 신조와 요리문답과(헌장과 규칙) 교리는 신구약성경의 교훈한 도리를 총괄한 것으로 알고 성실한 마음으로 믿고 따르기로 서약합니까?
3. 본 장로회 정치와 권징조례와 예배모범(헌장과 규칙)은 정당한 것으로 알고 승낙합니까?
4. 이 지교회 장로의 직분을 받고 하나님의 은혜를 의지하여 진실한 마음으로 본직을 힘써 봉사하기로 서약합니까?
5. 본 교회의 화평과 연합과 성결함을 위하여 충성하기로 서약합니까?

[2. 집사에게]

1. 신구약성경은 하나님의 말씀이요, 또 신앙과 행위에 대하여 정확무오한 유일의 법칙으로 믿고 따르기로 서약합니까?
2. 본 장로회 신조와 요리문답과 교리는 신구약성경의 교훈한 도리를 총괄한 것으로 알고 성실한 마음으로 믿고 따르기로 서약합니까?
3. 이 지교회 집사의 직분을 받고 하나님의 은혜를 의지하여 진실한 마음으로 교회를 봉사하고 헌금을 수납하며 구제에 관한 일을 하기로 서약합니까?
4. 예수 그리스도의 청지기로서 본 교회의 화평과 연합을 위해 충성하며, 교회의 어른들을 존경하기로 서약합니까?

[3. 권사에게]
1. 여러분은 본 교회 권사로 택함을 받았은즉 당회의 지도대로 교역자를 도와 성도들을 심방하고 위로하며 맡은 일에 충성하기로 서약합니까?
2. 본 교회에 화평과 연합과 성결을 위해 힘쓰기로 서약합니까?

[4. 교우에게]
　　○○○교회의 교우들이여, 여러분들이 택하여 세운 ○○○씨를 본 교회 장로(집사, 권사)로 모시고 성경과 교회정치에 가르친 바대로 주 안에서 존경하고 위로하며 순종하기로 서약합니까?
　　교　우 : 손을 들어 "예"라고 대답함.

장로안수기도 ················ 안수위원, 당회원 ························· 당 회 장
　　하나님 아버지, ○○○씨가 지금 장로의 중임을 맡기 위하여 하나님 앞에 무릎을 꿇었나이다. 주께서 쓰시기 위해서 성별한 종이오니 이 직책을 감당할 만한 능력도

더하여 주옵소서.

　장로직은 무겁고 큰 직책이오니 인간의 힘만으로는 감당할 수 없나이다. 위로부터 새 은혜를 내리시사 성령과 믿음과 지혜와 사랑으로 충만케 하옵소서. 장로직은 혼자의 힘만으로 감당키 어려운 직책이니 사랑하는 가족들로 하여금 좋은 협조자가 되도록 만들어 주옵소서.

　장로직은 봉사하는 직책인즉, 이들이 지배자로서가 아니라 봉사자로, 받는 자로서가 아니라 주는 자로 충성하게 하시사 자신과 가정과 교회가 함께 복될 수 있게 하여 주옵소서.

　장로직은 항존직인즉, 임직을 받는 이 순간의 감격과 결심이 일생 동안 변치 않게 하시사 즐거우나 괴로우나 소임에만 충성하도록 인도하여 주옵소서.

　이제 후로는 주님의 종된 이들에게 영적으로는 충만을, 육적으로는 건강을, 사업에는 번영을, 가정에는 평강을 더하셔서 이들로 말미암아 주님의 교회가 날로 흥왕케 하여 주시기를 예수님의 이름으로 기도하옵나이다. 아멘.

악　수　례 ·· 위　원
　　　　(당회장에게 먼저 악수하고 안수위원들에게 악수)
집사안수기도 ··· 당회장과 당회원
　　　　(무릎꿇게 함.)

　역사를 섭리하시는 살아 계시는 하나님 아버지, ○○○씨가 지금 집사의 중임을 맡기 위해 하나님 앞에 무릎을 꿇었나이다. 주님께서 쓰시기 위해서 성별한 종들이오니 이 직책을 감당할 수 있는 능력과 지혜와 건강을 더하여 주옵소서.

　집사의 직분은 하나님이 주신 중요한 직분이오니 사람의 힘만으로는 감당할 수 없사오니 위로부터 새로운

힘과 은혜를 내려 주셔서 이 직책을 잘 감당하도록 역사하여 주옵소서. 집사의 직분은 혼자의 힘만으로 감당하기 어려운 직책이오니 사랑하는 가족들로 하여금 좋은 협조자가 되도록 인도하여 주옵소서. 집사의 직분은 봉사하는 직책이오니 사랑하는 종들이 지배자로서가 아니라 봉사자로, 받는 자로서가 아니라 주는 자로 충성하게 하시사 자신들과 가정과 교회가 함께 복될 수 있게 하여 주옵소서.

집사직은 항존직인즉 임직을 받는 이 순간의 감격과 결심이 일생 동안 변치 않게 하시사 즐거우나 괴로우나 사명을 감당하는 충성된 종들이 되게 하옵소서.

이제 후로는 주님의 종된 이들에게 영적으로는 충만을, 육신적으로는 건강을, 사업에는 번창을, 가정에는 평강을 더하셔서 종들을 통해 교회가 부흥되게 하여 주시기를 예수님의 이름으로 기도하옵나이다. 아멘.

악 수 례 ·· 위 원
　　(당회장에게 먼저 악수하고 안수위원들에게 악수)

권사취임기도 ·· 당 회 장
　　(일동 기립한다.)

사랑의 하나님 아버지, 이 시간 ○○○씨가 권사로 취임하기 위하여 하나님 앞에 섰습니다. 주께서 이 종을 귀히 쓰시기 위해 택정하시고 귀한 직임을 맡겨 주심을 인하여 감사를 드립니다.

간절히 간구하옵는 것은 권사직임은 주의 몸된 교회의 중요한 직분이오니 이 시간 이 직임을 잘 감당할 수 있도록 성령의 충만한 은혜와 능력을 부어 주옵소서.

권사직은 교역자를 도와 교우들을 심방하고 위로하는 직이오니, 온유 겸손케 하시고 인자와 긍휼로 덧입

혀 주시사 맡겨진 직무를 잘 감당하게 하옵소서. 권사직은 교회의 덕을 세우며 교회의 화평을 도모하는 데 힘써야 하는 직이오니 자신을 주님께 드리며 그리스도의 사랑의 화신이 되게 하시고, 화목케 하라신 주님의 분부하심을 몸소 실천케 하여 주옵소서. 권사직은 항존직이오니 취임하는 순간의 감격과 서약한 결심이 변치 않게 하사 즐거우나 괴로우나 소임에만 충성하게 하옵소서.

　　육신의 건강도 주시고 여종의 가정에 평강과 물질의 축복도 풍성히 허락해 주옵소서. 예수님의 이름으로 기도합니다. 아멘.

선 포 ·· 당 회 장

　　본 ○○○교회 당회장인 나는 지금 그리스도께로부터 받은 직책과 교회의 권위를 가지고 ○○○씨가 대한예수교장로회 ○○○교회 장로(집사, 권사)가 된 것을 성부와 성자와 성령의 이름으로 선포하노라. 아멘.

특 송 ·· 맡 은 이
권 면 ···························· (신임직자가 교우에게) ················ 맡 은 이
축 사 ·· 맡 은 이
기념품 증정1 ··········· 임직받은 이가 교회에게 ············· 임직자 대표
기념품 증정2 ··········· 교회가 임직받은 이에게 ············· 교회대표
인 사 ·· 신임장로
광 고 ·· 맡 은 이
찬 송 ····························· 347장 ···························· 다 같 이
축 도 ·· 목 사
송 영 ························· (성가대) ························· 다 같 이
폐 회 ·· 다 같 이

Ⅲ. 기타 각종 예식

1. 전입교인(등록교인) 입회식

이사하여 새로 등록한 교인의 입회를 소개하는 것으로 끝나지 말고 3개월간의 출석상황을 보고 세례받는 것 이상으로 신중하게 입회식을 전교인이 보는 가운데 거행하는 것이 좋은 줄 안다.

1. 예식사

주 예수 그리스도를 믿고 세례교인이 된 여러분을 본 교회에 세례교인으로 등록된 것을 전교회와 함께 환영하며 기뻐하는 바이다.

2. 성경낭독

에베소서 4:1~16, 요한복음 15:9~17, 17:20~26, 골로새서 3:12~17, 빌립보서 3:12~14, 히브리서 10:19~25

3. 서 약 - 당회장과 교인

문: 여러분은 본 교회에 교인으로서 모든 정규집회에 열심히 참석하기로 서약합니까?

문: 여러분은 본 교회의 등록된 교인으로서 주일을 성수하며 책임과 의무를 성실히 이행하기로 서약합니까?

문: 여러분은 본 교회 당회의 치리에 복종하고 본 교단의 신앙노선에 따라 신앙생활을 충실히 할 것을 서약합니까?

4. 기 도 - 당회장
5. 신앙고백 - 다같이
6. 선 포 - 당회장

2. 교회학교 교사 임명식

1. 예식사

2. 성경낭독
   마태복음 28 : 18~20, 마가복음 16 : 15, 에베소서 4 : 11~16
3. 서 약 - 당회장과 교사
   문 : 여러분은 교회학교 교사로 임명받은 것을 하나님의 소명으로 알고 맡은 책임을 충실히 감당하기로 서약합니까?
   문 : 여러분은 본 교회의 신앙교육을 담당한 자로 성령의 인도함을 받아 교회교육에 전력을 기울여 봉사하기로 서약합니까?
4. 기 도 - 당회장
5. 임명장 수여

3. 제직 임명식

서리집사는 매년 임명하게 되므로 임명식이 공적 예배 때 있어야 한다. 특별히 새로 임명된 집사에게는 반드시 있어야 한다.

1. 예식사
2. 성 경 - 사도행전 20 : 17~38, 로마서 12 : 1~21
3. 서 약 - 당회장과 집사
   문 : 이 지교회의 서리집사의 직분을 받고 앞으로 1년간 하나님의 도움을 의지하여 진실한 마음으로 봉사하기로 서약합니까?
   문 : 본 교회의 화평과 부흥을 위하여 충성하기로 서약합니까?
4. 기 도 - 당회장
5. 임명장 수여

－예식서에서－

저자 金昭映

· 영남대학교 영문과 졸업
· 장로회신학대학 졸업
· 미국 뉴욕 유니온신학대학원 졸업(S. T. M.)(예배학 전공)
· 캐나다 토론토 임마누엘신학대학원 박사과정 이수(예배학 전공)
· 미국 메나하스신학대학원 박사(D. D.)
· 전 영남신학대학교 총장

저서와 역서

「예배와 생활」, 「예수의 생애」, 「예배와 선교」, 「기독교교육과 예배」, 「예배학 원론」, 「실천신학 사전」, 「연간설교계획」, 「현대예배학 개론」, 「기독교 세례론」, 「성서일과」, 「요약설교학」

---

15 | 신학연구도서시리즈

현대예배학개론

초판인쇄	1997년 4월 30일
4쇄발행	2016년 9월 22일
기획/편찬	성서신학원협의회 · 신학교협의회
편 집 인	황승룡 · 이상운
지 은 이	김소영
발 행 인	채형욱
발 행 소	한국장로교출판사
주　　소	03128 / 서울 종로구 대학로3길 29 한국교회100주년기념관 별관
전　　화	(02) 741-4381 / 팩스 (02) 741-7886
영 업 국	(031) 944-4340 / 팩스 (02) 944-2623
홈페이지	www.pckbook.co.kr
등　　록	No. 1-84(1951. 8. 3.)

ISBN 978-89-398-0015-1 / Printed in Korea
값 13,000원

※ 이 출판물은 저작권법에 의해 보호를 받는 저작물이므로 무단전재와 무단복제를 할 수 없습니다.